シリーズ 新・心の哲学 I

New Series in Philosophy of Mind

認知篇

Cognition

信原幸弘・太田紘史——編

keiso shobo

シリーズ　新・心の哲学Ⅰ　認知篇

目次

序論　思考の認知哲学……太田紘史　1
1　思考の構造　2
2　思考と合理性　12
3　思考についての思考　17

I　認知の本性

第1章　概念の構造とカテゴリー化……三木那由他　31
1　はじめに　31
2　カテゴリー化の心理学　35
3　概念原子論　41
4　諸理論の統合　50
5　情報原子論と二重説の批判的検討　60
6　おわりに　67

第2章　思考について考えるときに言語の語ること……飯島和樹　73
——言語学と認知神経科学の観点から
1　はじめに　73

2 言語が世界を色づけるのか？ 76
3 知覚的な数、言語的な数 83
4 文と思考を組み立てる 94
5 おわりに 102

第3章 思考の認知科学と合理性……太田紘史・小口峰樹 111
1 人間の思考は合理的か 111
2 ヒューリスティクスとバイアス 113
3 言語との類比からの議論 123
4 生態学的合理性と「ツールボックス」 130
5 二重プロセス理論から三部分構造モデルへ 138
6 結 語 155

II メタ認知の本性

第4章 自己知と自己認知……金杉武司 167
1 はじめに 167
2 直接性と確実性 170

3　面識説　173
4　内的知覚説　176
5　自己知と現象的意識　181
6　自己解釈説　186
7　合理性説　188
8　自己知の説明から心と自己の理解へ　198

第5章　他者理解
——共感とミラーニューロン……信原幸弘　207
1　他者の心を理解するとはどのようなことか　210
2　他者の心はどのようにして理解されるのか　221
3　心の身体性　229
4　ミラーニューロンと暗黙的シミュレーション　238
5　むすび　244

読書案内……253
あとがき（信原幸弘）……267

事項索引
人名索引

序論　思考の認知哲学

太田紘史

思考の本性をどのように理解するかは、哲学の長い歴史において中心的な問題であった。合理論者のデカルトにとって、思考は人間精神の本質である。その一つの現れが言語使用であり、柔軟に複雑な言語を扱えるということは、人間を動物機械から分けるメルクマールである。経験論者のロックによれば、人間の心は白紙の状態で生まれてくる。われわれは、感覚経験からの抽象化によってカテゴリーを形成することで、思考の素材を増やしていくのである。超越論哲学を構想したカントによれば、経験世界を認識するうえでは常に概念の適用が必要となる。とりわけ、われわれの因果認識が妥当するのは、われわれ自身が持つアプリオリな因果概念のおかげである。これらはどれも、認知や思考の本性についての理論的提案である。

現代の哲学者たちもまた、認知や思考の本性を明らかにするうえで、様々な理論と議論を積み重ねてきた。その発展は認知科学における心の研究の発展と並行しており、とくにそれら哲学と認知科学のインターフェースが、「認知哲学」と呼ばれている分野である。この序論では、思考の諸相をめぐってどのような論争を繰り広げられてきたかを振り返るとともに、認知哲学がどのように展開してきたのか、紹介していきたい。

1　思考の構造

「思考の言語」と概念原子論

哲学では二〇世紀後半から、認知科学の発展を受けとめながら、人間の思考の本性を明らかにしようとする動きが盛んになった。そのなかで最初に登場した方法論は、人間の認知をある種の計算プロセスとして理解しようとするものである。人間の認知とは、心に含まれる一群のシンボル様の表象を、計算規則（アルゴリズム）に従った仕方で結合したり分離したりすることだという見方が、そこでの出発点となった。

このような認知観を見事に体現したのが、フォーダーの「思考の言語（LOT；Language of Thought）」仮説である（Fodor 1975）。それによれば、思考において心的表象を操作する規則は、言語において語を組み合わせる文法規則（＝統語論）に類比できるものである。文には、単語という構成要素と、それを組み合わせる統語論が存在するのと同じように、思考にも、概念という構成要素と、それを組み合わせる統語論が存在するのである。たとえば、「イヌは哺乳類である」という文は、「イヌ」「哺乳類」といった単語を特定の順序関係で組み合わせたものである。われわれがこの文を発話するとき、その背後にはそれに並行した思考が存在する。その思考とは、他でもなく〈イヌは哺乳類である〉という思考であり、それは〈イヌ〉〈哺乳類〉といった概念を特定順序関係で組み合わせたものである。世界のなかの事物や性質を表象する概念を、特定の仕方で組み合わせ、それによって世界のなかの出来事を表象する――これが思考の本性なのであり、このように言語様に構造化された思考のあり方が、「思考の言語（LOT）」と呼ばれる。

LOT仮説の一つの特徴は、その原子論的な性格である。思考は概念という要素によって構成されており、概念とは、それ以上分解できない要素（すなわち、それ以上分解すれば意味を持たないような要素）である。たとえば、〈バラは赤い花である〉という思考は、〈バラ〉、〈赤い〉、〈花〉といった要素へと分解でき、それら各々が固有の意味を持っている。思考を構成する概念は、このようなそれ以上分解できないような意味を持った単位である。このような見方は「概念原子論」としばしば呼ばれる。LOT仮説が含む概念原子論は、概念は思考における構造上の最小単位であるという主張であるとともに、この最小単位はそれ自体で固有の意味を持っているという意味論的な主張でもある。

概念原子論への挑戦

LOT仮説への対抗案は、大きく分けて三つのものがあり、それらはどれも原子論的な概念観と決定的な対立をなすものである。

第一は、哲学者によって提案されてきた「概念役割意味論」である（Harman 1982; Block 1986）。それによれば、概念の意味は、その概念が他の様々な概念とどのように思考上で結びつくかということによって規定される。私が〈バラ〉という概念を持っているのは、私が〈バラは赤い花である〉

〈バラはとげを持つ〉といった様々な信念のなかに〈バラ〉という概念を埋め込んでいるからである。実際、もしもそういう信念を持っていなければ、そもそもその人はバラについて理解しておらず、〈バラ〉という概念を持っていないと言われるだろう。

概念役割意味論によれば、概念の意味はその概念自体では決まらず、他の概念との相互作用（すなわち他のどのような概念とともに組み合わさって信念を形成するか）によって決まるので、意味論的な側面で概念原子論が否定されることになる。

第二は、認知心理学におけるカテゴリー化の研究から生まれてきた、「プロトタイプ説」、「実例説」、「理論説」といった諸説である。それらの研究では、人間が様々な対象を分類するときにどのような認知的な処理を行っているのかが調べられてきた。プロトタイプ説によれば、人間がある事例を特定のカテゴリーに分類するとき、その事例がどれくらいそのカテゴリーにとって典型的な属性を持っているかということが重要になる（Rosch 1975）。たとえば、カモメはペンギンよりも鳥として分類されやすいが、これは鳥というカテゴリーの表象の内部構造のためである。鳥の表象には、〈翼で飛ぶ〉〈くちばしを持つ〉といった、鳥に典型的と見なされる属性の表象が複数含まれている。呈示された対象は、それらの属性をどれくらい多く持つかという比較をされ、そこで合致が多いほどそのカテゴリーのものとして判断されやすくなるのである。また実例説によれば、カテゴリー化において比較基準となるのは、個別の事例そのものの記憶表象であり、それらから要約された典型的属性の表象ではない（Medin & Schaffer 1978）。そして理論説によれば、カテゴリー表象は典型的属性の表象に加えて、それらの間の関係性についての表象も含んでいる（Murphy & Medin 1985; Carey 1991）。

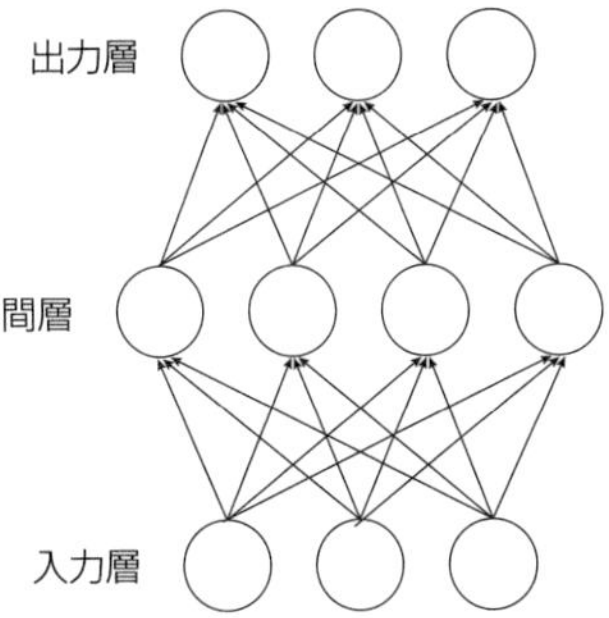

図 1

単純な人工ニューラルネットワークの例。3 つのユニットからなる入力層、4 つのユニットからなる入力層、3 つのユニットからなる出力層によって、ネットワークが構成されている。

これらのカテゴリー表象はどれも、必ずしも概念の本性として提案されてきたわけではないが、認知心理学における概念の対応物として最も自然な候補である。もしこれらのカテゴリー表象が概念の本性だとすると、概念原子論は否定されることになる。そういったカテゴリー表象はその内部に属性表象や事例表象を含んでおり、さらなる要素的な表象へと分解できることになるので、概念は構造的にも意味論的にも最小単位ではないということになるからだ。

第三は、人工知能研究に端を発する「コネクショニズム」という研究プログラムである。人間の脳は莫大な数のニューロンとそれらの間の接続から構成されている。その接続部分はシナプスと呼ばれるが、このようなニューロンとシナプス接続を抽象化し、コンピュータ上で小規模ながら仮想的に再現したものが、人工ニューラルネットワークと呼ばれるものである（**図 1**）。脳内のニューロンが興奮を他のニューロンへ伝達するのと同じように、各ユニットは自身の活性状態を、接続された他のユニットに伝達する。そこでの接続には重みづけがなされており、活性状態の伝達がどれくらい強く行われるかを規定する。

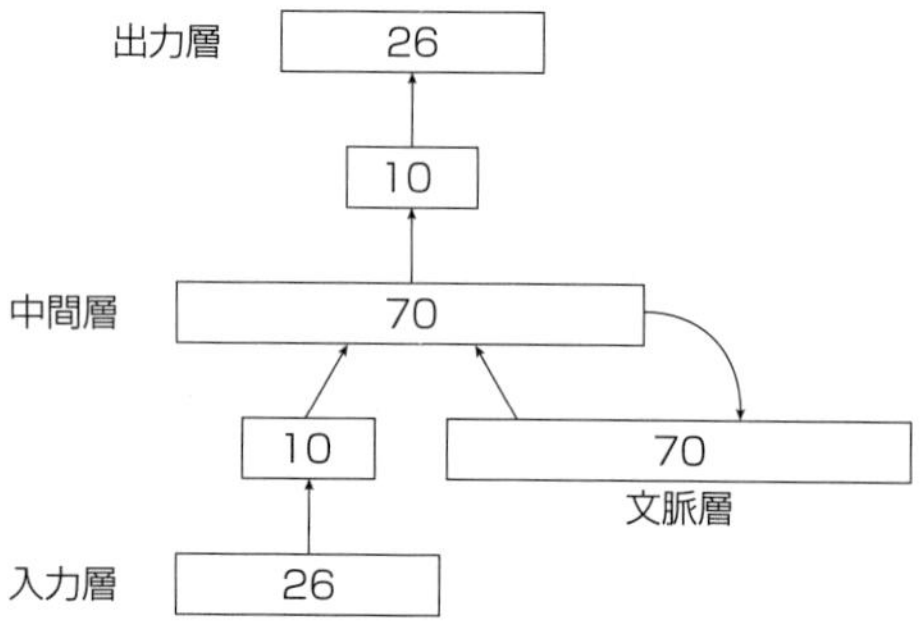

図 2

エルマンの文法処理ネットワーク（Elman 1991 より改変）。メインの中間層の状態が文脈層にコピーされ、それは次の時点に中間層へ入力される。

このようなネットワークを構成するユニット群を、入力層と出力層、そしてそれらを媒介する中間層へと階層的に構造化すれば、入力層において刺激を受けて出力層において反応を返すようなシステムをつくりあげることができる。

このようなシステムの興味深いところは、ユニット間の接続の重みづけをフィードバック調節させる機能を追加することで、高度な学習を行うことができるようになる点である。たとえば、顔の画像データを入力として入力層の状態を規定し、出力層には、その顔が男であるか女であるかの二値の状態をとらせる。ここで、不適切な出力状態が返されるたびに中間層での重みづけを調整するように繰り返させると（誤差逆伝播法）、最終的に非常に高い精度で顔を識別できるようになり、さらには新たな顔の画像データについても適切に識別できるようになる。このようなシステムは応用範囲が広く、顔の画像データから表情を分類したりすることも可能である（Cottrell & Metcalfe 1991）。

コネクショニズムにおける重要な成果の一つは、エルマンの文法処理システムである（Elman 1991）。そこでのネットワークの課題は、文を構成する単語系列を逐次与えられたうえで、後続する単語を予測することである。ここでネットワークに、「文脈層」（直前の中間層の状態をコピーしておき次の時点にそれを中間層に入力する）に追加しておくことによって、ネットワークは見事に学習し課題を達成した（**図2**）。たとえば、「boys」という入力に対しては、「chase」「see」といった三人称複数形に対応する動詞や「who」という関係代名詞が予測された。またたとえば、「boys who Mary chases feed」という入力に対しては、「cats」といった名詞が予測されたのである。

しかし、このような一見統語論的な処理を実行できるシステムであっても、それはLOTのような構成要素を含んでいないように見える。というのも、中間層には、特定の単語に対応するようなユニットは存在せず、LOT仮説が想定するような構造上の単位が存在しないのである。ネットワークにおいて保存されているものはただ一群の接続上の重みづけであり、ユニット群は入力に応じて全体的な活性パターンを示すのみである。ここで構造上の単位を中間層の各ユニットと見なしたところで、それらは意味論的な単位にならない。それゆえ、このようなネットワーク上では概念原子論は成立せず、もしそうだとすれば、同様にニューロンからなるネットワーク構造を持つ人間の脳においても概念原子論は成立しないことが示唆される。

LOT仮説の提唱者であるフォーダーは、概念原子論を否定しようとする見方に対しては一貫して否定的である（Fodor & Lepore 1992; Fodor & McLaughlin 1990）。とくに彼は、認知心理学におけるカテゴリー表象を概念と見なすことに対して、思考が持つ「合成性（compositionality）」という特徴に訴えて反論している（Fodor 1998）。

複合的な概念や思考の意味は、その構成要素となる概念の意味を組み合わせることによって定まる。

たとえば、〈赤い花〉という複合的概念の意味は、それを構成する要素的な概念〈赤い〉と〈花〉の意味によって定まる。〈赤い〉が赤いという属性を意味し、〈花〉が花という事物を意味する限り、〈赤い花〉は赤い属性をもった花という事物を意味するのである。

このような自明にすら思われる概念の特徴は、概念がプロトタイプを始めとする心理学での措定物と同一ではないという主張を支える。たとえば、〈茶色い牛〉という複合的概念について考えてみよう。一方で〈茶色い牛〉という概念の意味は、〈茶色い〉という概念の意味と〈牛〉という概念の意味を組み合わせたものである。他方で〈茶色い牛〉というプロトタイプは、〈獰猛である〉〈危険である〉といった典型的な属性の表象を含んでいる。もしもプロトタイプが概念と同一であれば、それは要素的なプロトタイプに分解でき、かつそれらの要素の意味の組み合わせによって全体の意味も定まるはずである。しかし、要素となるはずの〈茶色い〉というプロトタイプや〈牛〉のプロトタイプには、〈獰猛である〉〈危険である〉といった属性の表象は含まれていない。すなわち、〈茶色い牛〉のプロトタイプは、その要素であるはずの〈茶色い〉〈牛〉というプロトタイプの意味の組み合わせを超えたものを意味していることになる。つまり、〈茶色い牛〉という概念には合成性が成立するものの、〈茶色い牛〉のプロトタイプにおいては合成性が成立していないのである。それゆえ概念はプロトタイプとは異なる別のものだと結論づけられる。このような論証は、実例説や理論説についても提案することができ、概念原子論を支持する強力な支えとなり続けている。

フォーダーのＬＯＴ仮説と概念原子論はいまだ主要な議論の的となっており、彼自身さらに自説を強化しようとして『ＬＯＴ２』というタイトルの書物を出版している（Fodor 2008）。

思考は言語に依存するか

ＬＯＴは思考の本性として措定されるものであり、もちろんそれとは別に、音声や文字として表現される日常的な言語（「自然言語」）が存在する。われわれは、多様な言語表現を作り出したり、またそういった言語表現を理解したりするための能力を、発展過程のなかで獲得する。このようなわれわれの言語能力はしばしば、人間特有の知的な心を表すものだとされる。実際、体系的な統語構造を持った記号を駆使することのできる生物は、人間以外に見いだされていない。そして思考もまた人間特有の知的な心であり、それを表明するための主要な媒体は言語であると思われる。これら知的な心の両側面である思考と言語は、一体どのような関係性にあるのだろうか。

一方の見方は、思考は言語に依存しないという見方である。われわれがどのような思考を生み出すか、そしてどのように概念を適用するかは、われわれがどのような言語や語彙を用いるかということに依存しない。フォーダーのＬＯＴ仮説は、この見方に与するものである。われわれはＬＯＴを用いて思考するのであり、いわばＬＯＴから翻訳されたものが日本語や英語のような言語なのである。思考はそれ自体で特有の統語構造を有しているのであり、言語の文法規則に依存して成立しているわけではない。

他方の見方は、思考は言語に依存するという見方である。われわれがどのような思考を生み出し、またどのようなパターンで概念を適用するかは、われわれがどのような言語や語彙を用いるかに依存している。このような見方を代表するのは、思考の「内語」仮説である。われわれは思考にふけるとき、しばしばそれに対応する文のイメージを経験しているように思われる。たとえば、ビールが一瓶六百円であるとして、八瓶ならばいくらだろうかと考えるとき、「ロク・ハ・シジュウハチ」という音声イメージを経験しているように思われる。われわれは言語の音声イメージを思考の媒体として用いているのであり、そうであれば、言語の構造や語彙の体系がそのまま思考にも反映されるはずである。思考とはこのように内化された言語（＝内語）であるため、どのような言語や語彙を用いるかということが、どのように思考し概念を適用するかということに、直接影響するのである。

内語仮説に対しては様々な批判を挙げることができるが、その一つの論拠は、人間以外の動物は言語を使用しないものの、それでも思考を持つというものである。人間以外の様々な動物も、環境を把握して記憶し、それに基づいて計画し、複雑な行動パターンを示す。もしこのような動物も思考を持つと言えるのであれば、思考は言語を必要とせず、内語ではありえないことになる。

ただし、仮に内語仮説が誤りであり、思考一般が言語を必要としないのだとしても、思考が言語から影響を受けるという可能性、とりわけ拡張や制約を受けるという可能性は残されている。

思考が言語に影響されるという主張の代表は、ウォーフの「言語相対性仮説」である（Whorf 1956）。それによれば、人々がどのような言語を用いるかということが、世界を認識する仕方に強く影響する。たとえば、ネイティヴ・アメリカンの一部部族（ホピ族）の言語は時制表現が存在せず、それに伴って世界を過去や未来といった時制のもとで認識していないという。だが、このような主張は多くの批判にさらされてきた。とりわけウォーフの人類学的調査には重大な疑問が突きつけられており、ホピ族の言語には時制表現が西洋言語と同様に含まれていることが別の調査で発覚している

(c.f. Pinker 1994)。

さらに色語彙の研究は、言語相対性仮説に反する仕方で展開してきた。言語には共通項となる基本的な色語彙が存在しており、そして色語彙が増えるときには特定の色語彙から追加されていくのである（Berlin & Kay 1969）。このような知見は、むしろ普遍的な認知が存在しており、それが言語に影響するという見方を強めた。また、異なる色語彙を用いる人々の間でも、色の再認能力に差異がないといった知見も加わり（Heider & Olivier 1972）、言語は思考に影響しないという見方が広まっていった。

しかし驚くべきことに、最近では言語相対性がいくつかの場面で現れることが示唆されている。ある見方によれば、人間の数的認知能力は、1、2、80といった厳密な数を認識するシステムと、〈たくさん〉といった近似的な数を認識するシステムによって支えられている。それらはどれも人間の認知能力として普遍的なものであるが、厳密数のシステムが1や2を超える大きな数を認識するためには、それに相当する数詞が言語において必要になるという。ある人類学的調査によれば、アマゾン川流域に住むムンドゥルク族の人々は、5よりも大きい厳密数については数詞を持たない。ここで、物体を利用することで算術や大小比較の課題を彼らに受けさせたところ、彼らは大きな数どうしの大小比較はできるものの、5よりも大きい値を用いた引き算では正答することができなかった（Pica *et al.* 2004; c.f. Gordon 2004）。人間の数的思考の一部は、言語における数詞を持つことによって拡張されているのかもしれず、そうだとすると人間の思考において言語相対性が成立する場面があるのかもしれない。

2　思考と合理性

理由関係に立つということ

われわれが日常生活のなかで行為するとき、そこには何らかの思考が背後にある。私が冷蔵庫を開けるのは、冷蔵庫のなかにビールが入っていると信じているからである。またそういった場面では、私は単にその信念を持っているだけでは冷蔵庫を開けていなかっただろう。私は、その信念に加えて、ビールを飲みたいという欲求を抱くときに、冷蔵庫を開けるのである。一般的に言えば、思考には信念と欲求の二種類があり、われわれは適切な組み合わせの信念と欲求を持つとき、その欲求を満たす行為へと導かれるのである。

このように信念–欲求–行為が適切に連関しているとき、それらは「理由（reason）」の関係に立っていると言われる。私は、冷蔵庫にビールが入っていると信じており、かつビールを飲みたいと欲するから、冷蔵庫を開けるのである。ここでの「から」は、他でもなく理由関係を表現するものである。

このような理由関係は、行為を含まない仕方でも成立しうる。その典型は推論（reasoning）である。たとえば私は、〈この部屋の冷蔵庫にビールが入っている〉と信じているが、この信念に〈この部屋はつい先ほどまで停電だった〉という信念を組み合わせることで、〈この部屋の冷蔵庫に入っているビールはぬるい〉と判断するかもしれない。私がそう判断して、その考えにコミットすれば、私は〈この部屋の冷蔵庫に入っているビールはぬるい〉という新たな信念を形成することになる。

理由にかなった仕方で行為が結果したり信念が形成されたりするとき、それらの行為や信念は「合理的（rational）」であると言われる。とりわけ行為は、欲求が規定する目的を果たす手段（道具）として理にかなったものとして遂行されることから、「道具的に合理的」であると言われることもある。たとえば、冷蔵庫を開けてビールを取り出して栓を開けるという行為は、ビールを飲むという目的を果たすうえで理にかなっており、道具的に合理的である。推論もまた、目的を満たす手段となる行為を考案するという意味で道具的に合理的であるかもしれない。たとえば、栓抜きがなければ、その代わりにどうすればよいのかを考えだすことは、やはりビールを飲むという目的を果たすうえで理にかなっており、道具的に合理的である。

しかし推論は、道具的合理性とは異なる次元での合理性を示しうる。それは、真なる信念を導こうとする推論の働きに関わっている。たとえば私は、ビールの栄養成分表記に「100 ml あたり 50 kcal」と書かれてあるのを見てそれを信じれば、〈このビールには 350 ml 入っている〉という信念と組み合わせて、〈このビールは（50/100）×350＝175 kcal だ〉という信念を導くかもしれない。そしてそのように信じることは、私がどのような目的を持っているかということに依存すべきではない。その栄養成分表記を見て信じた人は誰であっても、そのビールの総和エネルギーについて推論する限りは、〈このビールは 175 kcal だ〉と信じるべきなのである。たとえば、ビールを飲みたいという欲求に合わせて〈このビールはたった 10 kcal の低カロリーだから、体に悪くない〉と信じたりすることは、ある意味で不合理である。そのような推論は、真なる信念を形成するうえで理にかなっていること（「認識的合理性」）に、反しているのである。

思考はその本性において合理的なものであり、その合理性は信念–欲求–行為における理由関係として、あるいは信念間の推移を導く推論における理由関係において現れる。こういった行為や推論における理由関係は、同時に因果関係でもあるように思われる。信念や欲求はそれぞれ何らかの脳状態によって実現されており、それらが同時に脳内で生起するとき、特定の行為や新たな信念が引き起こされるのである。

しかし「解釈主義」と呼ばれる見方によれば、脳内に思考の対応物や神経基盤が存在するかどうかは問題ではない。思考とは、帰属されることをその本質としている。見知らぬ人がタクシーの前で手を上げているのは、なぜなのか。それは、その人が〈タクシーを停めたい〉という欲求を持っており、かつ〈タクシーを停めるためにはタクシーの前で手を上げればよい〉という信念を持っているからである――このようにして、われわれはその人の行動を説明し、理解するのである。一般的に言えば、他者の行動を理にかなったものとして説明するために信念と欲求を帰属させ、その人の心と行動を解釈するのである。すなわち、思考を持つということは、思考を持つものとして理解できることに他ならない。このような見方は、デイヴィドソン（Davidson 1980）やデネット（Dennett 1987）といった哲学者らによって提唱されてきた。

解釈主義が正しければ、人間の心は不合理ではあり得ないと言われるかもしれない。なぜなら、思考が合理的であることは、思考が帰属されるうえでの前提となっているからである。しかし、心理学的な研究は、人間の思考がしばしば不合理であることを示唆してきたように思われる。

不合理な思考

私が〈研究者は、研究が好きなものだ〉と信じているとしよう。しかしある日私は、研究者として立派に仕事をやり遂げているにもかかわらず、研究なんて好きでも何でもないと公言している人に出くわす。この場合の私の反応は二通りである。自分がこれまで信じていたことを撤回するか（「研究が好きではない研究者もいるのだな」）、あるいは自分の考えは変えずに、この人物の発言のほうを信じないでおくか（「この人は、本当は研究が好きなんだろう」）、どちらかである。

このような思考のあり方は合理的だと言える。私は、〈研究者ならば研究が好きだ〉という言明が〈研究が好きではない研究者もいる〉という言明によって否定されるのを分かっているのである。だからこそ私の心のなかで、それら二つの言明の信念の間で対立が生じ、どちらか一方を棄却しようとするのだ。このように、ある信念を理由として他の信念を棄却するのは、それらが関わる言明の間の論理的な関係しだいなのである。実際、私が論理的な関係にとらわれないままに思考し続ければ、前記の二つの信念を同時に保持することもできるが、そのとき私は不合理な思考をしていると言われるだろう。

しかし実際には、われわれの思考はしばしば不合理性を示しうるように見える。それを示唆する心理学実験のうち一つの有名なものが、「四枚カード問題」を用いたものである（Wason 1966）。この実験で、被験者は次のような問題を解くように求められる。――ここに四枚のカードがあり、それぞれ「E」「J」「3」「6」と記されている。これらのカードの片面には文字、他方の面には数字が書かれている。さて、次のルールが正しいかどうかを調べるためには、どのカードをひっくり返せばよいだろうか。「片面に母音があれば、その裏面は奇数である」。

ここでは、ある条件文（P→Q）について、その反例（P&¬Q）を構成するという論理的な思考が求められているが、多くの人にとってこれは難しい課題である。

しかし、次の問題ならばどうだろうか。——ここはバーで、四人の人がいるとしよう。以下の四枚のカードはその人たちを表していて、片面にその人の飲み物、他方の面にその人の年齢が書かれている。「ビール」「コーラ」「31才」「16才」。さて、あなたは警察官だとして、次の法律が守られているかを調べるためには、どのカードをひっくり返せばよいだろうか。「飲酒するならば、20才以上でなければならない」（Griggs & Cox 1982）。

こちらの問題であれば誰でも正解できるが、これは先ほどの問題と論理的に同型である。しかし、先ほどの問題ではほとんどの人は正解にたどり着けない。もしもこのように、場面次第で思考パターンが変化してしまうのであれば、われわれの思考は必ずしも論理的に一貫しておらず、不合理な仕方で働きうるものだと思われる。

われわれの思考は、様々な場面で様々な不合理性を示す。コイン投げで裏が何回か続けば、次には表が出るのではないかと考えてしまう（「ギャンブラーの誤謬」；Tversky & Kahneman 1971）。ギャンブルやスポーツで成功が続くと、また成功できるのではないかと考えてしまう（「ホットハンドの誤謬」；Gilovich *et al.* 1985）。これらの思考は論理学や確率論によっては支持されないが、それでもこのような思考の傾向性は打ち消しがたい。

解釈主義的な見方では、このような事態はどのように理解されるのだろうか。一つの方針は、帰属しようとした思考が不合理である場合には、どのような信念や推論を帰属していいかについて何も確定的なことは言えない、というものである（c.f. Dennett 1987）。これはある種の完璧主義であり、潔いかもしれない。しかし前記のような不合理らしき推論が、記憶や注意のかく乱（ましてや精神神経疾患）において生じているわけではなく、しかもそれなりに安定したパターンで得られているのであり、この事実を踏まえれば、やはり何らかの推論を——たとえそれが不合理なものであっても——帰属するのが自然だと思われる。

もう一つの方針は、このような不合理性は局所的なものだというものだろう。人間の信念の体系は全体として整合的であり、またそこでの新たな信念の形成や信念の相互調整（すなわち推論）も全体としては整合性を高めるものになっている。ただし、局所的に見れば不整合な信念の組み合わせが生み出されているのかもしれない。そうだとしても、最大限に合理的であるように解釈した結果がその信念体系なのである、と。仮にそうだとすれば、心理学の研究が思考の不合理性を何らかの程度で結論づけることができると認めることになり、これは思考の不合理性を指摘したい人々にとっても許容可能な見方であろう。

3　思考についての思考

他者の思考についての思考

われわれは日々、思考を他者に帰属してその行動を理解しているが、この「他者理解」と称される活動も、またある種の思考活動である。このような〈他者の思考についての思考〉は、どのようなメカニズムに支えられているのだろうか。

「理論説」によれば、われわれは他者理解において暗黙的な理論を用いている。われわれは、物体の落下をニュートン力学理論で説明したり予測したりするうえで、その物体に位置エネルギーを帰属することができる。これと同じように、われわれは他者の行動を説明したり予測したりするために信念や欲求を帰属するのであり、ここで用いられている理論が「素朴心理学（folk psychology）」や「心の理論（theory of mind）」と呼ばれるものである。それは、信念や欲求がどのように組み合わさって行動を導くのか、運動パターンの背後にどのような意図があるのかといったことに関する、体系的な理論なのである（Gopnik 1993; Baron-Cohen 1995; c.f. Premack & Woodruff 1978）。

ただし他者に思考を帰属する能力は、ニュートン力学を用いて物体にエネルギーを帰属するような能力とはちがって、特別な教育や学習を必要としない。人間の幼児は一定の発達段階において思考を帰属する能力を身につけるのである。

この面での研究を加速させたのが、いわゆる「誤信念課題」である。その基本的なバージョンである「マクシ課題」では、被験者となる子どもは次のような場面を呈示される――マクシはチョコレートを場所Xに置くが、彼が遊びに出かけている間に母親がチョコレートを別の場所Yに移動させてしまう。そのうえでこう尋ねられる――「その後マクシがそこに戻ってくるとき、彼はチョコレートを求めてどこを探すだろうか」。正解はもちろん（と言ってよければ）場所Xであるが、4歳未満の子どもは正解できず、4歳以上の子どもは正解できる。子どもは4歳前後に他者の思考（とりわけ誤信念という思考）を帰属することができるようになることが、このような研究から示唆される（Wimmer & Perner 1983）。また自閉症児は、一般的推論能力に問題がないにもかかわらず誤信念課題に正解できないことも示されている（Baron-Cohen *et al.* 1985）。

他者理解がこういった固定的な発達パターンや局所的な欠損を示すのは、他者理解のための理論的な知識が、生得的で機能特化したメカニズムによって担われているためなのかもしれない（Baron-Cohen 1995）。それはちょうど、言語が生得的な文法知識によって担われているがゆえに、言語獲得が固定的な発達パターンを示すのと、同じことなのかもしれない。またわれわれは他者に思考を帰属するとき、自分がそのような高度な知的作業を行っているようには感じられない。しかしこれは、心の理論が意識的にアクセスできないレベルで作動しているためかもしれない。それはちょうど、言葉を理解したり話したりするときに、文法規則に基づいた複雑な計算を行っているとは感じないのと同様だろう。

これに対して「シミュレーション説」によれば、他者理解は体系的な理論を適用することではなく、むしろ自分ならばどのように考えるかという、いわば想像に類する働きである（Gordon 1986; Heal 1986; Goldman 1989, 2006）。われわれは、自身のなかに信念・欲求・意図といったものを持っているが、これらを含む思考システムは、普通は（当然ながら）自己の行動に結びついている。しかし他者に思考を帰属するときには、自身がもつ思考システムを自身の行動から切り離したうえで（すなわち「オフライン」化したうえで）、その思考システムを用いて他者の思考をシミュレートする。理論説が、他者理解をある種の理論的な推論と見なすのに対して、シミュレーション説は、他者理解をある種の技能と見なすのである。

われわれが自身の思考システムを用いて他者の思考をシミュレートするということは、たとえば意図という種類の思考に関して言えば、自身の行為意図に関わるシステムと他者の行為意図を表象するシステムが同一だということである。最近の「ミラーニューロン」に関する知見は、まさにそのようなシステムの神経基盤を示唆しており、シミュレーション説を支持するかもしれない（Gallese & Goldman 1998）。

ミラーニューロンは最初、サルの大脳の運動前野（F5）において発見された。このニューロンは、自身の手や指の運動パターンに相関した活動を見せる。運動前野は運動を制御する脳部位であるから、これ自体は驚くに値しない。驚くべきは、このニューロンが、他のサル個体や実験者の手指の運動を見るときにも活動するということである。たとえば、自分が手で物体を摑むときに活動するニューロンは、他者が手でものを摑むのを見るときにも活動するのである（Rizzolatti *et al.* 1995）。

さらに興味深いのは、このような活動は単に、他者がなす身体的動作の認知を反映しているわけではなさそうだということである。たとえば、他者が手で物体を摑む動作をサルに見せても、そこに実際に物体がなければ、当のミラーニューロンは活動しない（Umilta *et al.* 2001）。また、道具を使う行為を見るときでも、ミラーニューロンは反応する。たとえば、サルが手でエサを摑むときに活動するニューロンには、実験者がペンチでエサを摑むのを見るときにも反応するものがある（Ferrari *et al.* 2005）。このような知見は、ミラーニューロンが他者の行為意図の認知に関わっているという可能性を示唆している。

人間においても、fMRIを用いた神経画像研究などによって、ミラーニューロンと同じような神経活動が見いだされている。ある研究では、被験者は手の運動の観察と模倣を行うことを求められた。すると、F5相同部位を含んだ複数の脳部位において、ミラーニューロンと同様の活動が見いだされた（Iacoboni *et al.* 1999, 2005）。人間におけるこのような神経ネットワークは、「ミラーニューロンシステム」と呼ばれている。ミラーニューロンの研究は現在人間を対象とした形で盛んに行われており、われわれ人間がどのようにして他者の思考を理解しているのかについて、重要な示唆を与えるかもしれない。

自己の思考についての思考

われわれは、自身がどのような思考を抱いているのかに関して、特別な立場にあるように思われる。私は、私がどのような思考を抱いているのかを直接的に知ることができるように思われるのだ。たとえば、私は〈輸入ビールは少し高価だ〉と考えているときには、私は非常に容易に、自分が〈輸入ビールは少し高価だ〉と考えていることに気づくことができる。ここで私は、他者の思考について推論したり想像したりするよりも、はるかに直接的な仕方で自身の思考にアクセスしている。しかも、このような仕方で自分の思考にアクセスするとき、それはほとんど間違えることがない。私が〈輸入ビールは少し高価だ〉と考えているのだと気づいたつもりだったが、実はそれは間違っていた、などということがあるだろうか。

ここで、自分の思考についての思考が、直接的でもなければ間違ってすらいるような事例もあると指摘されるかもしれない。たとえば私が、友人との会話のなかで、「いや、とくに〈食べ物を食べたい〉とは思っていないよ」と答えたとしよう。しかし、いったん少し食べ始めると、自分が勢いよく食べ物を口に運ぶことに自ら驚いたとしよう。このとき私は、実は自分が〈食べ物を食べたい〉と思っていたのだと、初めて気がつく。このような気づきは直接的ではなく、自身の行動の観察とそれに基づく推論を介したものになっている。さらに、このような気づきは間違っていたと判明することすらあるかもしれない。私がそのとき勢いよく食べ物を口に運んだのは、同席していた友人のことが嫌いで、早く食事を済ませてしまおうという（無自覚的な）考えからだったのかもしれない。このような場合には、自分は〈食べ物を食べたい〉と思っていたのだと結論づけたのは誤りだったことになる。

しかし注意すべきは、このように直接的でなかったり、あるいは間違っていたりするような事例は、せいぜい無意識的な思考に関する場合だけだということである。無意識的な思考だからこそ、それについて推論する必要があり、またそれゆえ間違えることがあるのだ。このような場合に自分の思考について考えることは、他者の思考について考えることと本質的に変わらないだろう。むしろ興味深いのは、意識的な思考についてはどういうわけか、直接的にそれに気づくルートがあるらしいということ、そしてそのルートにおいては間違えることがないらしいということである。

このような自己知の特別さは、どのようなメカニズムによって支えられているのだろうか。一つの可能性は、「面識（acquaintance）」である（「見知り」と呼ばれることもある）。それは、認識の対象が認識そのものの構成要素となっているような、特殊な認識関係である。別の可能性は、「内部感覚（inner sense）」あるいは「内部知覚（inner perception）」である。それは、自己の内部状態に向けられた感覚‐知覚経路を通じたものであり、内観というものをこれによって理解する人々もいる。これらはもしかしたら、自己についての直接的で不可謬な思考を支えるものになっているかもしれない。

これらの考えに対して、自己知もまたある種の他者知の一種なのだという提案がなされている(Carruthers 2011)。それによれば、自己の思考について知ることは、他者の思考について知ることと本質的に同じである。われわれは、他者の身体運動を見たり、その発話を聞いたりすれば、他者における思考と行為ができるだけ理にかなうように解釈しながら、他者に思考を帰属する。そしてわれわれは、これと全く同じように、自己について解釈しながら思考を帰属するのだという。そこでは他者に思考を帰属するときと同じメカニズムを用いているのであり、それゆえ自己の思考について知ることとは、必然的に解釈的なものとなる。他者理解の場合と違うのは、自己に関する様々な感覚‐知覚の手がかりがより豊富に得られるという点だけである(自身の身体の見え方だけでなく内語の音声イメージ、さらに内部感覚や身体感覚なども利用できる)。われわれは、進化の過程で獲得した他者理解の能力を、自己に向けているだけなのだという。

仮にこのような見解が正しければ、自己知は他者理解と同じように非直接的であり、また他者知と同じくらいの(あるいは手がかりが多いぶんに相当するだけの)不可謬性しかない、ということになるだろう。どれくらい自己知が直接的だと感じられても、それは他者理解のメカニズムが自己に向かって無意識的に作動するということを反映しているに過ぎないのかもしれない。あるいは、やはり自己知は他者理解とは根本的に異なる特別なものかもしれないが、そうだとしたら、その特別さはどのようにして説明されるのだろうか。

この『認知篇』に収録されている論考は、思考・概念・推論といった人間の認知に関する問題を広くカバーしたものになっている。第Ⅰ部「認知の本性」では、認知の構造と機能に迫る三つの論考を収めている。第Ⅱ部「メタ認知の本性」では、認知が認知に向かう場面に焦点を当てた論考を二つ収めている。以下で各論考を簡単に紹介しよう。

第1章「概念の構造とカテゴリー化」は、フォーダーのLOT仮説で重要な役割を果たす概念原子論について論じる。概念原子論とカテゴリー化の心理学諸説はどのように対立しうるのか、あるいはそれらがどのように統合されうるかについて、理論的な検討が行われている。

第2章「思考について考えるときに言語の語ること」は、思考と言語の深い関わりを探り当てようとする。言語はどのように色認知や数的認知に影響するのか、思考と言語は脳内でどのように関係しあっているのか——哲学を専門とする読者にとっては驚くような科学的成果が紹介されており、将来の言語研究についても展望を開く論考である。

第3章「思考の認知科学と合理性」は、不合理らしき推論は、どのような意味で不合理と言えるのか、あるいはやはり合理的と見なせるのかを問う論考である。心理学におけるヒューリスティクス研究から二重プロセスモデルの知見までを踏まえ、推論を含めて思考が合理的であるとはどのようなことかについての考察がなされる。

第4章「自己知と自己認知」では、われわれの心が自分自身に向かう場面に焦点が当てられる。面識説、内的知覚説、自己解釈説といった、自己知に関する代表的な理論を検討したうえで、解釈主義の観点から自己知と合理性の間の本質的なつながりが主張される。

第5章「他者理解」では、われわれの心がいかにして他者の心を理解できるのかを検討しながら、そこで関わる諸理論・諸概念が分析される。理論説やシミュレーション説だけでなく、共感的理解のように感情が重要になる場面をはじめとして、他者理解において見過ごされがちであった諸側面を新たにあぶり出す論考である。

どの論考も、心の哲学と心の科学からの成果を総合したものであり、おおいに学際的なものになっている。同時にどの論考も、思考や合理性をめぐる根本的な哲学的問題と連続したものになっている。このような学問スタイルこそ認知哲学の醍醐味であり、今後もますます関心を呼び、発展を遂げる分野になるだろう。

参考文献

Baron-Cohen, S., 1995. *Mindblindness: An Essay on Autism and Theory of Mind*. Cambridge, MA: The MIT Press.

Baron-Cohen, S., Leslie, A., and Frith, U., 1985. 'Does the autistic child have a "theory of mind"?', *Cognition*, 21: 37–46.

Berlin, B. and Kay, P., 1969. *Basic Color Terms: Their Universality and Evolution*. Berkeley, CA: University of California Press.

Block, N., 1986. 'Advertisement for a Semantics for Psychology', *Midwest Studies in Philosophy*, 10: 615–78.

Carey, S., 1991. 'Knowledge acquisition: enrichment or conceptual change?', In S. Carey & R. Gelman, (Eds.), *The Epigenesis of Mind: Essays on Biology and Cognition*, (pp. 257–91). Hillsdale: Erlbaum.

Carruthers, P., 2011. *The Opacity of Mind: An Integrative Theory of Self-Knowledge*. Oxford: Oxford University Press.

Cottrell, G.W. and Metcalfe, J., 1991. 'Empath: Face, gender, and emotion recognition using holons', *Advances in Neural Information Processing Systems*, 3: 564–571.

Davidson, D., 1980. *Essays on Actions and Events*. Oxford: Clarendon Press.（ドナルド・デイヴィドソン『行為と出来事』服部裕幸・柴田正良訳、勁草書房、一九九〇年.）

Dennett, D., 1987. *The Intentional Stance*. Cambridge, MA: The MIT Press.（ダニエル・デネット『志向姿勢の哲学』若島正・河田学訳、白揚社、一九九六年）

Elman, J., 1991. 'Distributed representations, simple recurrent networks, and grammatical structure', *Machine Learning*, 7: 195–225.

Fodor, J. A., 1975. *The Language of Thought*. Cambridge: Harvard University Press.

Fodor, J. A., 1998. *Concepts: Where Cognitive Science Went Wrong*. Oxford: Oxford University Press.

Fodor, J. A., 2008. *LOT2: The Language of Thought Revisited*. Oxford: Oxford University Press.

Fodor, J. A. and Lepore, E., 1992. *Holism: A Shopper's Guide*. Oxford: Blackwell.（J・フォーダー／E・ルポア『意味の全体論』柴田正良訳、産業図書、一九九七年）

Fodor, J. A., and McLaughlin, B., 1990. 'Connectionism and the Problem of Systematicity: Why Smolensky's Solution Doesn't Work', *Cognition*, 35: 183–204.

Gilovich, T., Vallone, R., and Tversky, A., 1985. 'The hot hand in basketball: On the misperception of random sequences', *Cognitive Psychology*, 17: 295–314.

Goldman, A., 1989. 'Interpretation psychologized', *Mind and. Language*, 4: 161–185.

Goldman, A., 2006. *Simulating Minds*. Oxford: Oxford University Press.

Gordon, P., 2004. 'Numerical cognition without words: Evidence from Amazonia', *Science*, 306（5695): 496–499.

Gopnik, A., 1993. 'How we know our minds: The illusion of first-person knowledge of intentionality', *Behav-*

ioral and Brain Sciences, 16: 1–14.

Gordon, R., 1986. 'Folk psychology as simulation', *Mind and Language*, 1: 158–171.

Heal, J., 1986. 'Replication and functionalism', In J. Butterfield (Ed.), *Language, Mind, and l,ogic* (pp.135–150). Cambridge: Cambridge University Press.

Harman, G., 1982. 'Conceptual role semantics', *Notre Dame Journal of Formal Logic*, 23 (2) : 242–256.

Heider, E. A. and Olivier, D. C., 1972. 'The structure of the color space for naming and memory in two languages', *Cognitive Psychology*, 3: 337–354.

Iacoboni, M., Molnar-Szakacs, I., Gallese, V., Buccino, G., Mazziotta, J. C., Rizzolatti, G., 2005. 'Grasping the Intentions of Others with One's Own Mirror Neuron System', *PLoS Biology*, 3 (3) : e79.

Iacoboni, M., Woods, R. P., Brass, M. Bekkering, H., Mazziotta, J. C., Rizzolatti, G., 1999. 'Cortical mechanisms of human imitation', *Science*, 286: 2526–2528.

Medin, D. L. and Schaffer, M. M., 1978. 'Context theory of classification learning', *Psychological Review*, 85 (3), 207–238.

Murphy, G. L. and Medin, D. L., 1985. 'The role of theories in conceptual coherence', *Psychological Review*, 92: 289–316.

Pica, P., Lemer, C., Izard, V., and Dehaene, S., 2004. 'Exact and approximate arithmetic in an amazonian indigene group', *Science*, 306 (5695) : 499–503.

Pinker, S., 1994. *The Language Instinct: How the Mind Creates* Languages. New York: William Morrow.（S・ピンカー『言語を生みだす本能』椋田直子訳、日本放送出版協会、一九九五年）

Premack, D. and Woodruff G., 1978. 'Does the chimpanzee have a theory of mind?', *Behavioral and Brain Sciences*, 1: 515–526.

Rizzolatti, G. and Craighero, L., 2004. 'The mirror neuron system', *Annual Review of Neuroscience*, 27: 169–192.

Rizzolatti, G., Fadiga L., Gallese, V., and Fogassi, L., 1995. 'Premotor cortex and the recognition of motor actions', *Cognitive Brain Research*, 3 (2): 131–141.

Rosch, E., 1975. 'Cognitive representations of semantic categories', *Journal of Experimental Psychology*, 104 (3): 192–233.

Tversky, A. and Kahneman, D., 1971. 'Belief in the law of small numbers', *Psychological Bulletin*, 76 (2): 105–110.

Whorf, B. L., 1956. *Language, Thought and Reality*. Cambridge, MA: The MIT Press. （B・L・ウォーフ『言語・思考・現実』池上嘉彦訳、講談社、一九九三年）

Wimmer, H. and Perner, J., 1983. 'Beliefs about beliefs: Representation and con- straining function of wrong beliefs in young children's understanding of deception', *Cognition*, 13: 103–128.

I　認知の本性

第1章　概念の構造とカテゴリー化

三木那由他

1　はじめに

私たちは日常的に、様々なプロセスを経て知識を獲得している。知識を得る際に働く高次の心的プロセスは、「認知（cognition）」と呼ばれている。認知には思考、記憶などが含まれる。

さて、思考の例として、鳥が飛んでいると私が考えている場合を想像してみよう。こうした思考は、何らかの意味でより小さな部品から構成されているように見える。このことは、問題の思考を別の思考と比較してみればよりはっきりするだろう。ここでは、鳥が鳴いているという思考を取り上げよう。鳥が飛んでいるという私の思考と、鳥が鳴いているという私の思考には共通の部分があるとわかる。すなわち、自然言語における「鳥」という語に対応する何かである。思考の部分をなすこうした部品は、「概念（concept）」と呼ばれる。

思考が概念を組み合わせて構成されているように、一般に認知は概念に対する何かしらの操作として捉えられるということに、多くの研究者は同意している。だがその一方で、その概念なるものがいったいどのようなものなのか、概念はどのような構造を持つのかといった問題に関しては意見の一致が見られておらず、心理学者や言語学者、哲学者など広範な分野の研究者を巻き込んで活発な議論がなされている。本章では、概念の構造をめぐるそうした議論の状況を概観しながら、人間の認知の構造に接近していこう。

概念の構造をめぐる議論状況を整理するにあたって、本章では、心理学における概念の研究、そうした研究に対する哲学からの反応、そうしたこれまでの議論に対する反省を踏まえて近年提示されるようになった見解を順に見ていき、最後にそうした近年の展開を批判的に検討する。だがその前に、そうした一連の議論において前提とされている基本的な事柄や注意事項について、この節で述べておきたい。

まずは注意点だが、実は哲学の文献において「概念」と呼ばれるものには二通りある。一つはすでに述べたような、認知の構成要素としての概念である。他方で、「概念」という用語を、命題のような抽象的存在者の構成素として用いる哲学者もいる。たとえば分析哲学の源流の一つとされるムーアは、「観念（idea）」という語が持つ心理的なニュアンスを避けるために「概念」という語を用いるといったことを述べている（Moore 1899）。そのうえで彼は、そうした抽象的存在者としての概念から構成されるものとして、「判断」（現代で言うところの命題）の本性を捉えようとしていた。現代でも、たとえばピーコックは概念を「フレーゲの意義（Frege's sense）のレベルにあるもの」とし、抽象的

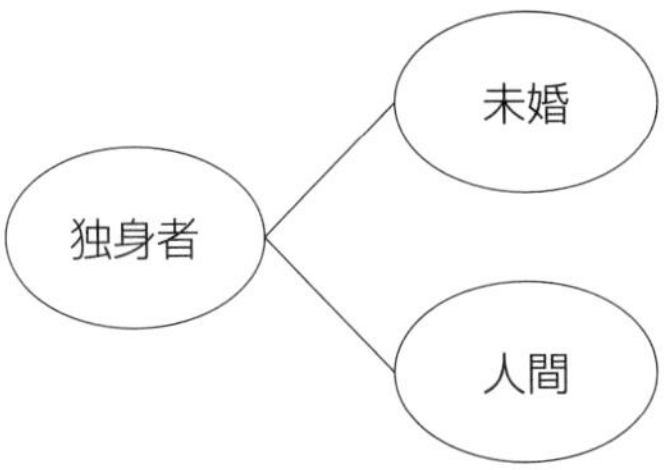

図1　古典説

対象として扱っている（Peacocke 1992）。概念が心的な存在なのか、それとも何らかの抽象存在なのかということは、それ自体が議論を要する問題かもしれない。だがローレンスとマーゴリスも指摘するように、この二つの見方が相矛盾するものなのかということはそれほど明らかではない（Laurence & Margolis 1999）。彼らによれば、「心的なものとしての概念」と呼ばれうるようなものも「抽象的なものとしての概念」と呼ばれうるようなものも確かにあるのだが、それらは互いに関連しつつも別の事柄なのである。それにもかかわらず、それらを同じ「概念」という言葉で表現してしまっているがゆえに、混乱が生じているだけということもありうる。いずれにせよ、本章の目標は認知という心的プロセスの構造に接近することであるため、抽象存在としての概念という見方には触れず、もっぱら心的な意味での概念についてのみ論じることにする。

　続いて、次節からの議論にとっての出発点となる、もっとも基本的な概念の理論を押さえておきたい。その理論は、「古典説（classical view）」と呼ばれる（「定義説（definitional view）」と呼ばれることもある）。古典説によれば、概念には単純なものと複合的なものがあり、複合的な概念はその必要十分条件となるようなより単純な概念からの構成物として捉えられる。たとえば独身者の概念は、未婚という概念と人間という概念から構成されるなどとされる（図1）。未婚であることや人間であることは独身者であることの必要条件であり、しかもそれら二つを合わせると独身者であることの十分条件となる。こうして複合的な概念はその必要十分条件をなす、より単純な概念へと分析されていく。だが、このステップには限界があり、いずれそれ以上分析することのできない単純な概念に到達するとされることが多い。

古典説の具体的な起源を特定するのは容易ではなく、あるときにはソクラテス（あるいはプラトン）の名が、あるときにはイギリス経験論のロックの名が挙げられるが、いずれもここで古典説と正確に一致するような見解を述べているわけではない[(1)]。しかし古典説の起源ははっきりせずとも、古典説を批判する論者が念頭に置いている典型的な古典説支持者というのは確かに存在している。その代表は、アメリカの哲学者であり言語学者でもあるカッツである。カッツはチョムスキーによる統語論の研究を模範として、体系的な意味論の構築を試みた。その意味論においては、各語の意味はその必要十分条件をなす、より基本的な意味から構成されるとされている（Katz 1972）。

近年の概念研究の発展は、こうした古典説に対する批判的な検討から始まるが、古典説に対する疑念の萌芽は、実はカッツよりも以前に活躍したクワインやウィトゲンシュタインといった哲学者に見られる。クワインは「経験主義の二つのドグマ」において分析性、同義性といった道具立てが学術的な議論に適さない曖昧な代物であると指摘し、他方でウィトゲンシュタインは『哲学探究』において、語の使用の必要十分条件を特定することが不可能であると論じた（Quine 1951; Wittgenstein 1953/1958）。もちろんこれらの論者自身は、本章で扱うような心理的な意味での概念に関して何事かを述べていたつもりはなかっただろう。それでも、彼らの議論は心理的な概念の研究に大きな影響をもたらした。次節でみるように、古典説への批判やその後の概念研究の発展は、少なくともその初期においては、彼らの影響を受けた心理学者によってなされたのである。

さて、以上で本章の内容を理解するうえで必要な準備は整った。次節ではウィトゲンシュタインなどの影響を受けた心理学者がいかに古典説を批判してきたか、そしてその後の実験の進展によってどのように理論を洗練させてきたのかを見ていく。次節でみる心理学の諸説は、その後の節で、取り上げる哲学者からの批判や、それを踏まえた近年の概念研究へと至る進展の始点となる。これらを概観していくなかで、概念の研究という分野が次第に多くの分野の研究者を巻き込み、高度に学際的な分野として盛り上がっていくさまを感じ取っていくことができるであろう。

2　カテゴリー化の心理学

認知心理学における概念に関わる実験的研究は、カテゴリー化に焦点を当ててなされてきた。すなわち、人間がなすカテゴリー認識やそれに関連する認知のあり方を実験的に明らかにし、それに合致するような表象構造や処理様式を措定するというものである。まずはその種の研究をいくつか紹介する。ただし先取りして言えば、それらの研究や理論はあくまでカテゴリー化に関するものであって、明示的に概念の研究や理論として提案されているわけではない。もちろん、「概念」という用語が使われることはあるが、それはもっぱら「具体的な事例は、いかにしてそれを包括する概念に分類されるか」といった、カテゴリー化に焦点を当てた文脈で現れる。そして本節で論じていくように、カテゴリー化の理論は必ずしも概念の理論とはならないのである。

いずれにせよ、この方法論のもとで歴史的な成功を見せたのは、カテゴリー化におけるプロトタイプの研究である。カテゴリー的認識は、必要十分条件となる属性ではなく、様々な属性との合致の度合いによって左右されることが示されてきた。たとえばある研究では、被験者に、家具というカテゴリーの様々な事例（イス、テーブルなど）の各々について、それが持っている属性を列挙させる。そうすると、家具というカテゴリーに関連する属性群が手に入るとともに、各事例がそのうちどれくらいたくさんの属性を持っていると見なされるかが判明する。他方で被験者に、各事例が家具というカテゴリーに当てはまるかどうかを7点スケールで答えさせる（典型判断）。そうすると、ある事例がそのカテゴリーに当てはまると見なされる度合い（典型性）が判明する。結果、各事例の典型性は、その事例が先述の属性をどれくらい多く持つと見なされるかと、強く相関していた。このような実験結果からは、次のように推測される。ある事例があるカテゴリーに該当するかという判断は、それが特定の典型的な事例にどれくらい似ているかという比較的な評価を通じて達成される。そのような典型的事例は複数あり、相互に類似した特徴を共有しているが、そうして共有されている特徴はカテゴリーの必要十分条件を構成するようなものではない。このような典型的事例のセットが、当初プロトタイプと呼ばれた（Rosch & Mervis 1975; Rosch 1978）。

ところで、ここでの典型的事例のセットというのは、実際に世界に存在する典型的な家具や典型的な猫といったものの集まりというよりは、そうしたものに対応して主体が心のうちに持っている何かの集まりといったほうが正確であろう。そこで、内容や指示といった意味論的性質を備えた心的対象を「心的表象（mental representation）」と呼ぶとすると、初期のプロトタイプ説とは、私たちのカテゴリー化が各カテゴリーの典型的事例の心的表象のセットとの比較によってなされるという立場になる（以下、本章では「表象」で「心的表象」を指すことにする）。

しかしながら、カテゴリー化は各カテゴリーの典型的事例の表象ではなく、各カテゴリーに属す事物が典型的に持つ属性の表象のセットによっても同じように説明することができる。つまり、猫のカテゴリー化に関わるのは典型的な猫たち（近所のタマなど）の表象というより、猫が典型的に持つ属性（四つ足である、毛むくじゃらであるなど）の表象であると考えることもできるのである。現在「プロトタイプ説（prototype theory）」と呼ばれるものは、このような典型的属性の表象のセットを用いたものとなっている。この理論によれば、カテゴリー化では様々な属性表象が働いており、各事例はどれくらいそれらの属性に合致するかという対応づけをなされる。この対応づけがうまくいけば、各事例はその対応するカテゴリーに位置づけられる。このような属性表象は、必要十分条件に対応するようなものではない。むしろそれは、そのカテゴリーの事例が持つ傾向にある属性の表象であり、実際に各事例がその属性を持つとは限らない（猫は典型的に毛むくじゃらであるが、毛のない猫もいる）。プロトタイプとは典型的属性の表象のセットという表象構造を持つものであり、その構造のおかげで、典型性判断というカテゴリー認知が特有の仕方で結果するのである（Rosch 1975; Hampton 1979; Smith and Medin 1981）。

この理論は、必要十分条件となる属性表象を放棄している点で、古典説から決定的に離脱している。実際、プロトタイプ説を先導した心理学者のロッシュは、ウィトゲンシュタインの家族的類似性に繰り返し言及している（Rosch and Mervis 1975; Rosch 1978）。ただし、この点は実際には微妙である。というのも、一方で家族的類似性というアイデアでは、カテゴリーのメンバーが相互に類似しているという点が強調され、メンバーの多くが相互に共有する典型的な属性が存在するとは限らない。AとB、BとC、CとDはそれぞれ類似し、それによって全体として一つの家族を形成していながらも、この四つのメンバーの多くに共有されているような性質といったものはまるでないということもありうるのである。他方でプロトタイプ説は、属性の相互共有や事例の相互類似だけでなく、典型的な属性や事例の重要性を強調している。それゆえ、プロトタイプ説とウィトゲンシュタインのアイデアとは区別して扱うべきである。

プロトタイプ説では、典型的属性の表象によってカテゴリー化を説明していた。だがカテゴリー化には、典型的な属性の表象だけで十分なのだろうか。ある立場によれば、単なる属性表象のセットではなく、それらの属性の間の連関を捉えるような理解がカテゴリー化を裏付けている。これがいわゆる理論説（theory theory）である（Murphy & Medin, 1985; Carey, 1991）。たとえば鳥を適切にカテゴリー化する認知主体は、鳥が典型的に持つ翼を持つという属性と飛ぶという属性とを単に互いに独立の別々の表象として利用しているわけではなく、鳥が翼を持つとしたら、それを飛ぶために利用するのだといった仕方で、属性間の関係について理論を立てているのである。

理論説を支持するカテゴリー認識の実験的研究は次のようなものである。ある実験（Medin & Shoben 1988）では、被験者はバナナとブーメランはすべて曲がっていると判断した。これらの被験者においては、曲がっていることは、バナナとブーメランにとって同じ程度に典型的な属性なのである。

では、こうした被験者がまっすぐなバナナやまっすぐなブーメランといった非典型的事例に遭遇したとき、彼らがこうしたものをバナナやブーメランとしてカテゴリー化する傾向性もまた同じなのだろうか。プロトタイプ説に従うなら、曲がっていることがいずれのカテゴリーにおいても同程度に典型的な属性である以上、そうした典型的属性を持たない事例に対する判断もまた同じようになるはずである。だが実際には、まっすぐなバナナとまっすぐなブーメランとでは異なる結果が得られた。被験者たちは、まっすぐなブーメランをブーメランとしてカテゴリー化するのに比べて、より高い頻度でまっすぐなバナナをバナナとしてカテゴリー化したのである。こうした違いは、プロトタイプ説によっては捉えることが難しい。しかし理論説はこの結果をうまく説明する。被験者は、曲がっていることがブーメランの機能にとって必然的であるという理論的な理解を持っている。他方で、バナナにとって曲がっていることは、必然的な特徴ではない。それゆえ、ブーメランにとって曲がっていることは単に典型的であるだけでなく、本質的な重要性を持つと理解されているが、バナナにとってはそうではない。そのため、まっすぐなブーメランがブーメランとしてカテゴリー化される傾向性が、相対的に低くなったのである。このように理論説は、なぜ他でもなく特定の属性の表象群がカテゴリー化に伴うのか、そしてなぜ特定の属性が他よりも重要性をもつのかといったことを説明する。

これらプロトタイプ説や理論説では、対象が持つ典型的属性の表象や諸属性間の連関の表象がカテゴリー化で利用されているとする。これらに対して、そもそも属性ではなく個別的対象の事例そのものの表象が利用されるとするのが、実例説（exemplar theory）である（Medin & Schaffer 1978; Medin *et al* 1982）。

実例説を支持するとされる実験は、次のようなものである（Medin & Schaffer 1978）。被験者は、人為的なカテゴリーの諸事例を刺激として呈示される。たとえば、被験者はカードを与えられ、そこには一つ図形が描かれている。その図形は、形、色、サイズ、位置という四つの時限について、それぞれが二通りの値のいずれかを取るように作られている。たとえば形は二等辺三角形か円のいずれか、色は赤か緑のいずれかといった具合だ。そして被験者はまず、いくつかの刺激がカテゴリーAとBのいずれに属すかを知らされることで、カテゴリー化の仕方を学習する。こうした学習に続き、被験者は新たな刺激を提示され、それがいずれのカテゴリーに属すか判断するように求められる。ここで、カテゴリーAとBを単純に分けるような属性次元は存在しないが、AとBそれぞれに属す刺激の典型的属性は想定可能となっている。このときプロトタイプ説からは、学習を終えた被験者が新たな刺激を与えられた場合、それぞれのカテゴリーに典型的な属性を持つ刺激ほど容易に正しいカテゴリー化を行えると予測される。だが、実際にはそうならなかった。むしろ被験者の振る舞いは、典型的属性の表象との比較によってではなく、学習の際に獲得した個々の事例の記憶そのものとの比較に基づいてカテゴリー化を行っているとすることで、うまく説明できるようなものであった。

本節で見てきたカテゴリー化の諸説のいずれがもっともらしいかということについては、いまなお決着がついていない。カテゴリー化に関する様々な実験の結果は、あるものはある理論を、別のものは別の理論を支持し、カテゴリー化の諸理論のあいだの優劣に決着をつける決定的なものとはなっていないのである。このことは、それらの諸理論を実は互いに両立可能なものと見るウェイコフの多元説を動機づけるであろう。ウェイコフの多元説については、第4節で紹介する。

さて、本節で取り上げた理論はいずれも、少なくとも第一義的には、カテゴリー化を始めとする認知的処理のあり方に関する理論として提案されていることに注意されたい。それらは確かに概念に関連する認知的処理の理論には違いない。だが、果してそうした理論は概念の本性そのものの理論なのだろうか。

もしかすると、概念の本性はカテゴリー認識とそれに関連する処理で尽くされており、概念に関してそれ以上の事実はないと言われるかもしれない。だがもしも概念にはカテゴリー認識以外の側面がその本性として存在するとわかり、そしてそれが前記のような理論によって説明されないのであれば、それは概念の理論としては不完全と言わなくてはならない。それどころか、もしも他の側面が前記のような理論と対立するものであれば（そしてその側面がまさに概念なるものにとって本質的なものであれば）、それらの理論は概念の理論としては棄却される運命にあるだろう。そして、まさにそのように考えるのが、哲学者のフォーダーである。

3　概念原子論

フォーダーは、前節で見たようなカテゴリー化の理論が概念の理論とはならないということを鋭い論調で指摘している。これまで紹介してきた古典説、プロトタイプ説、理論説、実例説といった立場は、概念をそれが推論において持つ役割によって特徴づけるという見解を共有していることになる。たとえば猫という同じ概念を、古典説ならばある個体が猫であるということと同値になる条件を、あるいはプロトタイプ説ならばある個体が猫である場合にその個体が持っていそうだと推測される属性に依拠して特徴づけている。すなわち、ある個体にある概念が適用されるということから推論される事柄が、その概念の特徴づけに利用されているのである。同様のことは理論説や実例説についても言える。こうした見解は、一般に概念をそれが可能にする推論によって特徴づけていると捉えることができる。言語表現の意味や概念の内容を、それが推論において担う役割によって捉える立場は「推論役割意味論（inferential role semantics）」と呼ばれているが、前記のような理由から、フォーダーはプロトタイプ説、理論説、実例説をいずれも推論役割意味論の一種であると見なしている。[2] そのうえで、推論役割意味論に共通する問題を指摘することで、それが概念の理論としては誤っていると主張するのが、フォーダーの戦略である。

フォーダーが推論役割意味論に対して提起する批判にはいくつかの種類があるが、そのうちでもっとも強力であり、フォーダー自身も多用しているのは、思考の合成性（compositionality）に基づく批判である（Fodor 1998; 2008）。合成性とは何か。これを理解するためには、思考よりもむしろ言語を見る方が容易であろう。言語表現においては、複合的な表現の意味はその構成素の意味と、それらの統語論的配置によって決定される。たとえば文「太郎は走る」の意味は、「太郎」や「走る」という語の意味、およびそれらが主語述語の関係にあるということから決定される。フォーダーは、同様のことが人間の思考についても成り立っていると考えている。先ほどの言語表現と対応する例を挙げるなら、太郎は走るという思考の内容は、太郎の概念と走行の概念が持つ内容、およびそれらのあいだの関係によって決定されるということになる（フォーダーによれば、思考や概念といったものは意味論的な対象であり、内容を持つ)。

思考の合成性は、私たちが有限の資源しか持たないにもかかわらず無限に多くの思考を持ちうるという思考の生産性(productivity)、およびある思考を持つならばほかの関連する思考を把握しうるという思考の体系性(systematicity)を説明するのに重要となる(たとえば、一郎は次郎を尊敬していると考える者は、次郎は一郎を尊敬しているという思考を、実際に持つとは限らずとも、ありうるものと想定することはできよう)。さらにまた、私たちが記述的な概念(たとえば、野辺に咲く一輪の花の概念)を現に持つことができ、その内容がそれを構成する概念とその組み合わせ方によって決定されているというのは明白な事実であり、思考の生産性や体系性に訴えるまでもなく、思考の合成性の存在は直接的にも実証されている。少なくともフォーダーはそう考えている。

合成性が思考の重要な特徴だということを認めるなら、即座に生じる疑問がある。フォーダーが推論役割意味論と呼ぶ立場は、果たしてこの合成性を説明できるのだろうか。できない、というのがフォーダーの主張である。それゆえ推論役割意味論は思考の重要な特徴を捉えておらず、思考の構成素たる概念の理論としては誤っているとフォーダーは結論する。

フォーダーの批判を理解するには、古典説とそれ以外の推論役割意味論とを区別して見た方がいい。というのも、概念をその必要十分条件によって特徴づける古典説は、明らかに合成性を説明できるからだ。たとえば、赤さの必要十分条件と鳥であることの必要十分条件が与えられたなら、赤い鳥の必要十分条件は、それらの連言として容易に決定されよう。古典説に限っては、問題は合成性を説明できないことではなく、端的にそれが失敗し続けているということに求められる。長年にわたる哲学の歴史は、ほとんどの概念について、その必要十分条件を与えることが不可能であるか、少なくとも極めて困難であるということの例証となっている（Fodor 1998）。より重要なのは、古典説以外の推論役割意味論、すなわち前節で見てきたカテゴリー化の心理学の諸説である。

フォーダーによれば、前節で見たカテゴリー化の理論は、いずれも合成性を捉えられていない。それは、複合的な概念が持つ推論役割は、その要素が持つ推論役割の単なる合成とは一致しないためである。プロトタイプ説を例にとって考えてみよう。フォーダーは茶色い牛の概念を取り上げている（Fodor 1998）。茶色概念にも牛概念にも、普通は危険性のようなものは典型的特徴としては含まれていないだろう。だが、茶色い牛は典型的に危険だと判断されよう。それゆえ、茶色い牛概念には茶色概念や牛概念にはない典型的特徴があることになる。このことは、典型的特徴というものが合成的ではないことを示している。それゆえ、プロトタイプ説は思考の合成性を説明しないのである。同様のことは、わずかな手直しによって、実例説や理論説にも成り立つだろう。こうして、推論役割意味論は合成性の説明に失敗することになる。

こうしたフォーダーの批判に対しては、実際に合成的な推論役割意味論を作ることで抗うことができると考えられるかもしれない。たとえば合成的なプロトタイプ説の試みとしては、古典的にはスミスによるものがあるが、しかしこの理論はフォーダーの要求に応えることはできていない（Smith *et al.* 1988）。

スミスらのモデルでは、名詞によって表されるような概念と形容詞によって表されるような概念を合成する際には、それらに関わる典型的属性の単なる共通部分を取るなどという仕方ではなく、より微妙な操作がなされる。名詞が表わす概念は典型的属性の単なるリストによっては特徴づけされず、色、形といった種別ごとに様々な属性の典型度を数値化することで特徴づけられる。たとえばリンゴの概念だと、色という種別のもとに「赤：25」、「緑：5」、「茶色：0」などといった項目が並ぶ。これは、リンゴは典型的に赤く、典型的ではないにせよ緑であることがあり、しかし茶色であることはないということを表している。形容詞が表わす概念はそれに対応した種別の属性が持つ典型性を変化させることで、名詞が表わす概念に合成される。たとえば茶色いという概念は、名詞が表わす概念と合成されたとき、その名詞的概念の色種別における諸属性に対し、「茶色」の数値を30にし、残りの項目の数値を0にするなどといった働きをする。これによって、スミスらは、仮に茶色いリンゴの個体があったとしたら、それはリンゴの典型的な事例とは判断されないにもかかわらず、茶色いリンゴの典型的な事例にはなるであろうということを説明している。しかし、こうしたアイデアでは、明らかに極めて限定された範囲の合成性しか説明できない。スミスらのモデルによって、リンゴが典型的に赤いにもかかわらず茶色いリンゴが典型的に茶色いことは説明できるかもしれないが、フォーダーの挙げた茶色い牛の例に対処することはできないのである。

しかし、仮に茶色い牛のような例にも応じることのできる合成的なプロトタイプ説や理論説、実例説が作られたとしたらどうだろうか。フォーダーは、仮にそうした合成的な推論役割意味論があったとしても、やはり概念の理論としては不適格だと論じている（Fodor 1998）。なぜなら、そうした理論が非定義的な理論であるにもかかわらず、複合的な概念は定義を持つからだ。

古典説からプロトタイプ説などへの移行の動機の一つには、私たちがほとんどの概念の定義を知らないにもかかわらず、様々な事物をうまくカテゴリー化しているという事実がある。こうした事実を扱うために、たとえばプロトタイプ説は定義ではなく、典型的特徴の集合を利用していた。カテゴリー化に関わるのは定義ではなく、別の何かであるという考えは、プロトタイプ説、理論説、実例説に共有されている。これらの理論は概念をその定義以外の何かによって特徴づけようとする、非定義的な理論なのであり、非定義的であるがゆえにこそ、私たちのカテゴリー化を古典説よりうまく説明してきたのだ。

しかし、より単純な概念から構成されていることが明らかな概念については、定義的に捉えられなければならないとフォーダーは指摘する。赤い花という概念を考えてみよう。あるものが赤い花であることの必要十分条件は、それが赤くかつ花であることである。赤い花が赤くかつ花であることは、猫が動物であることなどのようなしばしば問題視される例とは違い、この上なく明白な分析的真理であるとさえ思われる。すなわち、赤い花は赤くかつ花であることによって、定義されるのである。さて、非定義的なカテゴリー化の理論は、それが非定義的な理論であるがゆえに、複合的な概念についても定義を与えることはない。それらはあくまで非定義的な特徴や、それに類する道具立てで概念を特徴づけるほかないのである。これは概念が単純であろうと複合的であろうと変わらない。すると、仮に合成的なプロトタイプ説、理論説、実例説が与えられたとしても、それらが非定義的な理論である以上は、複合的な概念の定義を与えることはできないということになる。しかし赤い花の例が示すように複合的な概念には、定義があるのであり、概念の理論は、それを与えなければ不十分なのである。

フォーダーの議論は、推論役割意味論を袋小路に追い込んでいる。概念の理論は、私たちの思考の合成性を説明しなければならず、かつ複合的概念が定義を持つことを説明しなければならない。これらを同時に満たせる推論役割意味論は、古典説しかない。だがその唯一残された選択肢は、すでに多くの論者によって見込みがないと見なされたものなのである。

では、可能な概念の理論とはどのようなものなのであろうか。フォーダーは、概念原子論（conceptual atomism）という説を提唱する。それによれば、語彙的概念（一つの語によって表されるような概念）は、必要十分条件や典型的属性の集合などといった構造によって特徴づけられるものではない。語彙的概念は、それを構成するより基礎的な要素というものを持たず、それ以上分析することのできない、認知における最小の単位なのである（それゆえに語彙的概念は、思考にとっての原子となる）。花の概念は、植物であるということや、典型的によい香りがするということなどによってはもはや特徴づけられない。それは、ただ花の概念であるとしか言えないものなのである。そして、赤い花の概念のような複合的な概念は、もはや赤さの概念や花の概念を構成するより基礎的な要素をもとに捉えられるのではなく、単に赤さ概念と花の概念がともに適用されるようなものの概念だとされる。概念原子論は、古典説のように知識の概念や牛の概念といったもののさらなる定義を求めはしない。それらは分析不可能であり、その定義を求める試みには見込みがない。だが、プロトタイプ説などのように定義的特徴に代えて非定義的特徴を用いて分析するわけでもない。それゆえ、茶色い牛の概念がプロトタイプ説に提起した問題は生じない。茶色い牛は、単に茶色くかつ牛であるものなのである。概念原子論と古典説の違いは、単純概念をどれだけ豊富に想定するかにある。古典説は倹約的で、語彙的概念も、ほとんどは複合的なものだと考えていた。フォーダーはそうした見解を捨て去り、語彙的概念を単純な概念とする。それゆえに古典説の失敗はフォーダーにとって問題とならず、しかも複合的な概念についてはあくまで定義的に扱えるため、非定義的な諸説に見られる問題も生じない。

ところで、概念原子論は、単に語彙的概念が最小の単位であるということを述べているのみで、その内容がどのように決定されるのかを述べてはいない。古典説などが概念の構成要素に訴えて形成していた内容の理論が、概念原子論には欠けているのである。フォーダーはここで情報意味論を持ち出す。情報意味論はドレッキによる情報の理論（Dretske 1981）を修正しつつ利用したもので、表象の意味を情報として捉え、さらにAがBについての情報を持つという関係をAとBのあいだにある法則論的な関係として分析する考えである。これによると、ある語彙的概念Aが性質Pについての情報を持つというのは、Pを持つ事物との遭遇がAを含む心的状態の形成を引き起こすという法則があるということと同一視される[3]。概念原子論と情報意味論とを結合させたフォーダーの立場は、ときに「情報原子論（informational atomism）」とも呼ばれている。

さて、ここまででカテゴリー化の心理学の諸説に対して提起されたフォーダーの批判と、フォーダー自身の立場とを確認してきた。合成性に基づく反論は、フォーダーが批判する立場が思考や概念の内容、あるいはそれらのあいだの関係を説明するものであるなら、強力に働くだろう。だが、ここで疑問が生じる。プロトタイプ説などをフォーダーは概念や思考の内容に関する理論として捉えて批判を展開していたが、前節で述べたように、これらは実際にはカテゴリー化という特定の認知的機能を説明するために考案されたものであった。しかし、カテゴリー認識と概念の内容は、むろん関連してはいるだろうが、厳密には違う問題である。だとすると、カテゴリー化を研究する心理学者たちとフォーダーは、そもそも違う現象を説明しようとしていたのではないかとも考えられる。実際、カテゴリー化の心理学理論が合成性を説明しないということを強く主張したフォーダーに対しては、逆に彼の理論が私たちのカテゴリー認識を説明する道具を持たないという指摘がなされてもいる（Prinz 2002）（ただし、この点については第5節で改めて検討する）。ならば、プロトタイプ説などの心理学理論がフォーダーの要求するような説明を与えられないのは、そうした理論が誤っているからではなく、単にそのような説明を与えることを目指していないからではないだろうか。もしそうだとすると、心理学者たちとフォーダーは、実はまったく異なる問題を説明しようとしているのであって、そもそも対立してなどおらず、彼らが提示する理論も両立可能なものなのかもしれない。

実のところ、概念を巡る諸研究は、長らくその目標やスコープが不明確なままになされてきた。そこで近年では、そうした研究方針上の混乱を反省し、より明確に研究目標を見定めたうえで、これまでに提案されてきた様々な理論のあいだの関係を捉えようという動きが盛んになっている。そうした中で、多くの論者がフォーダーの説と、カテゴリー化について提案されてきた心理学理論のいずれか（あるいはすべて）とが両立可能であり、それらを組み合わせたものこそがよりよい概念の理論となると考えるようになっている。次節ではそうした近年の展開を見ていこう。

4　諸理論の統合

4-1　多元説

概念の研究は、カテゴリー認識に関する様々な事実の発見と、それを説明するための心理学の諸理論の提案によって大きく進展し、その後にフォーダーによる合成性に基づく批判と情報原子論の主張とによって新しい光を当てられた。フォーダーが批判するように、プロトタイプ説などは私たちのカテゴリー化の仕方をうまく説明する反面、思考や概念の合成的に決まる内容を扱えない。だがそれに対し、フォーダーの理論は思考の合成性をうまく捉えることができるが、他方でカテゴリー化について何も述べてはいない。そうすると、私たちは方や思考の合成的内容が説明できず、方やカテゴリー化が説明できないという袋小路に陥っているように見える。

この問題は、概念には単一の表象構造（概念原子論が主張するような下位構造を持たない表象も含め）が備わっており、それが内容とカテゴリー化のどちらにも関わっていると想定することから生じている。だとすれば、そもそも各概念は複数の表象構造を備えていて、そのあるものが内容に、別のものがカテゴリー化に寄与すると考えることでこの問題を解決することができよう。こうした立場は「多元説（pluralism）」と呼ばれる。そしてそうした複数の表象構造は、一つは概念原子論で言われるような構造を持たない単純概念、一つはプロトタイプ説が主張するような典型的属性の表象の集合といった仕方で、それぞれ別の理論によって捉えられると考えることができる。多元説のなかでも、概念の内容に関わる表象構造とカテゴリー化に関わる表象構造をそれぞれ一つずつ考える立場は「二重説(dual theory)」として知られる。こうしたアイデア自体は決して新しいものではなく、古くはオシャソンらによって、概念の内容を古典説、カテゴリー化をプロトタイプ説によって特徴づける理論が提唱されている(Osherson & Smith 1981)。

フォーダーの影響もあり、現在の二重説では、概念の内容の特徴づけに古典説ではなく情報原子論を用いるのが主流になっている。たとえばミリカンは、個体、物質、そして実在種の概念について、内容を情報原子論によって捉え、カテゴリー化はプロトタイプ説によって説明するという方針をとっている[2](Millikan 1998)。情報原子論とプロトタイプ説を用いた二重説は、ローレンスらによっても採用されている(Laurence & Margolis 1999)。情報原子論を概念の内容の特徴づけに用いる二重説のもとでは、概念はファイルに類比的なものとなる。内容がファイルのラベル(何の概念か)にあたり、カテゴリー化に用いられる表象構造がファイルの書き込み内容にあたる。このため、こうした二重説はときに「ファイル説(file theory)」とも称される。レカナティはこうしたファイルを「心的ファイル(mental file)」と呼び、心的ファイルがどのように形成され、ファイル同士の情報のやり取りがいつなされ、ファイルの結合や分割がどのように生じるのかといったことを分析しようとしている(Recanati 2012)。

現在のところ、二重説は古典説もしくは情報原子論を内容の理論とし、カテゴリー化の理論にプロトタイプ説を用いるというのが主流となっている。しかし原理的には、カテゴリー化の理論としては、理論説や実例説もまた選択肢となりうるだろう。またそれらをさらに併用することも可能である。たとえば、自然種概念に関してはプロトタイプをカテゴリー化の理論に採用しつつ、人工物概念のカテゴリー化は理論説で説明するなどもできよう。こうした様々な選択肢の比較検討も、そしてまたレカナティが試みているような心的ファイルに対する私たちの心的操作の研究も、現状では未開拓の分野であると言ってよい。二重説による概念の探求は、いままさに前線で取り上げられている話題の一つなのである。だが、こうした立場についても、問題がないわけではない。二重説が抱える問題については、第5節で論じる。

多元説には、二重説とは異なるタイプのものも存在する。ウェイコフは、一つの概念に対して、カテゴリー化に関わる表象構造が複数備わっている[5]と主張する（Weiskopf 2009）。たとえば猫のカテゴリー化には、以前に出会った猫の実例の表象が使われることもあれば、典型的属性の表象が使われることもあるという具合である。そのいずれが使われるかは文脈によって定まるとされている。

しかし、ウェイコフの多元説には不十分な点もある。確かに私たちは、同じ個体をある文脈では猫だと判断し、別の文脈では猫でないと判断するといったことがあるだろう。だが、そうした各々の文脈における判断のあいだには、正確さの差があるように思われる。たとえばある文脈で、私たちは猫のぬいぐるみを猫だと判断することがある。しかし、その場合でも私たちはそれを本当に猫だと思っているわけではない。猫のぬいぐるみは、猫の持つ典型的属性の表象を用いれば猫に分類され、猫に関して私たちが持つ理論的理解を用いれば猫に分類されないであろうが、私たちは単にそれらの判断を並列して使い分けているわけではなく、後者の判断が前者の判断よりも正確であると考えているはずだ。それゆえ、概念がカテゴリー化に関して複数の表象構造を備えているとしても、そうした表象構造は単純に並列されて、文脈ごとに使い分けられているわけではなく、より複雑な相互関係を持っていなければならない。そうでなければ、前述のような正確さに関する優劣というものは生じまい。

またウェイコフの議論はもっぱらカテゴリー化に関わるものであり、フォーダーが重視するような思考の合成性に関わる内容の側面には何も述べていない。しかし、ウェイコフの多元説は、内容の理論を明らかに必要としている。同じ個体が、猫のカテゴリー化に関わるある表象構造によっては猫に分類され、猫のカテゴリー化に関わる別のある表象構造によってはそうではないという可能性が、この多元説では認められている。だが、形成するカテゴリー化がそのように食い違うこれらの表象構造が、それにもかかわらず同じもののカテゴリー化に関わっていると言えるのはなぜなのだろうか。これに答えるには、「それらは同じ内容を持つ概念に備わった表象構造である」と言うほかにはあるまい。ウェイコフの多元説には、さらなる明確化が求められる。

以上の多元説には、ある特徴が共有されている。それは概念に関わる複数の理論が併用されつつも、それらのあいだの関係がそれほど明確になっていないということである。二重説はファイルにたとえられることで、一見すると直観的に理解しやすいように思われるかもしれない。だが、実のところ概念の内容とカテゴリー化に関わる表象構造というのはどのように関係しているのだろうか。心的ファイルにおいて、あるラベルのもとに情報が保存されているとはいったいどういうことなのだろうか。ウェイコフの多元説についても、複数の表象構造のあいだの関係が不明確であるのは、先に指摘した通りだ。多元説は、カテゴリー化の理論と古典説や概念原子論による内容の理論とを両立させることができるということ、さらにはカテゴリー化の諸理論もまた両立可能であるということを示唆した点で大きな意義を持つ。しかし、それにとどまらず多元説を積極的に採用すべきものとして打ち出すには、複数の理論を単に並列させるだけでなく、それらがどのように関わり合い、どのように概念の内容を決定したり、カテゴリー化の形成に寄与したりしているのかをはっきりさせる必要があるだろう。こうした点に関して、いくらか歩を進めた理論を展開している論者がいる。それは、概念経験論を提唱するプリンツである。

4-2 概念経験論

「概念経験論（concept empiricism）」ないし「新経験論（neo-empiricism）」という立場を積極的に打ち出したのは、心理学者のバーサローである（バーサローの立場は、それに対する批判的な検討とともにBarsalou（1999）で概説されている）。バーサローの立場を受け入れ、既存の様々な概念の理論との比較や、これまでに提起された論点に対する応答を行い、より綿密にまとめ上げているのがプリンツである（Prinz 2002）。

プリンツによれば、概念経験論とは、あらゆる概念は知覚表象のコピーから作られるとする立場である。ここで知覚表象とは感覚器官を通して獲得された心的表象を指す。プリンツによれば、私たちの長期記憶には様々な知覚表象が蓄えられている。そうした知覚表象はばらばらに蓄えられているのではなく、共起するもの同士や類似するもの同士で結びつき、ネットワークを形成している。

具体例を取り上げてみよう。私たちがある黒猫の個体を知覚する場面を考えてほしい。この場合、私たちは自身の感覚器官を通して、この黒猫の形、色といったものの知覚表象を同時に獲得する。(6) 形の知覚表象と色の知覚表象は共起しているため、一つのネットワークを形成する。さらにこの黒猫は、私たちの目の前で座っている状態から背伸びの状態へと姿勢を変えるかもしれない。この場合、姿勢の変更の前後で私たちが獲得する知覚表象は異なるが、それらはあくまで同じ個体に関するものであるため、「繋がり（link）」が形成される。それにより、姿勢の変更の前に得た知覚表象と後に得た知覚表象とが、私たちの長期記憶のなかで関連付けられることになる。また私たちは、この黒猫の個体そのものだけでなく、周囲の状況も同時に知覚している。たとえばこの黒猫が魚を食べるのを見たならば、私たちはその黒猫が魚を食べるという状況自体が与える知覚表象もまた、その黒猫が与える他の知覚表象と繋がりを持つものとしてネットワークに組み込む。さらに別の場面で、この黒猫が与えるものとは異なるが、しかしよく似た知覚表象を与える個体と出くわしたとしよう。その場合もまた、そうした類似性に基づき、それらの知覚表象のあいだに繋がりが作られる。こうして私たちの長期記憶には、ある個体が与える知覚表象の互いに結びついた集まり、それとは異なるが類似した知覚表象を与える別の個体から得られた知覚表象の集まり、同様の別の個体から得られた知覚表象の集まり……といったものが互いに繋がりを持ちつつ紡ぎあげるネットワークが形成されることとなる。概念経験論の重要なポイントは、このように形成された知覚表象のネットワークには、プロトタイプ説が着目するような典型的属性の表象も、理論説が着目するような理論に当たる表象も、実例説が着目するような個別事例の表象もすべて含まれるということだ。

こうした長期記憶中の知覚表象ネットワークの一部が、短期記憶において一時的に活性化されたものを、プリンツは「プロキシタイプ（proxy type）」と呼ぶ。プリンツは、このプロキシタイプの別名が「概念」なのだと考えている。これは概念というものが永続的に長期記憶に蓄えられるものではなく、場面に応じて短期記憶中に形成されるものであるということを含意しており、その点でウェイコフの多元説と親近性を持つ。このアイデアのもとでは、思考は知覚のシミュレーションになぞらえられる。思考するというのは、関連する概念を短期記憶中で活性化させることであり、すでに長期記憶に蓄えられている知覚表象のネットワークの一部を取り出し、知覚のモデルを作り上げることなのである。

さらにプリンツは、概念の内容をフォーダーの情報意味論によって説明する。知覚表象のネットワークは、それを引き起こすような外界のカテゴリーと因果的に結びついている場合に、その外界のカテゴリーを内容とする。私たちは自分が出会った猫の個体たちから獲得した知覚表象のネットワークを持っている。このネットワークは、猫という外界のカテゴリーに属す個体を知覚するときに得られる表象をもとに形成されており、それゆえ猫という外界のカテゴリーと因果的な結びつきを持っている。この場合、このネットワークの全体は猫を内容としており、またこのネットワークから形成される概念もまた、猫を内容とする。

概念経験論は、前節までで紹介してきた様々な立場を、プロキシタイプとしての概念というアイデアのもとで包括する。それがフォーダーの情報原子論のアイデアを一部引き継いでいるということを見るのはたやすい。プロキシタイプはいくつかの知覚表象から作られているという点で構造を持つとはいえ、その内容はそうした構造ではなく、知覚を介した外界との法則論的関係によって決定されている。もちろん、プロキシタイプを構成する知覚表象が、プロキシタイプの内容の決定に何の関係も持たないわけではない。だが、プロキシタイプの内容は、そのもととなる知覚表象ネットワークがどのような事物と因果的に結びついているかのみによって定まり、そのネットワークに含まれる知覚表象がどのようなものであるかには依存しないのである。

カテゴリー化の諸理論についてはどうだろうか。すでに見たように、プリンツの概念経験論においては、私たちは多様な知覚表象を一つのネットワークへとまとめ上げている。これが、プロトタイプ説、理論説、実例説の各々に従ったカテゴリー化のすべてを可能にすると考えられている。プリンツによれば、カテゴリー化は、知覚主体が対象を知覚的特徴の集合によって表象し、そうした特徴集合と長期記憶中の様々な知覚表象ネットワークを照らし合わせることでなされる。そのような照合の結果、知覚対象の特徴集合ともっとも類似した知覚表象を含むネットワークが決まれば、そのネットワークが結びついているカテゴリーへと問題の対象が分類されることとなる。たとえば、私たちは猫についての知覚表象のネットワークを持っているが、そのなかには各々の猫個体から得た知覚表象も含まれている。そうしたネットワークには、多くの猫が持つ典型的な属性の知覚表象が繰り返し現れることになるだろう。こうした繰り返し現れる知覚表象を取り出してプロキシタイプを形成したとする。それは結局、四つ足である、毛深いなどといった属性に対応する知覚表象の集まりとなるであろう。いま私たちの目の前にいる対象が与える知覚表象とこうしたプロキシタイプを比較して、それらが十分に似ていたのならば、私たちはこの対象をそのプロキシタイプのもととなったネットワークと結びついているカテゴリー、すなわち猫に分類することになる。これはまさに、プロトタイプ説が説明するようなカテゴリー化である。プロキシタイプの形成において、異なる仕方で知覚表象ネットワークの一部を取り出せば、理論説や実例説が主張するようなカテゴリー化もなされることになる。

概念経験論は、このような仕方で従来の諸理論の利点を一手に引き受けているとされている。また、概念経験論は同じ概念に関わる複数の表象構造のあいだの関係の明確化を進めており、その点で多元説により豊かな内実を与える有力な候補の一つとなっている。とはいえ、この理論の評価はいままさに進行中の問題である。たとえば、一つの論点として、概念経験論が本当に概念原子論の利点を十分に備えているのかということがある。ワインバーグは、概念原子論が論理的推論の妥当性を説明するうえで有効な理論であることを指摘し、概念経験論が同様のことをできるのかと問うている（Weinberg *et al.* 2003）。この違いは、フォーダーの理論において概念が文脈不変的なものと見なされているのに対し、プリンツにとっての概念が文脈可変的であることによって生じている。概念をプロキシタイプと同一視するプリンツは、同じ知覚表象ネットワークからでも、文脈に応じて様々な仕方で概念が取り出しうるとしている。通常、論証の結論に関わる概念は前提のいずれかにも含まれているが、概念が文脈可変的であるならば、こうした複数回現れる概念がその現れごとに厳密には少しずつ異なっているということがありうることになる。そうしたことを許容する理論が、いかにして論理的推論を扱えるのかということは、確かに問うに値するだろう。

4-3　概念消去主義

本節では、従来の概念の諸理論の長所をうまく組み合わせてよりよい理論を形成しようという、いくつかの試みを見てきた。しかし、こうした試みの数々は、そもそも概念という一枚岩の存在があるのだろうかという疑問を引き起こすかもしれない。マシェリはまさにこの問題を提起し、そして心理学から「概念」なる用語は消し去るべきだという概念消去主義（concept eliminativism）を提唱している（Machery 2009）。

マシェリの議論は明快である。マシェリは、カテゴリー化に関してプロトタイプ、理論、実例がいずれも必要であることを論じる。そのうえで、プロトタイプ、理論、実例のあいだに共通する特徴はほとんどないと述べ、それゆえ、それらを包括する「概念」なるものは、実は共通性質を持たないものであり、心理学が研究対象とすべき自然種をなしていないと結論する。それゆえ、マシェリの見解では、心理学は「概念」という語を用いず、より細かな区分に対応した用語でもって研究を進めるべきであるとされる。

マシェリの概念消去主義もまた、いまだ確定した評価の与えられていない、いままさに議論が進行中の立場である。概念消去主義は、概念が自然種をなすのか、そして概念という概念が心理学において十分な説明上の役割を果たすのかということが問題を投げかけたが、マシェリとは異なる答えを出す論者もいる。たとえば、多元説のウェイコフはプロトタイプ説、理論説、実例説といった心理学説のすべてを併用しつつも、「概念」という用語の説明上の有用性を擁護し、概念消去主義とは距離を取ろうとしている（Weiskopf 2009）。こうした論争は、これまでなかった新しい実験結果を紹介したり、これまでとはまったく異なる新しいカテゴリー化の理論を与えたりといったものではなく、その焦点はほとんど「概念」という言葉の用法に終始しているように見える。とはいえ、こうした議論はこれまで得られてきた概念とカテゴリー化に関する様々な知見を改めて整理し、概念の研究のあり方を見定める、いわば概念研究に対するメタ視点の検討として有意義なものであろう。

さて、この節で見てきたように、最近の概念研究は従来の諸理論の長所を組み合わせる方法の模索、そしてそれらを組み合わせることから生じる帰結を探るという形で進められている。当然のことながら、こうした研究は哲学、心理学、認知科学など多数の分野の研究者が協働して推し進めることになり、結果的に概念の研究はこれまでに劣らず優れて学際的な分野となっている。

さて、以上の歴史的な発展を踏まえたうえで、次節では特に原子論と二重説とを取り上げ、その批判的な検討を試みる。

5　情報原子論と二重説の批判的検討

前節までで、古典説と、二〇世紀になって提唱されたカテゴリー化の心理学の諸説、さらにフォーダーによるそれらの諸説の批判と情報原子論の提唱、次いでそうした様々な理論をどうにか統合しようという最近の試みまでを追ってきた。本節では、フォーダーの情報原子論を中心に、改めて批判的に検討する。5－1では、情報原子論の不十分な点を指摘し、可能な修正案を提示する。5－2節では、情報原子論の枠内でカテゴリー化を説明するための方針を示唆し、それゆえに内容の理論とカテゴリー化の理論を別に立てる多元説は動機が失われると指摘する。

5－1　情報原子論と文法的現象

文は思考を、語は概念を表わす。そして語が表わす概念はそれより詳細な構造を持たない。これらはいずれもフォーダーが認める考えである（Fodor 1998）。ところが、これらを認めると言語学的な観点から反例が生じる。

進化心理学者のピンカーは、行為他動詞が取りうる様々な構文を例にとって、情報原子論の問題を指摘している（Pinker 2007）。行為他動詞が語彙的概念を表しているならば、そういった概念には定義やプロトタイプなどは伴わず、ただそうした概念が表わす内容によってのみ区別されることになるだろう。さて、ピンカーの挙げている次の例を見てみよう。

(1) Sam cut Brian's arm.
(2) Miriam hit the dog's leg.
(3) The puppy bit the table's leg.

これらはいずれも適格な英語文であり、それぞれある個体が別の個体の部分に働きかけるような内容を持っている。ところが、実は(3)の「bite」という動詞は、ほかの二文に含まれる動詞とは異なる文法的な振る舞いをする。というのも、以下に挙げるように、(1)と(2)は所有者上昇（possessor raising）と呼ばれる書き換えを許容するのに対し、(3)は許容しないのである（(1')-(3')は対応する例文の所有者上昇による書き換えであり、「*」は非文法的であることを示す）。

(1′) Sam cut Brian on the arm.
(2′) Miriam hit the dog on the leg.
(3′) *The puppy bit the table on the leg.

さて、文が思考を表現するなら、こうした文法的振る舞いの違いに対応する違いが関連する思考にも存在しているだろう。だが、この違いは何によって生じているのだろうか。概念の構造を認める立場であれば、切ることの概念と噛むことの概念との構造上の違いや、それらが含む情報の違いに訴えることができるかもしれない。たとえば、プロトタイプ説の立場から、噛むことの典型的属性には顎の大きさに対応した限定的な範囲のみを傷つけるということが含まれ、切ることにはそうした範囲の限定が典型的属性として含まれていないとしよう。この属性は殴ることにとってもまた典型的ではあるまい（こぶしで殴る、バットで殴る、木箱で殴るなどといった殴り方の多様性を考えてほしい）。この違いをもとに、プロトタイプ説論者であれば、範囲の限定を典型的属性に含む行為の概念は所有者上昇構文で表されるような思考に用いることができないと想定できるかもしれない。むろん、これは正当化なしにはただの想定でしかないが、少なくとも経験的にテスト可能な仮説ではある。それに対して情報原子論では、そういった情報が、そもそも語彙的概念には備わっていないのである。もちろん、情報原子論は内容の理論を備えており、切るという概念と噛むという概念の内容である切ることと噛むこととは異なっていると言うことはできる。だが、切ることや噛むことは、あくまで外界における事態である。それらの違いが心的なレベルで反映されない限り、切るという概念と噛むという概念の振る舞いの違いは説明できない。そして心的なレベルでは、それらはいずれももっとも基本的な単位であり、それ以上の構造も情報も備えてはいないのである。

しかもピンカーが指摘するような言語事例は決して周縁的なものではない。レヴィンは広範な英語の動詞を許容する構文の形式に応じて分類しており、動詞ごとのこのような振る舞いの違いが幅広く見られる現象であることを示唆している（Levin 1993）。

かつてジャッケンドフは、所有者上昇構文そのものを扱っているわけではないにせよ、概念に様々な素性《そせい》（feature）を認めることで、関連する文が示す文法的な現象を説明しようとした（Jackendoff 1989）。ジャッケンドフは、たとえば物の移動に関する動詞が表わす概念には、対象がどこかからどこかへ移動するという情報が備わっていると考えた。そうした情報が「素性」である。素性にはいくつかの種類があり、ジャッケンドフによると、動詞はそれが備える素性に応じて、どのような構造の文を形成しうるかが制限されている。そうした観点に立つなら、たとえば切るということの概念と殴るということの概念には共通の素性があり、それが噛むということの概念には欠けているということになるだろう。だが問題は、この素性なるものが意味論的なものなのか、統語論的なものなのかということである。それが概念の内容に関する意味論的な特性であるならば、ジャッケンドフのアイデアは単に推論役割意味論のいずれかへの回帰となろう。(8)

こうした苦境において情報原子論を救う道の一つは、ジャッケンドフが素性と呼んだものが、概念の意味論ではなく統語論にのみ関わるとすることだと考えられる。切ることの概念の内容自体は、単に情報意味論的に決定されている。しかし、そうした語彙的概念は、それがどのような構造の思考に含まれうるのかを指定する統語論的な素性を備えてもいる。こうした素性は、内容そのものには何ら関わらないが、しかし他の概念とどのように結びつき、どのような思考を形成しうるかを制限する。このように考えたならば、情報原子論の基本的な発想を維持しつつ、ピンカーが指摘するような言語現象を説明することができる。

とはいえ、そうした統語論的素性がいかにして生じているのかということは問題となるだろう。フォーダーの情報原子論において、内容は外界と心とのあいだの法則論的関係によって決定されている。だとすれば、こうした法則論的関係の経路の違いによって、統語論的素性の違いを説明できるかもしれない。たとえば、新品の紙が私の指を切るという場合を考えてみると、切ることは必ずしも主体となる生物を必要としない。これに対し、噛むことはそうではない。仮に私たちが、非生物が他の対象に与える影響と、生物の行動が他の対象に与える影響とを異なる仕方で知覚する（後者の場合のみ私たちが持つ心の理論が作用するなど）とすれば、この違いが切ることや殴ることの概念と噛むことの概念との統語論的な素性として反映されているという説明は可能である。それぞれの概念の内容は単にそれと因果的に結びつく外界の事態のみによって決定されるが、しかし概念のトークンが引き起こされる際にある心的能力が利用されるか否かによって、各概念に異なる素性が与えられるとするのである。こうした見解は情報原子論と両立可能だが、同時にプリンツらの概念経験論へいくらか接近したものとなるかもしれない。

5-2　アブダクションとしてのカテゴリー化

多元説を採用する動機の一つには、複数のカテゴリー化を単一の表象構造で説明できない、とりわけ情報原子論によって措定されるような表象構造によってはどのカテゴリー化を説明する仕方も定かでないということにあった。それゆえ、もしも実は単一の表象構造によって様々なカテゴリー化を説明できるとすれば、多元説を積極的に採用する理由が失われてしまう。そして実のところ、カテゴリー化が方や典型的属性との比較、方や具体的な事例との比較といった互いに異なる様々な認知活動なのではなく、アブダクションというただ一つの認知活動の様々な現れにすぎないとしたら、本章で見てきたような多様なカテゴリー化のいずれも情報原子論によって説明することができるように思われる。

アブダクションとは演繹、帰納と並ぶ推論の一形式であり、「最善の説明への推論」とも呼ばれる。たとえば道が濡れていた場合に、私たちは雨が降れば道が濡れるという知識を利用して、「雨が降ったのだろう」と推測することがある。これは道が濡れているという事態に対して最善の説明をする推論であり、アブダクションの一例となる。アブダクションは、当然のことながら非演繹的で棄却可能な推論形式となっている。

さて、実のところ、プロトタイプ説、理論説、実例説で扱われてきたカテゴリー化の現象は、いずれもアブダクションの一種として捉えられる。たとえば、ある個体が四つ足で「にゃあ」と鳴くという事態に対して、私たちは猫が典型的に四つ足で「にゃあ」と鳴くという知識を介して、その個体が猫であろうと推測するだろう。これはアブダクションの例となるが、典型的属性に即したこのようなカテゴリー化は、まさにプロトタイプ説が注目していたような現象である。また非典型的な特徴を持つ個体はカテゴリー化しづらいという現象も、それが非典型的であるがゆえに最善の説明を与えるのが難しいということによって捉えられよう。理論説に関しても同様のことが言える。まっすぐなバナナをバナナにカテゴリー化できるのは、それがバナナであるという説明を、それがまっすぐであるという事態が何ら妨げないからである。対して、まっすぐなブーメランの場合、私たちがブーメランに関して持っている理論ゆえに、ブーメランは必然的に曲がっていると考えられるため、そうした個体がブーメランであるとすることは、その個体の形状を説明しづらい。それゆえに、カテゴリー化が妨げられると考えられる。実例説についても事情は変わらない。ある個体aが別の個体bと類似する特徴を持っている。このことは、それらが同じカテゴリーに属すると考えることでうまく説明できる。

もちろん、この図式は単純にすぎる。実際にはアブダクションはかなり複雑なものであり、それがどのようになされる推論なのかということはそれほどはっきりしていない。とはいえ、前述のように様々なカテゴリー化のすべてを、アブダクションの形式に従った推論の一種として捉えることは確かに可能なのである。(9) そして推論というものは、概念と思考の形式および内容によって捉えることができる。それはつまり、カテゴリー化がアブダクションという推論の一種であるならば、それは情報原子論の枠内で扱いうる問題なのだということである。それゆえ、そもそもカテゴリー化が情報原子論の手に余る問題であると考える理由はなくなり、多元説を動機づける根拠が失われることになる。もちろん、この議論の正しさは検証を必要とする。だが少なくとも、カテゴリー化がアブダクションに包摂されない認知的活動であるということ、あるいはアブダクションが情報原子論では扱いえない側面を含むということが示されない限り、多元説を積極的に採用すべき理由はないのではないだろうか。

5−1において、情報原子論に不十分な点があるということを指摘した。他方で本節では、情報原子論によってもカテゴリー化を十分に扱える可能性を指摘した。これらの議論は、情報原子論の改良によって一定の信憑性を備えた概念の理論を形成できるということを示唆している。

6 おわりに

本章では、概念の構造とカテゴリー化を巡る様々な立場を眺望し、こうした分野における心理学や哲学の議論が現在どのように進展しているのかを見てきた。さらに、前節では、改良された情報原子論の可能性を指摘した。

概念の研究にはさらに多くの分流がある。たとえば概念の構造に関する理論は、幼児の概念獲得に関する一定の立場を帰結する。それゆえに、概念獲得に関する生得説の是非といった事柄が、概念の理論にとって重要となる（フォーダーやプリンツは自身の理論と概念獲得の関係を考察している（Fodor 1998; 2008; Prinz 2002)。フォーダーへの獲得の観点からの批判はMargolis & Laurence（2011）に見られる)。また別の領域では、ジャッケンドフなどの論者が言語現象の分析をもとに思考の構造を理解しようとしており、ピンカーのように思考や概念に関する見解を進化論的観点から評価しようとしている論者もいる（Jackendoff 2002; Pinker 1997, 2007)。他方で、クラークは、ロボット工学の成果を援用し、認知をもっぱら脳内（ないし心内）の現象とする考えを根本的に批判し、認知を脳（心）と身体と世界との相互関係のもとで捉え、本章で扱ったいずれの見解とも大きく異なる認知の理論を打ち出している（Clark 1998）。この理論のもとでは、概念についてコネクショニズムの観点から新しい捉え方がなされている。このように、認知、そして概念は哲学と心理学だけでなく、幅広い領域を巻き込んだ研究の対象となっており、そうした様々な領域のぶつかり合いのなかで、多くの実り豊かなアイデアや議論が生まれる、優れて学際的で、生産的な研究分野となっている。

注

（1）プラトンの著作では、確かに「知識」などの概念をその必要十分条件によって分析しようという試みが見られるが、この場合に分析されているのは明らかに心的存在としての概念ではない。またロックは「観念（Idea）」について論じる際に、複合的な観念が単純な観念から構成されるという古典説に近い見解を提出しているが、その構成の仕方は必ずしも必要十分条件によるものではなく、たとえば単純な観念同士の比較などによっても複合的な観念が作られるとしていた。

（2）推論役割意味論とよく似た名前の立場としてハーマンやブロックが提唱する「概念役割意味論（conceptual role semantics）」というものがある（Harman 1982; Block 1998）。これらを単に同義として扱う場合もあるが、ハーマンらは概念の内容を、推論のみでなく、知覚や意思決定といったより広範な認知活動におけるその役割によって分析しようとしている。その点からすると、推論役割意味論は、概念役割意味論のなかでも、特に推論という認知活動のみに焦点を当てたものであると考えるのが妥当だろう。

（3）もちろん、これはかなり単純化した説明であって、実際にはこのように簡単には済まない。フォーダーは（Fodor 1998）は、情報意味論に生じる様々な問題を解決するための込み入った議論も展開している。

（4）ただし、ミリカンは概念の所有を、心的表象の所持ではなく適切な対象を追跡する能力だと捉えているため、概念の内容はその概念が追跡するターゲット、対象のカテゴリー化はそれがターゲットに含まれているか否かの判断というように捉え直されている。

（5） ウェイコフの用語ではこうした表象構造の一つひとつが「概念」と呼ばれているため、本章とは言葉遣いのうえでの違いがあるが、本質的な違いはない。

（6） 実際には「形の知覚表象」、「色の知覚表象」といったイギリスの古典的な経験論のような表現は正確ではない。プリンツは現代の認知科学の成果を利用して、かなり精緻な知覚表象の説明を与えている。だが、本章では議論を単純化するためにこのような表現を採用した。

（7） これは必ずしも、文と思考が一対一で対応するということを意味しない。実際、文と思考とが一対一に対応するという考えは、異なる言語の話者は同じ思考を持てないということを含意し、疑わしいものだ。後述される問題に関わるのは、文と思考との一対一対応ではなく、各文にはそれが表現する思考があるということのみである。

（8） 実際、ジャッケンドフの立場はローレンスとマーゴリスによって、「新古典説（Neoclassical Theory）」と呼ばれている（Laurence & Margolis 1999）。

（9） この点について、アブダクションの提唱者であるパースが、知覚判断をアブダクションの一種としていたということは示唆的だ（Peirce 1903）。

参考文献

Barsalou, L. B., 1999. 'Perceptual symbol systems', *Behavioral and Brain Sciences*, 22: 277–660.

Block, N., 1998. 'Conceptual role semantics', In E. Craig（Eds.）, *Routledge Encyclopedia of Philosophy* Vol. 8（pp. 652–657）. London: Routledge.

Carey, S., 1991.'Knowledge acquisition: enrichment or conceptual change?', In S. Carey & R. Gelman,（Eds.）, *The Epigenesis of Mind: Essays on Biology and Cognition*,（pp.257–91）. Hillsdale, NJ: Erlbaum.*Psychological Review*, 85: 207–238.

Clark, A., 1998. *Being There: Putting Brain, Body, and World Together Again*. Cambridge, MA: The MIT Press.（アンディ・クラーク『現れる存在――脳と身体と世界の再統合』池上高志・森本元太郎監訳、ＮＴＴ出版、二〇一一年）

Dretske, F. I., 1981, *Knowledge and the Flow of Information*. Oxford: Blackwell.

Fodor, J. A., 1998. *Concepts: Where Cognitive Science Went Wrong*. Oxford: Oxford University Press.

Fodor, J. A., 2008. *LOT2*. Oxford: Oxford University Press.

Harman, G., 1982. 'Conceptual role semantics', *Notre Dame Journal of Formal Logic*, 23 (2): 242–256.

Jackendoff, R., 1989. 'What Is a Concept, That a Person May Grasp It?', Mind & Language, 4 (1–2): 68–102.

Jackendoff, R., 2002. *Foundations of Language*. Oxford: Oxford University Press. （レイ・ジャッケンドフ『言語の基礎——脳と意味・文法・進化』郡司隆男訳、岩波書店、二〇〇八年）

Katz, J., 1972. *Semantic Theory*. NewYork: Harper and Row.

Laurence, S. & Margolis, E., 1999. 'Concepts and cognitive science', In E. Margolis & S. Laurene (Eds.), *Concepts: Core Readings* (pp. 3–81). Cambridge, MA: The MIT Press.

Levin, B., 1993. *English Verb Classes and Alternations: A Preliminary Investigation*. Chicago: The University of Chicago Press.

Machery, E., 2009. *Doing without Concepts*. Oxford: Oxford University Press.

Margolis, E. & Laurence, S., 2011. 'Learning matters', Mind & Language, 26 (5): 507–539.

Margolis, E. & Laurence, S., 2012. "Concepts", *The Stanford Encyclopedia of Philosophy* (Fall 2012 Edition), EdwardN.Zalta, ed., (http://plato.stanford.edu/archives/fall2012/entries/concepts/).

Medin, D. L., Altom, M. W., Edelson, S. M., and Frecko, D., 1982. 'Correlated symptoms and simulated medical classification', *Journal of Experimental Psychology: Learning, Memory, and Cognition*, 8: 37–50.

Medin, D. L. and Schaffer, M. M., 1978. 'Context theory of classification learning', Psychological Review, 85 (3), 207–238

Medin, D. L. and Shoben, E. J., 1988. 'Context and Structure in Conceptual Combination', *Cognitive Psychology*, *20*, 158–190.

Moore, G. E., 1899. 'The nature of judgment', *Mind*, 8 (2), 176–193.

Murphy, G. L. and Medin, D. L., 1985. 'The role of theories in conceptual coherence', *Psychological Review*, 92: 289–316.

Osherson, D. & Smith, E., 1981. 'On the adequacy of prototype theory as a theory of concepts', *Cognition*, 9 (1): 35–58.

Peacocke, C., 1992. *A Study of Concepts*. Cambridge, MA. The MIT Press.

Peirce, C. S., 1903. 'Pragmatism as the logic of abduction', In the Peirce Edition Project (Eds.), The Essential Peirce Vol. 2 (pp. 226–241), Bloomington: Indiana University Press, 1998.

Pinker, S., 1997. *How the Mind Works*. New York: W. W. Norton & Company, Inc. (スティーブン・ピンカー『心の仕組み（上・下）』椋田直子・山下篤子訳、ちくま学芸文庫、二〇一三年)

Pinker, S., 2007. *The Stuff of Thought: Language as a Window into Human Nature*. London: Penguin Books. (スティーブン・ピンカー『思考する言語――「ことばの意味」から人間性に迫る（上・中・下）』幾島幸子・桜内篤子訳、日本放送出版協会、二〇〇九年)

Prinz, J. J. (2002). *Furnishing the Mind*. Cambridge, MA: The MIT Press.

Quine, W. V. O., 1951. 'Two dogmas of empiricism', *The Philosophical Review*, 60: 20–43. (クワイン「経験主義の二つのドグマ」『論理的観点から――論理と哲学をめぐる九章』飯田隆訳、勁草書房、一九九二年)

Recanati, F., 2012. *Mental Files*. Oxford: Oxford University Press.

Rips, L. J., 1989. 'Similarity, typicality and categorization', In S. Vosniadou & A. Ortony (Eds.), *Similarity and Analogical Reasoning* (pp. 21–59). Cambridge: Cambridge University Press.

Rosch, E., 1975. 'Cognitive representations of semantic categories', *Journal of Experimental Psychology*, 104 (3): 192–233.

——, 1978, 'Principles of Categorization', in E. Rosch & B. Lloyd (Eds.), *Cognition and Categorization* (pp. 27–48), Hillsdale, NJ: Lawrence Erlbaum Associates.

Rosch, E., & Mervis, C. B., 1975. 'Family resemblances: Studies in the internal structure of categories', *Cogni-*

tive Psychology, 7: 573–605.
Smith, E. E., and Medin, D. L., 1981. *Categories and Concepts*. Cambridge, MA: Harvard University Press.
Smith, E., Osherson, D., Rips, L., & Keane, M., 1988. 'Combining prototypes: A selective modification model', *Cognitive Sciece*, 12 (4): 485–527.
Weinberg, J. M., Yarlett, D., Ramscar, M., Ryder, D., Prinz, J. J., 2003. 'Jesse J. Prinz, *Furnishing the Mind: Concepts and their Perceptual Basis*. Cambridge, Mass.: MIT Press, 2002', *Metascience*, 12 (3): 279–303.
Weiskopf, D., 2009. 'The plurality of concepts', *Synthese*, 169: 145–173.
Wittgenstein, L. 1953/1958. *Philosophical Investigations*, 3rd edition. Anscombe (Tr.). Oxford: Blackwell. (ウィトゲンシュタイン『哲学探究』藤本隆志訳、大修館書店、一九七六年)

第2章　思考について考えるときに言語の語ること

——言語学と認知神経科学の観点から

飯島和樹

1　はじめに

デカルトは、精神の働きのうち、言語をとりわけ重要なものとして位置づけた。人間は柔軟で臨機応変に言語を産出することができ、このような創造的な言語使用は、単なる機械によっては実現できるものではない。それゆえ言語は、思考をその本質とする精神のあり方を如実に示すものであり、そして非物理的な精神を単なる物理的な機械（「動物機械」を含めて）から区別するものなのである。こうしたデカルトの見方は、少なくとも二つの点で修正されなければならない。

第一に、われわれが日常的に使用する言語がきわめて複雑かつ精巧であり、それを人工的な機械によって完全に再現することがまだできないとしても、それは純粋に機能的な問題であって、人間の精神が非物理的なものであることを示すわけではない。むしろ単に、言語を産出するわれわれ人間の脳が、目下の人工知能よりもはるかによくできた機械であると考えるべきかもしれない。

第二に、思考が精神の本質であり、その種の精神を持つ唯一の存在者たる人間以外は「動物機械」に過ぎないという見方も、現代の科学的な描像のもとでは支持を得られない。心は、長い進化の歴史で積み重なった多数の表象システムの複合体である。その表象システムには、知覚的な表象を形成するシステムもあれば、それを長期的に貯蔵して再活性化するシステムや、ある表象から別の表象を特定の規則に従って生むようなシステムも含まれているだろう。もちろんこのような記述は非常に粗雑なものである。しかし、心がこのように表象の間の相互作用を拡張するように、その認知メカニズムを進化させてきたということは間違いない。心は進化のなかで徐々に形成されていったものであり、思考はその一角をなすものである。この認知の漸次的な進化に相関して、たとえ人間のものほど精密ではなくとも、思考と呼ぶに値するものを持つ動物は存在する（Bermúdez 2003）。

だがそれでも、デカルトが指摘した通り、言語が人間の心に特徴的であることは間違いない。このように精緻に構造化された言語を駆使できるのは人間だけである。そしてそのような言語によって精緻かつ創造的な表現が可能になったことは、人間の思考が到達できる領域を大きく変えてきただろう。われわれは言語を使って、情報を記録し、推論過程を表現し、知識を伝達してきた。われわれは言語を通じて、日々世界を描いているのである。このように言語は、ある面で人間の認知的な心を特有のものにしている。そうだとすると、言語は人間の心とどのように関わるのだろうか。この問題は、次の二つに区別することができる。

第一に、言語は、人間の心のどのような働きから生み出されるのだろうか。すなわち、言語を産出したり理解したりするうえで、どのような心の働きが必要になるのだろうか。もちろん、手話や音声言語によるコミュニケーションのためには、視覚や聴覚による表情や手の動き、音声などの認識、あるいは、表情や手、発声器官の運動制御が必要になるだろう。だがこれらはあくまでも、言語の理解–産出そのものに関わっているのではなく、言語と外界とのインターフェースに関わっているのにすぎない。むしろ根本的な問いは、言語の理解–産出の基底にはどのような内的な計算原理が存在するのかというものである。

この問いは、ノーム・チョムスキーを出発点とする現代の言語学と認知科学における基本的な問いである。チョムスキーは、その枠組みを更新させながら、言語の計算原理を明らかにするための理論的指針を与え続けている（Chomsky 1965; 1995a）。他方で、そうした計算原理を支える神経基盤もまた、近年の認知神経科学で探求されている。言語学は、自然物である人間の心・言語についての経験科学であり、言語に対する形而上学的な前提あるいは前理論的で日常的な理解によって、言語の探求方法が制約されることはないとする自然主義的な研究プログラム（Chomsky 1995b）は、理論的探求と実験的探求との間に実りある交流を産み出しつつある（Berwick *et al.* 2013; 成田ほか 2014）。

第二に、言語は、人間の心の他の部分とどのように相互作用するのだろうか。もちろん、言語の使用によってより多くの情報が得られたりすることはあるかもしれない。だがそれとは違って、その処理上の起源を言語と共有するような認知や、あるいは特定の言語を使用することで影響されるような認知は、存在するのだろうか。

かつて言語学者のエドワード・サピアによって形作られ、そしてその弟子ベンジャミン・ウォーフによってより過激に展開された、いわゆる言語相対性仮説には、近年まで大半の言語学者や認知科学者から懐疑的な目が向けられてきた。その仮説の強い解釈によれば、人間の認知は、使用される言語の文法や語彙によって決定的な影響を被り、それゆえ異なる言語を使用する話者の間で、世界の見え方が異なるというのである（Whorf 1956）。この仮説は、もっぱらウォーフが挙げる経験的証拠の不備ゆえに、支持を得られなくなった。しかし驚くべきことに、最近の認知科学の成果を見る限り、言語が認知になんらかの影響を与えうるということが実証的に示されるかもしれないのである。

この章では、これら二つの問いを軸として、人間の心と言語の関わりについて広く検討する。第2節と第3節では、言語がそれ以外の認知システムとどう相互作用するかという問いを扱う。特に第2節では、言語が色の認知に影響する可能性について検討し、第3節では、言語の計算原理が数の認知と本質的な結びつきを持つという可能性を検討する。第4節では、語を組み合わせて文を形成する統辞（syntax）のメカニズムについての近年の認知神経科学研究を中心に紹介し、統辞と意味との関係、意味と思考との関係について検討する。

2　言語が世界を色づけるのか？

「進め」を表す日本の交通信号の色をあなたは何色と呼ぶだろうか？「青信号」という呼称が日本では一般的であるが、実は、「進め」の信号には緑色を用いることを定めた国際的な取り決めがあり、日本もこの取り決めに従っている。しかし、当初用いられていた緑色の信号を「青」と呼ぶ日本人が多かったため、次第に緑の中でも青に近い色調を使用するように変更されてきたという経緯がある（小松 2001）。日本語の「青」には古来より緑色を指す用法が存在し、いまだに、「青々と生い茂った」、「青りんご」といったように緑色に対して「青」という語を用いることがある。このように、色名には、物理的には連続した周波数空間を言語のラベル（語彙）によってどのように切り分けるかが反映されており、こうした切り分け方は言語によって大きな多様性を見せることから、言語と思考、そして文化との関係を巡る論争の中心的議題となり続けてきた（Whorf 1956; Deutscher 2011）。

二〇世紀半ばまでの色彩語彙の普遍性・多様性と、それが思考や知覚にもたらす影響に関する議論は、文献学・人類学的な調査に依存するところが大きかった。こうした議論の中で転回点になったのは、ブレント・バーリンとポール・ケイによる基本色彩語彙の提唱である（Barlin and Kay 1969）。彼らは九八の言語を調査し、多くの言語に見られる白・黒・赤・緑・黄を初めとする一一個の語彙を基本色彩語彙として定めた。これらの語彙は階層的な法則に従っているという。たとえば、すべての言語は白と黒に対応する語彙を持っており、色名が三つならば赤に対応する語彙が含まれる。色名が四つならば緑または黄色に対応する語彙が存在する。こうした普遍的な色彩語彙の法則の存在は、言語に依存しない、普遍的な色認知のメカニズムの存在を示唆するものであり、その後の色認知に関する経験的探求を大きく方向付けるものであった。

こうした発見に刺激を受けて、色認知と言語の関係性を探るさまざまな認知心理学実験が行われるようになった。二〇世紀後半以降の諸研究の成果によれば、色彩語彙によって色彩空間をどのように切り取るかは、慣習によって恣意的に決定されるものではない。特に、赤・青・緑・黄といった色彩語彙で表される色の認知には、あらゆる文化に共通して、核となる普遍的な中心点がある。中心点とは、それぞれの文化のメンバーが、それぞれの色カテゴリーに典型的であると判断する色調のことである。各文化は、色をどのようにカテゴリーに切り取るかに関して、歴史的・文化的な要因に応じて多様性を見せるが、(おそらくは生理学的な)普遍的な基盤が制約を与えている (Regier and Kay 2009)。すなわち、言語相対主義と普遍主義の古典的な対立はなりたたないのである。こうした見通しのもとで、色彩語彙の違いは認知に影響を及ぼすのか、及ぼすとすればどのような影響があるのか、という重要な問いが実証的に検証されつつある。以降では、特に、近年ケイを中心としたグループによって、集中的に研究されている「側性化ウォーフ効果」と呼ばれる現象についての一連の研究を紹介しよう。

彼らは、次のような仮説を立てた。もし言語が知覚に影響を与えるとするならば、左視野ではなく右視野においてよりその影響が強いだろう。なぜなら、人間の脳において言語処理は主に大脳の左半球によって担われており(側性化)、また、右視野に提示された視覚刺激は左半球によって、左視野に提示された視覚刺激は右半球によって処理されるからである。したがって、もし言語が知覚に影響を及ぼすならば、言語と同一の半球で処理される右視野の視覚刺激により強い影響が見られるはずである。

彼らは、まず、緑から青へと色空間上ではほぼ等距離に変化する四色を用いて、視覚探索課題を行った (Gilbert *et al.* 2006)。一般に、英語話者はこれらの四色を緑二色と青二色とに分類する。画面には視野の中心点の周りに一二枚のパネルが配列され、そのうち、一枚のパネル (ターゲット刺激) だけが他の一一枚 (妨害刺激) と異なる色をしている。英語を母語とする被験者は、他とは異なる色をしている刺激が視野の左右のどちらに提示しているかをボタン押しで回答した。彼らはターゲット刺激と妨害刺激が異なる色名を持つ場合と、同じ色名を持つ場合とで反応時間を比較した。ここでのポイントは、色名が同じかどうかに関わらず、ターゲット刺激と妨害刺激の色空間上での距離はほぼ等しいことである。つまり、物理的な刺激の類似度を一定にしたうえで、色名の影響を検証したのである。

その結果、ターゲット刺激と妨害刺激が異なる色名を持つ場合、同じ色名を持つ場合と比べ、右視野に提示されたターゲットはより早く検知されることが分かった。対照的に左視野にターゲット刺激が提示された場合、ターゲット刺激と妨害刺激が同じ色名を持つかどうかに反応時間が影響されることはなかった。右視野において言語（色彩語彙の境界）から認知（色の弁別課題）への影響が大きくなるというこの現象を彼らは、「側性化ウォーフ効果」と名付けた。この研究結果は、脳の機能側性に焦点を当てることで、言語と知覚との関係を巡る議論を、より経験的で緻密なものへと進展させたものと言えるだろう。

さらに彼らは、このような側性化ウォーフ効果が、視覚処理のどの段階で生じるものかを明らかにするため、脳波によって事象関連電位を計測した（Mo *et al.* 2011）。彼らが注目したのは、視覚性ミスマッチ陰性電位と呼ばれる事象関連電位である。視覚性ミスマッチ陰性電位とは、連続して提示された視覚刺激の系列の中で、一連の同一の刺激から逸脱した刺激に対して誘発される成分で、刺激に注意を向けていない状態でも観察されることから、脳が逸脱刺激を検知することで生じる自動的な反応であると考えられている。

彼らは被験者を色の弁別とは無関係なオドボール（変わりもの・仲間はずれ）課題に取り組ませた。この課題では、視野の中心に連続的に十字が提示され続けるのだが、ある一瞬だけ丸が提示される。被験者は丸が提示された瞬間にボタン押しをして、オドボールを検知したことを知らせる。被験者が視野の中心に提示されるこの課題に集中している最中に、視野の左右に一枚ずつ色パネルが提示された。このパネルは先ほどの実験と同様に、緑から青へと色空間上ではほぼ等距離に変化する四色で、北京語を母語とする被験者らは、一般に、これらを緑二色と青二色に分類する。これらの色パネルも、中心の刺激と同様に、連続的に同じ色のパネル（標準刺激）が提示されたのだが、一瞬だけ視野の左右のどちらか一枚だけに異なる色のパネル（逸脱刺激）が提示されることがある。この実験の工夫は、被験者の注意を色の弁別とは無関係な課題に集中させながら、脳波を計測することで、逸脱刺激を検知する脳の前注意的で自動的な反応を測定することにある。

実験の結果、逸脱刺激（カテゴリー内 vs. カテゴリー間）と視野（右 vs. 左）の間に有意な相互作用が見られた。具体的には、逸脱刺激が右視野に提示された際に、カテゴリー間の逸脱刺激によって引き起こされた視覚性ミスマッチ電位の成分の強度が、カテゴリー内の逸脱刺激によって引き起こされたものよりも有意に強くなった。しかし、このような差異は左視野においては観察されなかった。この結果は、側性化ウォーフ効果が、注意を向けずとも生じるような視覚処理の初期段階における現象であることを意味する。彼らは、言語から認知への影響が知覚の初期段階にまで及んでいることをこの研究結果は示唆すると論じている。

こうした実験からも、色彩語彙から色認知への影響が、特に大脳の左半球にその基盤を持つことが確かであるように思われる。しかし、色彩語彙の境界は言語間でも強い共通性があるため、このような側性化ウォーフ効果が、個々の言語における色カテゴリーを学習したことによるものなのか、あるいは、生得的なものなのかは明らかではなかった。そこで、彼らは、側性化ウォーフ効果が、人工的に境界を設定された色カテゴリーを新たに学習することによっても生じることを検証する実験を行った（Zhou *et al.* 2011）。彼らは第一の実験（Gilbert *et al.* 2006）同様の視覚探索課題を用いた。当初、同じ語彙（例、「青」）で意味されていたにもかかわらず、訓練によって異なるカテゴリー名を与えられた（異なる濃淡の青に対してそれぞれ新しい名前が学習された）色調をターゲット刺激と妨害刺激に用いた場合、ターゲットへの反応時間は、左視野よりも右視野において短くなった。新しいカテゴリー名を与えられなかったこと以外、まったく条件を等しくしたコントロール群では、このような効果は見られなかった。したがって、この効果は色刺激や課題に単純により馴れたことによるものではない。この結果は、新たに学習された人工的な色カテゴリーによっても側性化した色のカテゴリー知覚が生じることを示している。色彩語彙における普遍的な傾向、あるいは、被験者の母語における既存のカテゴリー化のパターンに反するような、人工的に設定された色彩語彙でさえ色認知に影響を与えることができるのだ。

さらに、彼らはこうした色彩語彙の新たな学習が大脳皮質の左半球の構造的な変化を伴うことまで明らかにしている（Kwok *et al.* 2012）。人間の脳は数週間以上にわたる訓練の結果として、灰白質の体積と密度の変化を示すことが示されているが、彼らは、より短期間の訓練によってこうした変化を導くことができることを示した。彼らは voxel based morphometry（VBM）という灰白質の体積を定量化する手法を用いて、新たに人工的に設定された緑と青の下位カテゴリー名と色調との関係を二時間で学習することによって、色知覚を媒介する視覚野の灰白質の体積が左半球で増大することを示した。この発見は、成人の脳の解剖学的構造が、新しく色カテゴリーを獲得することによって、非常に短期間で変化することを示すものである。この結果は側性化ウォーフ効果の解剖学的な指標を与えるものであると彼らは結論している。(1)

こうした一連の研究に示されるように、文献学・人類学的な調査から始まった色彩語彙と知覚との関係をめぐる論争は、神経科学のフィールドにまで到達した。特に、認知神経科学の手法は、色彩語彙の在り方が色認知のどの段階に影響を与えるのかといった重要な問題に取り組むうえで欠かせないものである。すなわち、色の知覚が成立した後の記憶や意思決定の段階に影響を与えるのみなのか、あるいは、初期の知覚の段階にまで影響を与えうるのか、といった重要な問題に実証的な検証のメスを入れることが可能となりつつあるのである。特に、視覚は脳の機能の中でも、もっとも詳細な神経メカニズムが明らかとなっている領域であり、色彩語彙と知覚の関係性を巡る認知神経科学的探求は、言語と思考を巡る諸問題に経験的に切り込んでいくうえで、極めて有望な足がかりとなるだろう。たとえば、人間とサルの下側頭葉には、視覚オブジェクトに反応する皮質領域が存在するが、近年、この領域の神経活動のパターンから、神経がどのようにオブジェクトのカテゴリーを表象しているかを、可視化する手法が開発された（Kriegeskorte *et al.* 2008）。この研究では、異なる視覚オブジェクトに対する下側頭領域内の神経活動（サルにおいては神経細胞の発火頻度、人間においては機能的核磁気共鳴撮像法（functional magnetic resonance imaging: fMRI）の信号強度）を、活動パターンの類似度に基づいて複数のクラスターに分類した。この手法によって、脳がどのような視覚オブジェクトの集合を類似したものとして扱っているのか（すなわち、脳がどの視覚オブジェクトの集合に対して類似した反応を示すのか）を明らかにすることができる。その結果、人間とサルの脳におけるカテゴリー化のパターン（生物か無生物か、顔か身体か）が極めて類似していることが明らかになった。こうした手法を応用することで、色のカテゴリー化に色彩語彙の在り方が与える影響を神経レベルで計測することが可能になるだろう。色彩語彙と色認知との関係についての実証的な研究は、人間の創造的な言語使用とそれが心に及ぼす影響を探るうえでも重要な出発地点になると考えらえる。

3　知覚的な数、言語的な数

ここまで見てきた色彩語彙は、明らかに、視覚モダリティ（様相）に依存するものであり、物理的対象の持つ視覚的性質に関係するものである。一方で、数は、そうした感覚モダリティを超えた抽象的な概念である。たとえば、聴覚によって把握される八つの音と、視覚によって把握される八つの点とに共通する性質はなんだろうか？　日本語の数詞「はち」は、物理的な八つの対象そのものを指示しているというよりも、そうした対象がなす集合の要素の個数（基数）を意味していると考えられる。感覚を通して経験される物理的対象を指示していると考えやすい語彙と異なり[2]、自然数を表す語彙（数詞）は、経験にその意味の起源を直接見出すことが難しい。つまり、子どもが、数詞を獲得する際には、感覚モダリティを超えた抽象的な基数概念を表す語彙として数詞を理解することが必要となる。こうした数概念の抽象性は、多くの発達心理学者をその獲得についての研究へと駆り立ててきた。

一方で、多くの数学者は、数は人間の心理から独立した純粋な真理の領域であり、それを発見する人間の能力とは独立したものであると考えてきた。数学は、人間の文化の発展の基盤をなしてきた重要な思考の道具である一方で、カントが言うように、理性が経験の助けなしにその領域を拡大してきたことを示す最も輝かしい例として捉えられてきた。こうした理由から、思考と言語を巡る議論の中でも、数概念は人間の本性へと切り込むための糸口として大きな関心を集めてきた。果たして、数概念は、どこまでが普遍的、あるいは、生得的なもので、どこまでが経験によって形成されるのか。こうした疑問に答えるため、これまで膨大な数の動物の行動研究、幼児の発達研究が行われてきた。これらに加え、近年は動物と人間を対象とした神経科学研究が大いに興隆してきている。本節では、これまでの数的認知を巡る行動的・神経科学的探求を紹介するとともに、数的認知と言語および思考との関連について、考察を深めていきたい。

これまでの数に関わる行動研究によって、人間の数認知システムには、二つの異なるシステムが共存し、協働しているという広範な合意が得られている（Feigenson *et al.* 2004; Gelman and Galistel 2004）。一つのシステムは、動物と人間に共有されており、進化的により古いと考えられる、近似的数システムである。このシステムは、連続値によるアナログな表象を利用していると考えられ、基数を正確に数え上げるのではなく、近似的に把握するのに使用される。人間以外の動物は、この近似的数システムを用いて、対象のおおまかな数を把握していると考えられる。たとえば、サルは六個の餌が乗った皿と十個の餌が乗った皿とを比較し、どちらの皿により多くの餌が乗っているかを理解することができるだろう。また、人間もこのシステムを日常的に用いていると考えられる。たとえば、目の前に提示された多くの対象（たとえば、教室にいる学生）の数を、いちいち数え上げるのではなく、素早く認識する必要があるときは、この近似的数システムが活用される。こうした近似的数システムの挙動として特徴的なのは、その精度が、視覚・聴覚・体性感覚などの心理物理学において一般的に観察されるウェーバー則に従うという点である。ウェーバー則とは、あるふたつの刺激を比較するとき、その弁別の精度が刺激の強度の比に依存するという法則である[3]。したがって、近似的数システムによって二つの集合の基数を比較する際、その差が大きくなればなるほど弁別が容易になるし（距離の効果）、その差が一定の場合、集合の基数そのものが大きくなるほど弁別は困難になる（サイズ効果）。

一方で、人間は、こうした近似的数システムに加え、より精緻な数システムを有している。このシステムは離散値によるデジタルな心的表象を用いて、厳密な基数を表すものと考えられる。このシステムを用いることで、たとえば、一〇一個の対象からなる集合と一〇二個の対象からなる集合との間で、基数の差を判断することも容易に可能であるし（101＜102）、基数そのものの大きさに関わらず、基数の違いが等しいことも容易に理解できる（102－101＝2－1）。つまり、こうした数システムはウェーバー則には従わない。直観的には、このような厳密な数システムは数詞と強い結びつきを持っていると考えられるし、実際に言語を有さない動物において、このような厳密な数システムを用いた数的判断が観察された例はない。こうした二つの数システムの関係については後述するが、まずは、近似的数システムに関する発達心理学研究について概観しよう。

これまでの研究によって、数詞を獲得する以前の乳児もある程度限定された数的な知識を持つことがわかってきている。その一例として、六ヵ月齢の乳児において基数を弁別する能力を検証した研究(Xu and Spelke 2000)を紹介しよう。[4] 乳児に対して、八個のドットを繰り返し見せた後、急にドットの個数が一六個に切り替わる。この時、乳児は、ドットの個数が切り替わらない条件と比較して、視覚刺激をより長く注視した。これとは逆に、ドットの個数が一六個から八個に切り替わる条件でも同様の結果が得られた。こうしたことから、彼らが八と一六を区別して認識していることがわかる。更なる実験によって、乳児の数的表象の限界も明らかにされた。乳児の数的弁別能力は、不完全なものであり、一定の比率によって限界づけられている。乳児は、八と一六の弁別、一六と三二の弁別は可能であったが、同様の実験条件のもとで、八と一二の弁別、一六と二四の弁別は失敗した。こうしたことから、六ヵ月齢時には1:2の基数の比を持つ刺激の弁別は可能であるが、比較対象同士がより接近する2:3の比の下での弁別は困難であることがわかった。また、数的弁別の精度は発達とともに増大することもわかっている。六ヵ月齢の乳児とは異なり、十ヵ月齢の乳児は、1:2および2:3のどちらの比率においても数的弁別が可能だった(Xu and Arriaga 2007)。こうした乳児の近似的な数的表象は視覚に限定されないことがわかっている。短い音を続けて何度も提示することで、聴覚を通した数的認知を検証した際も、六ヵ月齢および九ヵ月齢の乳児は視覚提示の場合と同様の弁別能力の発達パターンを示した(Lipton and Spelke 2003)。複数のモダリティで収束した知見が得られることから、乳児の数的な弁別能力は抽象的な表象によるものであることが示唆される。

こうした近似的な数的認知がどのように脳に実装されているかについては、温度計のように数直線上を振動するものとして数量を表象するモデルが考えられており、そうした表象はモダリティを超えて共有されていると考えられる（Dehaene and Changeux 1993; Gelman and Gallistel 2004）。また、こうしたモデルにおいては、大きな数の表象ほど、隣接した数の表象との重なりが大きくなることで、隣り合う数との混同が生じやすくなり、ウェーバー則で記述されるような比率依存的な行動が生み出されると考えられる。また、乳児で見られるこうした近似的数システムに依存した行動は、先述したように、言語を持たない動物とも共有されていることがわかっており、鳥類、魚類も含め、系統を超えて動物界に多く見られることも分かっている。たとえば、マウスにレバー押しをn回実行させる課題を訓練すると、そうしたマウスは、平均がnで、分散がnに比例するようなレバー押しの回数を見せるようになる（Platt and Johnson 1971）。こうしたマウスは、平均的には正しく数量を学習できているのだが、訓練されたレバー押しの回数が大きくなるほど、一試行ごとのレバー押しの回数がばらつくようになるのである。大きい数ほど、隣り合う数との区別がつきにくくなっているということは、ウェーバー則に従っていると言える。

こうした数的認知に関わる課題を遂行している最中の動物の神経活動を計測することによって、数的認知を支える神経基盤を明らかにすることができると考えられる。実際、二〇〇〇年代以降、そうした研究によって、霊長類における数的認知を支える神経メカニズムの詳細が明らかになってきた。サルの下頭頂溝と前頭前野のニューロンが、特定の基数に選択的な活動を見せることが明らかになったのである（Nieder *et al.* 2002; Nieder and Miller 2004）。こうしたニューロンは数ニューロンと呼ばれる。これまでの多くの研究から数ニューロンの反応特性は、近似的数システムに基づいた行動を良く説明できることが明らかになってきた。すなわち、大きい基数に反応する数ニューロンほど、反応選択性が鈍り、隣り合う数に対しても反応を示すようになるのである。近似的数システムに見られるウェーバー則は数ニューロンの挙動によって説明することができるのだ。

サルで確認された数に選択的な活動を示す脳領域の存在は、fMRIを用いて、人間においても相同部位と考えられる頭頂皮質で確認されている（Dehaene *et al.* 1999; Piazza *et al.* 2004）。さらに、最新のfMRI研究では、こうした数に選択的な活動を示す頭頂皮質が、トポグラフィックな構成を持っていることが明らかになった（Harvey *et al.* 2013）。トポグラフィックな構成とは、神経細胞のそれぞれが持つ刺激への反応選択性の関係が、神経細胞の秩序だった幾何学的な配置に反映されていることを指す。たとえば、視野の中で隣り合った別々の領域に提示された視覚刺激に選択的に反応する神経細胞は、初期視覚皮質上に隣り合って位置する。視野は、幾何学的な関係を維持してそのまま初期視覚皮質に表象されているのである。最新の研究の示すところによれば、右頭頂皮質における数選択的な領域もこうした低次の感覚皮質同様のトポグラフィックな構成を持ち、小さい基数に選択的な領域から大きい基数に選択的な領域までがグラデーションを描くように平面上に展開されている。また、それぞれの部位の基数への反応特性は、サルにおける数ニューロンと同様に、大きい基数に反応する領域ほど、反応選択性が鈍り、隣り合う数に対しても反応を示すという、ウェーバー則に一致するものであった。こうしたトポグラフィックな構成が、視覚のような低次の感覚皮質の外で発見されたのは初めてのことであり、近似的数システムにおける抽象的な基数の表象が、知覚と同様の神経の計算原理によって説明できる可能性を示唆している。

さて、人間以外の動物でも観察されるこうした近似的数システムと、人間に固有な厳密な数システムとはどのような関係にあるのだろうか？　おそらく、厳密な数概念の獲得は、数詞のリストを既に存在する近似的数システムと関連づけることと関係すると考えられる。こうした考えを支持する証拠として、近年の人類学的研究がある。アマゾン川流域には、現代社会と積極的な接触を持たずに、伝統的な暮らしを続けている少数民族が点在している。これらの中には、われわれが用いるような豊かな数詞の体系を持たない言語を用いる民族が存在する。たとえば、「ムンドゥルク」と呼ばれる少数民族は、〝1〟と〝2〟にあたる数詞を有しているが、それ以上については、体系的な数詞を持たず、「たくさん」のような表現をとる（Pica *et al.* 2004）。この少数民族の被験者に多数のドットについて数の大小の判断や引き算をさせると、フランス人の統制群の被験者と同様の精度で、近似的数システムに従った振る舞いを見せる。一方で、少数の物体を用いて、〝6−4〟のような単純な引き算の問題を解かせると、彼らが数詞を有する〝1〟や〝2〟がその答えであっても、正答することが出来ない。類似した結果は「ピラハ」と呼ばれる別の少数民族においても観察されている（Gordon 2004）。こうした観察から、近似的数システムは、厳密な数システムとは独立に、人間に普遍的に共有されていること、そして、自然数を表現する数詞の体系が厳密な数概念の獲得に関係することが示唆される。

しかし、大きな自然数を厳密に表現することの出来る数詞のリスト・体系を有することが、自然数概念の獲得にとって本当に十分なのかについては、注意する必要がある。確かに、数詞の体系は、近似的数システムから厳密な数システムへの橋渡し（マッピング）に関係しているようである。しかし、問題はこうしたマッピングがどのようにして可能になるかである。このマッピングを説明する一つの有力な理論として、視覚的対象を追跡するオブジェクト・ファイルに基づくブート・ストラップ理論がある（Feigenson *et al.* 2004; Carey 2009）。オブジェクト・ファイルとは、注意が個々の対象に向けられることで形成される心的表象であり、対象のさまざまな性質をそこに結び付けることが可能であるとされる。そして、オブジェクト・ファイルは、ワーキングメモリ（作業記憶）に貯蔵され、時空間にわたって対象を追跡することを可能にする。人間は、乳児も含め、おおよそ2個から4個までの視覚的対象を同時に追跡することのできるオブジェクト・ファイルのシステムを有している（Wynn 1992）。このシステムによって、たとえば、覆いに隠された対象を追跡し続け、対象の同一性の認知を維持し続けることが可能になる。こうした数個までの対象を表象するオブジェクト・ファイルへと数詞リストの最初のいくつかの数詞を結びつけることで、小さい数と数詞との関係の理解が成立する。たとえば、「に」は「いち」よりも〝1〟大きいことがわかる。そして、オブジェクト・ファイルが扱うことのできない大きな数についても、学習した大きな数詞との関係についての帰納的推論を行う（「よん」は「さん」よりも〝1〟大きい、「ご」は「よん」よりも〝1〟大きい、…）ことで、ブート・ストラップ（自力による飛躍）が生じ、大きな数概念の獲得に至るとされる。この立場によれば、初歩的な知覚システムと数詞の存在から自然数概念を導出し、獲得することが可能になることになる。

しかし、オブジェクト・ファイルは特定の大きさを持つ視覚的対象の集合（「二つのお菓子」、「三つのお菓子」）を指示することができるかもしれないが、自然数概念を獲得するためには、あらゆる対象の集合の大きさについての概念（〝2〟、〝3〟、……）を持つことが必要である。視覚的な追跡メカニズムであるオブジェクト・ファイルによって、どのようにして抽象的で一般的な自然数概念が得られるのかはまったく明らかでない（Leslie *et al.* 2008）。また、数詞の存在が、自然数概念の獲得に因果的に果たす役割の重要性を認めたとしても、そもそも、アナログ的でノイズを含む表象である近似的数システムから、どのようにして厳密な自然数の表象を引き出してくることが可能になるのかという問題が残る。こうした考察から、自然数概念の獲得のためには、数詞の存在とは別に、ノイズを含まない厳密な〝1〟の概念、そして、後続関数を生み出す能力の少なくとも二つが生得的に組み込まれている必要があるという主張がなされている（Leslie *et al.* 2008; Laurence and Margolis 2008 も参照）。後続関数とは、ジュゼッペ・ペアノが定式化した自然数の公理に含まれるもので、S(x)＝x＋1の形式で表される関数である。この関数は、自然数xを入力として、それに後続する新しい自然数S(x)を産み出す。そして、その新しい自然数に再び後続関数を繰り返し適用する（再帰的計算）ことで、離散的で無限の自然数を産出することができる。[5] 後続関数に自然数を入力して、次の自然数を得る際には、元の自然数に加算される数は〝0.99〟や〝1.02〟ではなく、厳密な〝1〟でなければならない。アナログ的な近似的数システムはノイズを含むため、こうした厳密な〝1〟を指定することができない。入力がノイズを含むものである場合、出力される自然数を一意に決定することができず、生成のたびに自然数の系列は異なるものになってしまう。したがって、最低限、厳密な〝1〟の概念は所与のものとして組み込まれていなければならない。数詞は、こうした後続関数と厳密な〝1〟概念から生成される、この離散的で無限の自然数概念に、コンパクトなラベルを与え、効率的な概念使用を可能にする役割を持つと考えられる。

ここで注目したいのは、こうした離散無限性は、言語が示す性質でもあるということだ。文に含まれる語の数は、たとえば、六個であったり、七個であったりするが、六・五個の語から成る文は存在しない。また、最長の長さの文というものは存在せず、必ずその文を埋め込んで、更に長い文を無限に生成することができる。こうした言語の離散無限性を可能にしているのも、語彙を結合する操作を再帰的に無限に繰り返す計算である（次節）。チョムスキーは、言語における再帰的計算、すなわち統辞の能力が他の領域の認知システムにも転用された結果として、自然数概念が生じたのではないかという推測を述べている（Chomsky 2000）。ともあれ、十進法などを用いて、節約的に数を表現する数詞の体系は、確かに、自然数概念を効率的に運用するうえで重要な役割を果たしているかもしれないが、単純に数詞の存在と、初期知覚システム、そして近似的数システムのみからでは、人間に固有の自然数概念は導出されえないようだ。後続関数のような数概念における生得的な要素は、いまだ経験的な支持が十分であるとは言えないが、今後、頭頂皮質に基盤を持つ近似的数システムと言語システムとの関係を検証していくうえでも、重要な足がかりを与えてくれるものと考えられる。

ここまでの議論から明らかなように、数の概念は文化（おそらくは各文化における数的認知の必要性・重要性の違いから帰結する数詞の体系）によって制約されるものであるが、その基礎は進化の過程で培われてきた脳の表象能力に大きく依存している。数学的真理が絶対的な真理としてわれわれに映るのだとすれば、それはわれわれの脳が可能にする表象の構造によって強く制約されているためかもしれない（Dehaene 2005）。そして、そのような表象の構造化の基盤として言語と類似した再帰的計算の原理が示唆されているのである。次節で述べる言語における再帰的計算に関する研究の進展とともに、人間に固有な厳密な数概念の在り方を脳における表象／計算の様式から説明する可能性も開けてくるはずである。

数と言語にまつわる議論の最後に、こうした近似的数システムと厳密な数システムとの差異に関する認知科学の知見から導かれる、動物の思考についての興味深い洞察（Beck 2012）に触れたい。ガレス・エヴァンズの提唱した「一般性制約」によれば、主体が概念的内容を伴った思考を持っていると言うためには、概念を体系的に再結合して新しい思考を形成することができなければならない（Evans 1982）。たとえば、「ネズミが豚を食べた」、「猫が犬を笑わせた」といった概念的内容を伴った思考が可能であるものは、それを再結合した「猫が豚を食べた」、「ネズミが犬を笑わせた」といった思考も可能でなければならない。しかし、近似的数システムによる思考はこの再結合条件を満たすことができない。たとえば、ハトは近似的数システムを有しており、「四〇は五〇より小さい」という心的内容や、「三八は四七より小さい」という心的内容を持つことができ、それに従って判断、行動することが可能である（Rilling and McDiarmid 1965）。ところが、近似的数システムはウェーバー則に従い、一定の比率（たとえば、9：10）によって精度が制約されるため、「三八は四〇より小さい」や「四七は五〇より小さい」といった心的内容をハトが持つことは不可能である。これは一般性制約に違反する。すなわち、ハトの思考は非概念的な内容によって担われていることになる。この結果はさらに重要な帰結を持つ。心的状態が概念的内容を持つかどうかは、それらの基盤となる神経の特性（数ニューロンの反応）に基づいて、経験的な問題として決定されうるということが示唆されるのである。こうした議論は、動物の思考とはどのようなものであるかという古典的な問題に対して、数的認知の研究が経験的な手がかりを与えることを示すものであると言えよう。

4　文と思考を組み立てる

ここまで考察してきたのは、個別の語彙と概念との関係であった。色の概念においては、語彙の在り方が、なんらかの形で認知に影響を与える可能性が実証的に検証されつつあることを概観した。また数の概念においては、自然数概念の獲得そのものを可能にするメカニズムとして、語彙そのものよりも深いレベルで言語――再帰的な計算を担うメカニズム（統辞）――が関わっている可能性が示唆された。この節では、そうした再帰的な計算メカニズムに焦点を当てて、個別の概念ではなく、概念を組み合わせることによって可能となる命題的な思考と言語との関係について考察していきたい。

命題はいくつかの概念を組み合わせて成立する。たとえば「犬が子どもを追いかける」といった文においては、「子ども」、「犬」、「おいかける」といった個別の概念に対応する語が組み合わされ文となることで、一つの命題が表現される。しかし、命題は個別の概念の単純な和ではない。たとえば同一の語を用いて「子どもが犬を追いかける」というまったく別の命題を表現することもできるからだ。また「緑の猫を食べる豚」という表現に対しては、猫が緑であるような意味（[[[緑の猫を] 食べる] 豚]）と、豚が緑であるような意味（[緑の [[猫を食べる] 豚]]）の二つを割り当てることができる。こうした、これまで経験も想像もしたこともないような概念を作り出す能力は、個別の概念をある特定の制約の範囲内で自由に結合し、複合的な構造を形成する能力に依存していると考えられる。

チョムスキーに始まる生成言語学は命題を表現する音（あるいは手話の場合ならばサイン）の配列と、

文の意味とのマッピングを媒介するシステム、すなわち統辞をその探求の中心に据えてきた。一九五〇年代からの生成言語学の発展については、ここでは子細を論じる余裕がないが、近年の重要な動向である極小主義プログラム（Minimalist Program）および生物言語学（biolinguistics）について簡単に触れておきたい。極小主義においては、これまで複雑な原理とパラメーターによって説明されていた統辞部門の構成要素を最小限に抑える方向性が目指されている。これによって、理論的な措定物を最小限にし、概念的に必然的とされる要素のみで、統辞を説明しようとするのである（Chomsky 1995a; Boeckx 2006）。具体的には、統辞部門で行われるあらゆる計算を、併合（Merge）と呼ばれる、再帰的に語彙を結合する操作だけに還元しようとする努力が払われている。そして、音やサインの処理を担う感覚・運動システムと、思考を担う概念・志向システムとを繋げる最適なマッピングを計算するシステムとして統辞を捉えるのである。人間に固有の能力である統辞部門を最小限に切り詰める方向へと言語理論が向かったことで、言語を神経レベルに実装可能なシンプルな計算プロセスとして理解し、その進化の筋道を捉えられる可能性が見えてきた。また、それと同時に、併合以外の広義の言語能力の複雑さを認め、人間以外の動物との間に進化的な共通性を探す方向性が模索されている。近年興隆してきた、こうした言語に対する進化的・生物学的なアプローチを生物言語学と呼ぶ（Chomsky 2007; Di Sciullo and Boeckx 2011; Berwick *et al.* 2013）。ここでは、こうした状況の中で、著者も関わって推進してきた、統辞に関わる言語処理の神経基盤についての一連の研究を紹介したい。

これまでの脳機能イメージング技術の発達によって、左下前頭回（いわゆるブローカ野）が統辞処理に重要な関与をなしていることが示されてきた（Hagoort 2005; Sakai 2005; Friederici 2012）。しかし、言語の本質であるとされる階層的な統辞構造が実時間上でどのように処理されているのかについては未だ明らかになっていなかった。そこで、著者らは「布を染める」、「布が染まる」といった、シンプルな二語文を用い、時間分解能に優れた脳磁図（magnetoencephalography: MEG）を用いることで、文理解の最中において逐次的に構築される階層的な統辞構造に基づいた予測的な処理を明らかにすることを目指した（Iijima *et al.* 2009）[6]。この研究では、名詞と動詞からなるシンプルな目的語‐動詞（ＯＶ）文（例、「布を染める」）あるいは主語‐動詞（SV）文（例、「布が染まる」）を提示し、動詞に対する脳活動を解析した。この二つの文のタイプは、共に名詞と動詞の二語から成るが、その統辞構造には大きな違いがあり、簡略化して記述すれば、$[_{S}[_{VP}$布を 染める$]]$、$[_{S}$布が$[_{VP}$染まる$]]$といった構造をなしている（Ｓは文のレベルの階層、ＶＰは動詞句と呼ばれるレベルの階層を示す）。目的語は動詞句内部で他動詞と直接併合されるのに対し、主語は動詞とは直接併合されず、より高い階層のレベルで間接的に併合されるのである。この構造的な差異に対応して、目的語は他動詞を必ず要求するのに対し、主語は特定のタイプの動詞を要求しない。したがって統辞処理の促進される統辞課題（被験者は統辞の正誤を判断する）では、先行して提示される名詞句の情報に基づいた、動詞の統辞情報に関する予測的な処理が、ＯＶ文において、より強力に観察されると考えられる。この仮説に基づき、統辞課題における動詞に対する皮質の活動を、（意味の正誤を判断する）意味課題におけるものと比較した。

その結果、ＯＶ文が提示された条件では、統辞課題に選択的な反応が左下前頭回において、動詞提示後 120–140 ms という非常に早い時間帯で観察されたのに対し、ＳＶ文では課題の効果は見られなかった。この非常に早い時間帯における左下前頭回の活動は、連合記憶や統計的要因によるものでは説明不可能であり、先行する名詞句の情報に基づいた動詞の統辞情報に関する予測的な効果を反映していると考えられる。会話などにおけるリアルタイムの言語処理において重要であると考えられるトップダウンの予測的な処理が、統辞構造に基づいて行われていることが示唆される。

さらに、文の中に文を埋め込んだ複雑な構造（例［太郎が［次郎が歌った］と思う］）を持った文を読んでいる際の脳活動を計測したｆＭＲＩ研究では、左下前頭回の脳活動は、文の統辞構造の複雑さ（統辞構造の階層の最大の深さ）を反映した「併合度」と呼ばれる指標に相関することが明らかになっている（Ohta *et al.* 2013; Pallier *et al.* 2011 も参照）。以上のように理論言語学において探求されてきた微細な統辞構造の差異が、脳内の統辞処理に関わる脳活動と関連づけられるようになった。また、近年では、理論言語学に基づいて文の逐次的な解析モデルを構築し、実際の言語運用を反映したデータを説明する計算論的な研究も盛んである（Levy 2008; Hale 2011; Stabler 2013）。こうしたモデルにおいては、語が入力されるたびに統辞構造が逐次的に構築され、その構造に基づいて、次の語の特性が予測される。言語能力の中心をなす計算原理を最小化・単純化することで、言語能力が神経レベルでどのように実装され、運用されているかを検証できる可能性が見えてきているのである。

さて、こうした統辞処理が意味処理とどのように相互作用するかが、次に問われるべき問題である。そこで、著者らは逐次的に行われる意味処理によって、前述の予測的な統辞処理がどのように影響されるのかについて、文の語順を変化させることで検証した（Inubushi *et al.* 2012）。ここで用いたのは二重目的語構文と呼ばれる文である。二重目的語文には、所有の移動を意味する文（例「友人に家具をあげた」）と単純な物理的な移動を意味する文（「家具を二階にあげた」）が存在する。ここで注目すべきなのは、どちらのタイプの文も、同じ音を持つ動詞（「あげた」）を、「〜に」および「〜を」という形を持つ名詞句と同様に組み合わせているにも関わらず、「友人に家具をあげた」は「友人は家具を受け取った」を含意するが、「荷物を二階にあげる」は「二階が荷物を受け取った」を含意しないということだ。

さらに、こうした文の意味の違いに伴って、二つの目的語が統辞構造において占める位置が異なるということも重要である。所有性を含意する文は［友人に［家具をあげた］］といった構造をとり、「〜を」という形を持つ名詞句が動詞と最初に併合される。一方、単純な移動を意味する文は［家具を［二階にあげた］］といった構造をとり、「〜に」という形を持つ名詞句が動詞と最初に併合される。このように、統辞構造が意味の違いに対応しており、かつ、その構造は諸言語に普遍的なものであることが近年明らかになってきた（Harley 2011, Marantz 2013）。そして、この統辞構造の違いは名詞句の標準的な語順（正規語順）に反映されている。すなわち、所有性を含意する文では「〜に〜を」の語順が正規語順であり、単純な移動を意味する文では「〜を〜に」の語順が正規語順である。さらに、この研究では、比較的語順の自由な言語であるという日本語の特色を活かし、名詞を文頭に移動し（例、［家具を［友人に［家具をあげた］］］）、名詞句と動詞との間の構造的距離（統辞構造内でどれだけ近いレベルにあるか）を変化させ、構造的距離が統辞処理に及ぼす影響を脳磁図によって観察した。

その結果、意味の違いによらず、文末に提示される動詞に対する脳活動に構造的距離の効果が見られた。具体的には、動詞提示後 560–580 ms における左下前頭回の活動は、正規的な語順において増大することが観察された。すなわち、動詞の直前に、構造的距離の近い名詞句が提示されることによって、左下前頭回の活動が促進されるのである。この結果は、動詞以前に提示された名詞句が意味処理を受けることで、意味の違いに対応した統辞構造が予測され、統辞処理が促進されることを示唆している。こうした結果は、統辞と意味の対応に関する言語普遍的で精緻な理論を発展させてきた近年の生成言語学の成果を神経活動レベルから支持するものであると言える。

以上のように、近年の言語学の理論的進展は、言語の神経基盤の探求の基礎を与え、語から文を組み立てる統辞処理の脳内基盤を明らかにしつつある。ここで注意しておきたいのは、こうした認知神経科学で観察されるような、脳活動に関するデータは、抽象的な計算原理である言語能力そのものではなく、その能力とさまざまな認知システムが相互作用し、実時間上で運用された結果を反映したものであるということだ（Chomsky 1965）。しかし、言語能力を心／脳の機能として捉える自然主義的なプログラムにおいては、こうした区別によって、理論言語学の営みが言語運用に関わるデータから遮断されることはないし、認知神経言語学が理論言語学の発見から遮断されることもない（Marantz 2005, 2013）。実際、生成言語学の理論が精緻化していくのに伴い、また、認知神経科学の技術的な精度が向上していくのに伴い、両者の扱うデータの解像度のレベルを近づけていくことが可能になりつつある。今後はますます、理論と実験の間での密接な相互交流が深まっていくものと思われる（成田ほか 2014）。

さて、生成言語学における伝統的な見取り図では、統辞によって組み立てられた文の構造は、概念・志向システムによって解釈され、領域一般的な思考に供されることになる。しかし、ここで問題となってくるのは言語と思考との関係性である。これまでの言語哲学の伝統においては、思考の対象となる命題は、それが指示する外界との関係に応じて、真理値が割り当てられるようなものとして想定されてきた（Davidson 1984）。そして、思考は合成性や体系性といった重要な特徴を持ち[7]、これらは言語メカニズムが持つ統辞と類似した「思考の言語」によって、概念を組み合わせることで達成されると考えられてきた（Fodor 1975）。一方で、言語そのものは、命題を音やサインの形で文として表現する単なる媒体であると想定されてきた。

対照的に、生成言語学においては、自然言語の表現と外的な指示対象との関係が、外界の在り方や発話の文脈、話者によって変動するという観察から、指示についての自然科学が成立しうるのかについて疑念が呈されている[8]（Chomsky 1995b; Pietroski 2003, 2005; Stainton 2006）。生成言語学において探求されてきた自然言語の文の意味とは、先ほども触れたような「含意」の関係や「数量子」（every や some など）の解釈に関わるものであり、文の中に含まれる内的な属性に依存するものである。こうした内在主義的な研究プログラムにおいては、文の意味（すなわち、概念・志向システムへの出力）を、「概念を作るための指令」として考える（Pietroski 2005, 2011; Stainton 2006）。こうした指令は、言語使用者が特定の概念を活性化し、統辞構造に従って組み合わせて合成的な概念を形成するための制約あるいはガイドとなるが、そうした手続きを一意に決定づけるものではない[9]。こうした指令には、外界への直接の指示は含まれておらず、真理条件が透明に与えられるようなものではない。そして、文と真理条件との関係は、あくまで、話者が文を使用したときに生じる外界の在り方、発話の文脈といった複数の要素の相互作用の産物であるとされる。

とはいえ、人間の思考に見られる合成性や体系性といった重要な特徴は、言語とも共有されているように見えるため、言語（統辞）と「思考の言語」のどちらが基礎的なのかという問いが提起されうる（Fodor 2001）。統辞によって組み立てられた文の構造に基づく意味と、思考との関係については、生成言語学の枠組みの中でも様々な立場があり（Chomsky 1995b; Hinzen 2011; Jackendoff 2002; Ludrow 2003; Pietroski 2003）、いまだに明快な合意があるわけではない。たとえば、統辞構造は言語の命題的内容との緊密なマッピングを与えるにはあまりに複雑であり、その間には透明な関係は存在しないとする主張もある（Collins 2007）。一方で、前述の認知神経科学研究（Inubushi *et al.* 2012）において対象とされたような、動詞と名詞が構成する動詞句の統辞構造の理論的研究は、近年著しい進展を見せており、統辞と意味の密接な関係に迫りつつある。そうした研究によれば、名詞が文の中で果たす意味的な役割（例「行為者」、「主題」、「目的」、「経路」など）は、統辞構造の中における位置に還元することで説明することが可能になりつつある（Haley 2011; Marantz 2013）。こうした方向性からは、統辞こそが、個別の概念を結合することで、その構造に依存した振る舞いを示す意味を産出するメカニズムであると捉える可能性が見えてくる。言語とは、アリストテレスが言ったような「意味を伴った音」であるというよりも、むしろ、「音を伴った意味」であるとチョムスキーは述べている（Chomsky 2011）。さらに、こうした生成言語学の進展を受けて、統辞こそが、まさに、構造化された思考を産み出すメカニズムであり、言語メカニズム内部の統辞とは独立に措定されてきた「思考の言語」を仮定する必要性はないという興味深い提案が近年なされている（Hinzen 2011, 2013）。こうした議論は、未だ思弁的なものであり、更なる経験的検証が必要とされるが、人間に固有の思考とはどのようなものかについて、統辞というシンプルなメカニズムからボトムアップな方法で経験的な検証が可能になりつつあるということを指摘して、この節を閉じたい。

5 おわりに

この章では、色、数、文といったさまざまな領域を対象に、言語と思考との多様な関係性について考察してきた。ここまでの考察で明らかになってきたように、そもそも人間の言語とはどのようなものであるかという記述的な探求の成果を疎かにして、言語と思考との関係を論じることは不毛である。われわれは訓練や意識的な努力に依ることなく言語を獲得し、当然のように使用している。そのため、言語についての前理論的で日常的な理解（たとえば、言語の機能はコミュニケーションである、言語は外界の何かを指示しているなど）を出発点として、言語と思考との関係性についての思弁に耽りがちである。しかし、今やわれわれは人間の言語能力に対する経験的な理解の蓄積を手にしている。そうした言語に対する堅実な理解を足がかりにして、思考との関係を捉えなおしていくべきであろう。たとえば、人間固有の言語能力にとって、語彙は中心的なものとは言えない。語彙とはそもそも歴史的・文化的な要素によって大きな変容を見せるものとして捉えるのが適切である。むしろ、そうした視点で語彙を捉えることによって、人間の概念や認知、言語が環境の変動に対して示す柔軟な振る舞いへの着実な理解が育まれるだろう。一方で、人間の言語能力の根幹をなす統辞は、非常にシンプルな計算原理であり、人間に普遍的な能力として考えられる。こうした見通しのもとで、われわれは統辞と思考とのこれまで以上に密接な関係に迫りつつある。そこでは、人間固有の統辞能力が、人間固有の創造的な思考を可能にしているという、ある意味、ウォーフ的な図式が出てくるかもしれない。しかし、この図式は、人間に普遍的な統辞能力に基づいたものであり、安直な言語相対性を含意しないのである。数的認知に関する議論においても示唆されるように、人間以外の動物の心との連続性を捉えつつ、人間に特異的で創造的な心の在り方を理解するうえで、現代の言語諸科学が解明しつつあるシンプルな計算原理は重要な鍵を握っているのである。

注

（1）ＶＢＭは脳の体積や密度の変化やグループ間の差異を可視化する手法であるが、その指標がどのようなメカニズムを基づいているのか（樹状突起やシナプスなどの増減を反映しているのか、あるいは、神経細胞の新生・減少を反映しているのか）については、はっきりとしたことは分かっていない（Mechelli *et al.* 2005）。また、この研究では、色名の学習をしない統制群を設けていないため、構造的変化が色名の学習に特異的なものであるとする解釈の妥当性に疑問が呈されている（Thomas and Baker 2013）。

（2）このような、語が外界の対象を指示しているとする、言語に対する直観的な理解についての問題は、第4節で扱う。

（3）信号の強度をI、この信号と弁別するのに必要な信号の強度の差をΔIとすると、両者の比はW＝ΔI/Iとなり、一定の定数W（ウェーバー比）に従う。すなわち、信号の強度が大きいほど、その信号と区別するのに必要な信号の強度の差も大きくなる。

（4）この研究でも、以降の類似の研究においても、ドットの総面積や位置といった低次の物理的な要因は、刺激ごとにさまざまに変化させることで統制されており、数的な要素以外が結果に影響を与えないように注意が払われている。

(5) 対象の個数を数える際には、〝1〟から始めて次々に自然数を生成していき、最後に得られた自然数によって、対象の個数を得ることができる。

(6) 日本語は、スペイン語やイタリア語などの多くの言語と同様に、明示的に主語を示す必要のない(音を持たない主語が存在しうる)言語であることが明らかになっている(Jaeggli 1981)。

(7) 合成性(compositionality)とは、全体の意味がその構成要素の意味に依存することである。また、体系性(systematicity)とは、「猫が豚を食べる」という思考が可能な主体は、同時に「豚が猫を食べる」ということも思考可能でなければならないように、ある心的状態を持つことが他の心的状態を持つことを要求するような在り方を指す。

(8) 伝統的には、文脈に依存しない表現と指示対象との関係を意味論が扱い、文脈依存的な意味の側面は語用論が扱うという区分がなされてきた。しかし、自然言語の探求において、言語使用という面を捨象して、表現と指示対象の関係を分析することが自然科学として生産的かどうかについては疑わしい。自然言語には、(個体の内部での形式的な操作に関わる、広い意味での)統辞と語用論しか存在しないかもしれないという指摘もなされている(Chomsky 1995b, 26)。

(9) ここで言う概念は、表現間の含意関係のみに関わる「狭い内容」を持つと考えられる。こうした「概念を作るための指令」は、統辞部門から感覚・運動システムへの出力が、発話行為に用いられる音やサインを形成するための制約あるいはガイドとなるのと同様の地位を持つと考えれば良い。こうした運動指令が、発話の周波数や指の形などを「指示」していると考える必要がないのと同様、意味も外界の事物を「指示」していると考える必要はないのである。

参考文献

Beck, J., 2012. The generality constraint and the structure of thought. *Mind*, 121 (483), 563–600.

Berlin, B., & Kay, P., 1969. *Basic Color Terms: Their Universality and Evolution*. Berkeley: University of California Press.

Bermúdez, J. L., 2003. *Thinking Without Words*. Oxford: Oxford University Press.

Berwick, R. C., Friederici, A. D., Chomsky, N., & Bolhuis, J. J., 2013. Evolution, brain, and the nature of language. *Trends in Cognitive Sciences*, 17（2）, 89–98.

Boeckx, C., 2006. *Linguistic Minimalism: Origins, Concepts, Methods, and Aims*. Oxford: Oxford University Press, USA.

Carey, S., 2009. *The Origin of Concepts*. Oxford: Oxford University Press, USA.

Chomsky, N., 1965. *Aspects of the Theory of Syntax*. Cambridge: MIT Press.（ノーム・チョムスキー『文法理論の諸相』安井稔訳，研究社，一九七〇年）

Chomsky, N., 1995a. *The Minimalist Program*. Cambridge: The MIT Press.（ノーム・チョムスキー『ミニマリスト・プログラム』外池滋生・大石正幸訳，翔泳社，一九九八年）

Chomsky, N., 1995b. Language and nature. *Mind*, 104（413）, 1–61. Reprinted in Chomsky, N. 2000. *New Horizons in the Study of Language and Mind*.（pp. 106–163）. Cambridge: Cambridge University Press.（ノーム・チョムスキー『チョムスキー言語基礎論集』第5章，福井直樹編訳，岩波書店，二〇一二年）

Chomsky, N., 2000. *New Horizons in the Study of Language and Mind*. Cambridge: Cambridge University Press.

Chomsky, N., 2007. Biolinguistic explorations: Design, development, evolution. *International Journal of Philosophical Studies*, 15（1）, 1–21.（ノーム・チョムスキー『チョムスキー言語基礎論集』第6章，福井直樹編訳，岩波書店，二〇一二年）

Chomsky, N., 2011. Language and other cognitive systems. What is special about language? *Language Learning and Development*, 7, 263–278.

Collins, J., 2007. Syntax, more or less. *Mind*, 116（464）, 805–850.

Davidson, D., 1984. *Inquiries into Truth and Interpretation*. Oxford: Oxford University Press.（ドナルド・デイヴィッドソン『真理と解釈』野本和幸訳，勁草書房，一九九一年）

Dehaene, S., Spelke, E., Pinel, P., Stanescu, R., & Tsivkin, S., 1999. Sources of mathematical thinking: Behavioral and brain-imaging evidence. *Science*, 284 (5416), 970–974.

Dehaene, S., 2005. How a primate brain comes to know some mathematical truths. In J.-P. Changeux, A. R. Damasio, W. Singer, & Y. Christen (Eds.), *Neurobiology of Human Values* (pp. 143–155). Heidelberg: Springer-Verlag.

Dehaene, S., & Changeux, J.-P., 1993. Development of elementary numerical abilities: A neuronal model. *Journal of Cognitive Neuroscience*, 5 (4), 390–407.

Deutscher, G., 2011. *Through the Language Glass: Why the World Looks Different in Other Languages*. New York: Metropolitan Books.（ガイ・ドイッチャー『言語が違えば、世界も違って見えるわけ』椋田直子訳、インターシフト、二〇一二年）

Di Sciullo, A. M., & Boeckx, C. (Eds.)., 2011. *The Biolinguistic Enterprise: New Perspectives on the Evolution and Nature of the Human Language Faculty*. Oxford: Oxford University Press.

Evans, G., 1982. *The Varieties of Reference*. Oxford: Clarendon Press.

Feigenson, L., Dehaene, S., & Spelke, E., 2004. Core systems of number. *Trends in Cognitive Sciences*, 8 (7), 307–314.

Fodor, J. A., 1975. *The Language of Thought*. Cambridge: Harvard University Press.

Fodor, J. A., 2001. Language, thought and compositionality. *Mind & Language*, 16 (1), 1–15.

Friederici, A. D., 2012. The cortical language circuit: From auditory perception to sentence comprehension. *Trends in Cognitive Sciences*, 16 (5), 262–268.

Gelman, R., & Gallistel, C. R., 2004. Language and the origin of numerical concepts. *Science*, 306 (5695), 441–443.

Gilbert, A. L., Regier, T., Kay, P., & Ivry, R. B., 2006. Whorf hypothesis is supported in the right visual field but not the left. *Proceedings of the National Academy of Sciences of the United States of America*, 103

(2), 489–494.
Gordon, P., 2004. Numerical cognition without words: Evidence from Amazonia. *Science*, 306 (5695), 496–499.
Hagoort, P., 2005. On Broca, brain, and binding: A new framework. *Trends in Cognitive Sciences*, 9 (9), 416–423.
Hale, J. T., 2011. What a rational parser would do. *Cognitive Science*, 35 (3), 399–443.
Harley, H., 2011. A minimalist approach to argument structure. In C. Boeckx (Ed.), *The Oxford Handbook of Linguistic Minimalism* (pp. 427–471). Oxford: Oxford University Press.
Harvey, B. M., Klein, B. P., Petridou, N., & Dumoulin, S. O., 2013. Topographic representation of numerosity in the human parietal cortex. *Science*, 341 (6150), 1123–1126.
Hinzen, W., 2011. Language and thought. In C. Boeckx (Ed.), *The Oxford Handbook of Linguistic Minimalism* (pp. 499–522). Oxford: Oxford University Press.
Hinzen, W., 2013. Narrow syntax and the language of thought. *Philosophical Psychology*, 26 (1), 1–23.
Iijima, K., Fukui, N., & Sakai, K. L., 2009. The cortical dynamics in building syntactic structures of sentences: An MEG study in a minimal-pair paradigm. *NeuroImage*, 44 (4), 1387–96.
Inubushi, T., Iijima, K., Koizumi, M., & Sakai, K. L., 2012. Left inferior frontal activations depending on the canonicity determined by the argument structures of ditransitive sentences: An MEG study. *PLOS ONE*, 7 (5), e37192.
Jackendoff, R., 2002. *Foundations of Language: Brain, Meaning, Grammar, Evolution*. Oxford: Oxford University Press.（レイ・ジャッケンドフ『言語の基盤——脳・意味・文法・進化』郡司隆男訳、岩波書店、二〇〇八年）
Jaeggli, O., 1982. *Topics in Romance Syntax*. Dordrecht: Foris Publications.
Kriegeskorte, N., Mur, M., Ruff, D. A., Kiani, R., Bodurka, J., Esteky, H., Tanaka, K., & Bandettini, P. A., 2008. Matching categorical object representations in inferior temporal cortex of man and monkey. *Neu-*

ron, 60 (6), 1126–1141.

Kwok, V., Niu, Z., Kay, P., Zhou, K., Mo, L., Jin, Z., So, K-F., & Tan, L. H., 2011. Learning new color names produces rapid increase in gray matter in the intact adult human cortex. *Proceedings of the National Academy of Sciences*, 108 (16), 6686–6688.

Laurence, S., & Margolis, E., 2008. Linguistic determinism and the innate basis of number. In P. Carruthers, S. Laurence, & S. Stich (Eds.), *The Innate Mind: Volume 3: Foundations and the Future* (pp. 139–169). Oxford: Oxford University Press.

Leslie, A. M., Gallistel, C. R., & Gelman, R., 2008. Where integer comes from. In P. Carruthers, S. Laurence, & S. Stich (Eds.), *The Innate Mind: Volume 3: Foundations and the Future* (pp. 109–138). Oxford: Oxford University Press.

Levy, R., 2008. Expectation-based syntactic comprehension. *Cognition*, 106 (3), 1126–1177.

Lipton, J. S., & Spelke, E. S., 2003. Origins of number sense large-number discrimination in human infants. *Psychological Science*, 14 (5), 396–401.

Ludlow, P., 2003. Referential semantics for I-languages? In L. M. Antony & N. Hornstein (Eds.), *Chomsky and His Critics* (pp. 140–161). Oxford: Wiley-Blackwell.

Marantz, A., 2005. Generative linguistics within the cognitive neuroscience of language. *The Linguistic Review*, 22 (2–4), 429–445.

Marantz, A., 2013. Verbal argument structure: Events and participants. *Lingua*, 130, 152–168.

Mechelli, A., Price, C. J., Friston, K. J., & Ashburner, J., 2005. Voxel-Based Morphometry of the Human Brain: Methods and Applications. *Current Medical Imaging Reviews*, 1 (2), 105–113.

Mo, L., Xu, G., Kay, P., & Tan, L.-H., 2011. Electrophysiological evidence for the left-lateralized effect of language on preattentive categorical perception of color. *Proceedings of the National Academy of Sciences*, 108 (34), 14026–14030.

Nieder, A., Freedman, D. J., & Miller, E. K., 2002. Representation of the quantity of visual items in the primate prefrontal cortex. *Science*, 297 (5587), 1708–1711.

Nieder, A., & Miller, E. K., 2004. A parieto-frontal network for visual numerical information in the monkey. *Proceedings of the National Academy of Sciences of the United States of America*, 101 (19), 7457–7462.

Ohta, S., Fukui, N., & Sakai, K. L., 2013. Syntactic computation in the human brain: The degree of Merger as a key factor. *PLOS ONE*, 8 (2), e56230.

Pallier, C., Devauchelle, A.-D., & Dehaene, S., 2011. Cortical representation of the constituent structure of sentences. *Proceedings of the National Academy of Sciences*, 108 (6), 2522–2527.

Piazza, M., Izard, V., Pinel, P., Le Bihan, D., & Dehaene, S., 2004. Tuning curves for approximate numerosity in the human intraparietal sulcus. *Neuron*, 44 (3), 547–555.

Pica, P., Lemer, C., Izard, V., & Dehaene, S., 2004. Exact and approximate arithmetic in an Amazonian indigene group. *Science*, 306 (5695), 499–503.

Pietroski, P. M., 2003. The character of natural language semantics. In A. Barber (Ed.), *Epistemology of Language* (pp. 217–256). Oxford: Oxford University Press.

Pietroski, P. M., 2005. Meaning before truth. In G. Preyer & G. Peter (Eds.), *Contextualism in Philosophy* (pp. 255–302). Oxford: Oxford University Press.

Pietroski, P. M., 2011. Minimal Semantic Instructions. In C. Boeckx (Ed.), *The Oxford Handbook of Linguistic Minimalism* (pp. 472–498). Oxford: Oxford University Press.

Platt, J. R., & Johnson, D. M., 1971. Localization of position within a homogeneous behavior chain: Effects of error contingencies. *Learning and Motivation*, 2 (4), 386–414.

Regier, T., & Kay, P., 2009. Language, thought, and color: Whorf was half right. *Trends in Cognitive Sciences*, 13 (10), 439–446.

Rilling, M., & McDiarmid, C., 1965. Signal detection in fixed-ratio schedules. *Science*, 148 (3669), 526–527.

Sakai, K. L., 2005. Language acquisition and brain development. *Science*, 310（5749）, 815–819.
Stabler, E. P., 2013. Two models of minimalist, incremental syntactic analysis. *Topics in Cognitive Science*, 5（3）, 611–633.
Stainton, R., 2006. Meaning and reference: Some Chomskian themes. In E. Lepore & B. C. Smith（Eds.）, *The Oxford Handbook of Philosophy of Language*（pp. 913–940）. Oxford: Oxford University Press.
Thomas, C., & Baker, C. I., 2013. Teaching an adult brain new tricks: A critical review of evidence for training-dependent structural plasticity in humans. *NeuroImage*, 73, 225–236.
Whorf, B. L., 1956. *Language, Thought, and Reality: Selected Writings of Benjamins Lee Whorf.*（J. B. Carroll, Ed.）. Cambridge: The MIT Press.
Wynn, K., 1992. Addition and subtraction by human infants. *Nature*, 358（6389）, 749–750.
Xu, F., & Arriaga, R. I., 2007. Number discrimination in 10–month-old infants. *British Journal of Developmental Psychology*, 25（1）, 103–108.
Xu, F., & Spelke, E. S., 2000. Large number discrimination in 6–month-old infants. *Cognition*, 74（1）, B1–B11.
Zhou, K., Mo, L., Kay, P., Kwok, V. P. Y., Ip, T. N. M., & Tan, L. H., 2010. Newly trained lexical categories produce lateralized categorical perception of color. *Proceedings of the National Academy of Sciences*, 107（22）, 9974–9978.
小松英雄（2001）『日本語の歴史――青信号はなぜアオなのか』笠間書院。
成田広樹・飯島和樹・酒井邦嘉（2014）「人間言語の基礎は複雑なのか?」*Brain and Nerve*, 66（3）, 276–279.

第3章　思考の認知科学と合理性

太田紘史・小口峰樹

1　人間の思考は合理的か

アリストテレスによれば、人間は理性的な動物である。理性は、人間の心に特有に備わっているものであり、それは人間と他の動物を区別するものなのである。またデカルトによれば、思考は人間の精神の本質であり、人間を動物機械から区別するものである。われわれは、生まれながらにして合理的な思考の能力を有しており、それを適切に使うことは誰にとっても可能なのである。

人間の思考はその本性において合理的なものであるという見方は、現代の哲学者によっても提唱されてきた。デイヴィドソンによれば、信念やその形成を媒介する思考は、必然的に理由の関係に基づいている（Davidson 1980）。またデネットによれば、ある信念を持つということは、他でもなくその信念を帰属できるようなシステムであるということであり、その信念帰属においてはそのシステムが合理的なものとしてそもそも理解されていなければならない（Dennett 1987）。両者いずれの考えにおいても、思考する生物は合理的でなければならないのである。

だが人間の思考に対する科学的研究は、こういった見方に一見反する仕方で展開してきた。認知心理学における思考や判断の研究は、人間がしばしば直観依存的でヒューリスティックな推論を採用し、論理学や確率論から外れた形で信念を形成することを示してきたのである。

こういった事実は一体何を示すのだろうか。一つの可能性は、人間の思考はしばしば不合理であるというものである。いわば、論理学や確率論という物差しに照らすかぎり、人間がなす推論は落第点なのである。もう一つの可能性は、人間の思考はやはり合理的であり、むしろそれを図る物差しのほうが歪んでいるというものである。単純に論理学や確率論を基準とすることでは、われわれの思考が合理的であるかどうかは測れないのである。

前者の見方は、概して言えば、ヒューリスティクス研究者自身によって表明されてきた。それは、カーネマンとトベルスキーによる開拓的な推論研究とともに提案されてきた見方である。他方で後者の見方は、ギーゲレンツァーをはじめとする適応主義的な視点を持つ心理学者たちによって支持されてきた。われわれは、たしかに多くの場面で、論理学や確率論から外れた推論を行うが、これはむしろその推論が合理的であることを示している。それらは直観依存的でヒューリスティックな推論であるが、特定の内容や文脈に応じて作動する機能を持つので、そういった内容や文脈に応じて評価されるべきなのである。それゆえ何かが修正されるべきだとしたら、それは文脈を考慮せずに普遍的な基準を立てようとする物差しのほうである。

概して言えば、ここでの係争点は概念的なものと経験的なものに分けられる。一方は、適切な合理性概念はどのようなものであるかという係争点である。他方は、思考はどのようなメカニズムやプロセスによって支えられているのか、その機能は何なのかという係争点である。本章では、両者の点について考察を行い、われわれ人間の思考あるいは推論は合理的なのかどうか、そしてそれはどういう意味でそうなのかについて考えたい。とりわけ、最近広く支持されつつある、思考の「二重プロセスモデル」を踏まえた検討に踏み込みたい。

以下、第2節では、人間の推論の不合理性を示すように思われる代表的な実験研究の事例を紹介する。第3節では、言語との類比に訴えて人間の合理性を維持しようとする試みを批判的に検討する。第4節では、生態学的合理性という概念を導入することで人間の合理性を維持しようとする試みを紹介する。第5節では、そのような試みに対して、思考の二重プロセスモデルからどのような示唆が得られるかを検討する。

2　ヒューリスティクスとバイアス

人間の推論が体系的な誤りを示しうることは、とくに一九七〇年代以降に数多くの仕方で実験的研究によって明らかにされてきた。人々の実行する推論が、基本的な古典論理や確率論に沿った規則を適用したものではなく、しばしば経験則や発見法に依存しており（「ヒューリスティクス」）、そしてそれが体系的に偏った仕方で誤りを導くこと（「バイアス」）が、見いだされてきた。このような研究伝

ここに四枚のカードがある。それぞれのカードには、一方の面に文字、他方の面に数字が書かれている。次のように、二枚については文字の面が見えていて、他の二枚については数字の面が見えている。

A	G	3	8

次のルールが正しいかどうかを確定するためには、どのカードをひっくり返せばよいだろうか――「片面に母音があれば、その裏面は奇数である。」

統は、ときに「ヒューリスティクス・アンド・バイアス研究」と呼ばれる（以下略して「HB研究」）。ここでは、HB研究から得られている代表的な知見を紹介しよう。

2―1　条件推論――確証あるいは照合バイアス

まずは、条件推論（conditional reasoning）に関する代表的問題として、上の「ウェイソン選択課題」（通称「四枚カード問題」）を解いてみてもらいたい（Wason 1966）。

この課題に対して、多くの被験者は「A」と「3」を選ぶが、これは不正解である。なおこの問題は難しく、もとの実験では、正解者は被験者の10％以下だった。何が正解なのかを直観的に理解するためには、次頁の問題と比べるとよい。

今度はほとんど誰もが正解する（Griggs & Cox 1982）。正解はもちろん、「ビール」と「17歳」である。注意してほしいのは、これが先ほどの問題のバリエーションだということである。「母音があれば奇数である」という条件文は、「飲酒するならば20歳以上でなければならない」という条件文に平行している。一般的な説明をすると、どちらの問題でも、ルールは「P→Q」という条件文の形式になっている。そして四枚

ここはバーで、四人の人が飲み物を飲んでいるとしよう。以下のそれぞれのカードはその四人を表していて、一方の面にその人が飲んでいるもの、他方の面にその人の年齢が書かれている。

ビール	コーラ	25才	17才

あなたは警察官で、飲酒に関する次の法律が守られているかどうかを確定しなければならないとしたら、どのカードをひっくり返せばよいだろうか――「飲酒するならば、20歳以上でなければならない。」

のカードは左から順に、P、¬P、Q、¬Qである（「¬」は否定を表す）。また一般にP→Qの否定はP&¬Qであるので、「P→Q」という条件文が守られているかどうかを調べるためには、P&¬Qとなっている可能性のあるカードをめくればよい。それは、飲酒問題では両端の「ビール（P）」と「17歳（¬Q）」であり、母音問題では両端の「A（P）」と「8（¬Q）」なのである。

ある研究（Johnson-Laird and Wason 1970）では、母音問題の被験者のうち（多いものから順に）46％がPとQに相当する二枚を選び、33％がPに相当する一枚を選んだ。この誤答パターンについて与えられた説明は、「確証バイアス」である。人は、P→Qという条件文を与えられると、その条件文を確証する事例（たとえばP&Q）となっている可能性のあるカードを明らかにしようとするために、PやQを選んでしまうというのである。もう一つの説明は、「照合バイアス」である（Evans & Lynch 1973）。被験者は、P→Qという条件文において明示されているものにそのまま照合するもの（すなわちPとQ）を選ぶ傾向にあり、それゆえたとえばP→¬Qという表現形式の条件文で課題を行っても、被験者はやはりPとQを選ぶ傾向にあるのである。

2-2　確率推論――連言錯誤と基準率無視

次は、確率推論（probability reasoning）に関する代表的問題、通称「リンダ問題」である。

リンダは31歳の独身女性で、率直で、とても聡明な人である。彼女は学生時代には哲学を専攻していて、差別と社会正義の問題に強い関心を持っていて、反核運動にも参加していた。以下のうち、どちらがより可能性がありそうか。

a　リンダは銀行の現金出納係である。

b　リンダは銀行の現金出納係であり、フェミニスト運動の熱心なメンバーである。

bは、現金出納係であることと、フェミニスト運動家であることとの、連言である。一般に、二つの事象AとBについて、Aの確率P(A)やBの確率P(B)は、AかつBの確率P(A&B)を下回らない。それゆえ、選択肢bのほうが可能性が高くなるはずがない。それにもかかわらず、被験者の多くはbのほうを選ぶ（たとえば、Tversky & Kahneman 1983では85%の被験者がbを選んだ）。確率推論におけるこのような解答パターンは、「連言錯誤（conjunction fallacy）」と呼ばれている。

この錯誤は、次のバージョンの問題と見比べれば、より明白であろう。

リンダは31歳の独身女性で、率直で、とても聡明な人である。彼女は学生時代には哲学を専攻していて、差別と社会正義の問題に強い関心を持っていて、反核運動にも参加していた。さて、このような記述に合致する人が一〇〇人いる。そのうち何人が、以下のような人であるだろうか。

a　銀行の現金出納係である

b　銀行の現金出納係であり、フェミニスト運動の熱心なメンバーである。

このように出題すると、人々はもはや連言錯誤を犯すことがほとんどない（Hertwig & Gigerenzer 1999）。銀行出納係である人のうち、その全体あるいは一部だけがフェミニスト運動家でもあるので、aはbを下回らないはずである。

では、なぜ当初の問題で人々は連言錯誤を犯すのか。一つの説明は、人々が「代表性ヒューリスティクス」に頼るというものである（Tversky & Kahneman 1983）。この記述で与えられるリンダ像は、銀行出納係の代表的事例であるというよりも、フェミニストの現金出納係の代表的事例であるように思われるので、aよりbのほうがありそうだと判断されてしまうのだという。

もう一つ確率推論に関する有名な問題として、「青タクシー問題」を紹介しておこう（Tversky & Kahneman 1980, 1982）。

ある夜にひき逃げ事故が起こり、それには一台のタクシーが関わっている。その街のタクシーのうち85％が緑で、15％は青である。事故の目撃証言では、そのタクシーは青だったという。裁判所は、目撃者がタクシーを見分けられる能力をテストしてみた。その目撃者は、80％で正解し、20％で不正解を与えた。さて、事故に関わったタクシーが青である確率は、いくらだろうか。

この問題では、多くの被験者が「80％」と答える。しかしこれは、緑タクシーと青タクシーの割合についての情報を無視している。この問題で鍵となる情報は二つである。第一は、緑タクシーと青タクシーの割合が85：15であるという情報である。それゆえ、もしも目撃証言がなかったならば、事故に関わったタクシーが青である確率は、15％である。第二は、80％でタクシーを正しく識別する目撃者が存在し、彼が青タクシーを証言していることである。それゆえ、もしも緑タクシーと青タクシーの割合が半々だったならば、事故に関わったタクシーが青である確率は、80％である。今回の問題に対する「80％」という答えは、二つの情報のうち第一の情報を無視してはじめて得られる結論であり、いわゆる「基準率」（あるいは事前確率）を無視しているのである。

この問題での正解は、基準率を考慮した確率計算、いわゆるベイズ計算をすることによって得られ、今回では約41％となる。その正確な計算の仕方は注に譲るとして(1)、なぜ正解が80％よりも大幅に低いのかについてだけ、直観的な説明を与えておこう。たしかに目撃者は、80％という高い精度で正しく青と緑を識別する。しかし、目撃者が青タクシーを証言したとしても、それは緑タクシーを青タクシーとして誤って識別してしまっただけかもしれず、そうなると目撃証言をそのまま認めるわけにはいかなくなりそうだ。そして、街に緑タクシーがあふれていればいるほど、目撃者はこのような誤った識別をする機会に直面する。つまり、そもそも街にどれくらい緑タクシーがあふれているかということ（すなわち基準率）が、目撃証言を踏まえたうえでの確率（すなわち事後確率）の計算に大きな影響を及ぼすのである。（そして今回の問題では、街に緑タクシーがあふれているのである）。

このような確率推論の難しさは、われわれの現実的な生活にも関わる問題である。同種の問題として、次も考えてみてもらいたい。

> 定期検診に来る40歳の女性が乳がんである確率は、1％である。もし女性が乳がんならば、マンモグラフィー検査で陽性となる確率は80％である。女性が乳がんでなければ、マンモグラフィー検査で陽性となる確率は9.6％である。さて、この年齢のある女性が、定期検診でのマンモグラフィー検査で陽性となった。彼女が実際に乳がんである確率はいくらだろうか。［　　］％

これも先ほどと同じように事前確率が重要となる。しかし、医師が被験者となった場合ですら、答えの大半は70〜80％であった（Eddy 1982）。確率推論がいかに難しいかが分かるが、しかし次のような形式で問題を表現すると、確率推論は大幅に容易になる。

> 定期検診に来る40歳の女性千人のうち、乳がんであるのは10人である。乳がんの女性10人のうち8人は、マンモグラフィー検査で陽性となる。乳がんでない女性九九〇人のうち95人は、この定期検診のマンモグラフィーで陽性となる。さて、あらたに定期検診に参加し、マンモグラフィー検査で陽性となった40歳の女性たちがいる。このうち、実際に乳がんである人はどれくらいだろ

うか。□人中□人

こちらの問題では、答えを次のように求めればよいことに気づきやすい。

8/(8＋95)

実際、医師を被験者とした別の研究では、もとのバージョンで正解にたどり着けた医師は8％であったのに対し、こちらのように頻度で表記されたバージョンで正解にたどり着けた医師は46％であった（Gigerenzer 2000, Ch.4, 6）。

2-3　標準的構図と記述-規範ギャップ

ここまで、人間の推論がなすいくつかの錯誤を見てきた。人間の条件推論は論理学の規則に従わず、しばしば条件文の反証例を構成することができない（四枚カード問題）。また人間の確率推論は確率論に反し、連言錯誤に陥ったり（リンダ問題）、基準率無視に陥ったりする（青タクシー問題、マンモグラフィー問題）。このように、人はしばしば誤った判断を下し、そしてその判断は不合理な推論を介して生産されているように思われる。HB研究者の一部は、このような人間の推論傾向を目にして、人間の推論や意思決定が不合理な仕方で働くものだと考えた。それは「人間の合理性について薄ら寒い含意」を持つものとされ（Nisbett & Borgida 1975）、あるいは、「人がなす統計直観は理にかなったものだと思いたかったならば、こういう結果は残念であろう」（Kahneman & Tversky 1972）と言われている。

しかし、前記のような判断パターンを媒介する推論が不合理とされるのは、その推論が論理学や確率論の規則に合致しないからである。すなわち、HB研究者らが想定する合理性とは、論理学や確率論に沿った思考様式を反映したものである。哲学者のスタイン（Stein 1996）は、このような合理性についての見方を「標準的構図」と呼ぶ。

……合理的であることとは、論理学や確率論などに基づいた推論原理に沿って推論することである。推論についてのこの標準的構図が正しければ、そういう規則に基づいた推論原理は、規範的な推論原理である。すなわち、その推論原理に沿って推論すべきなのだ。（Stein 1996, 4）

重要なのは、合理性概念が規範的な概念であるということである。この点は、標準的構図はもちろんのこと、後で見るような別の合理性観でも同じである。ある推論が合理的であると見なすことは、そのように推論すべきだ（その推論規則に従うべきだ）という態度を含意する。標準的構図は合理性に関する見解であり、そしてそれゆえ規範的な主張を含んでいる。すなわち（標準的構図によれば）、われわれは論理学と確率論に従って推論すべきなのであり、そうでない推論は不適切なのである。実際、先ほどの一連の実験で多くの被験者が正解にたどり着けないことは、何らかの意味で不適切な推論を実行してしまっているからだと思われるが、標準的構図のもとではこれがなぜ不適切なのかが理解できる。被験者達の推論は、論理学や確率論に沿った推論を行っていないという点で、不適切なのである。

このように人間心理がその規範的なあり方に一致しないことは、「記述-規範ギャップ」と呼ばれる(Stanovich & West 2000)。心理学は、一義的には、人間の心理や行動に関する事実を体系的に記述する科学領域である。他方で、人間の心理や行動がどうあるべきかという規範は、そういった記述からは(少なくとも直接的には)導かれない。われわれは、記述とは別のところで規範を想定することで初めて、記述された心理や行動がそれとどれくらい一致しているかを評価できるのである。たとえば、われわれは合理性に関して何らかの概念(たとえば標準的構図)を採用することで初めて、四枚カード問題に対する「合理的」な推論を想定することができ、そしてその帰結を「正解」として設定することができる。だからこそ、多くの被験者が与えた答えを「不正解」と見なすことができるのであり、そしてそれを導いた推論を「不合理」なものとして裁定することができるのである。すなわち、四枚カード問題に対して人間がする推論(記述)と、その問題に対してするべき推論(規範)との間に、ギャップがあると言えるのだ。「判断に誤りがあるということは、人々の反応と…すでに受容されている算術・論理・統計の規則とを比較することで初めて示されるのである」(Kahneman & Tversky 1982)。

このようなギャップに対しては、それを埋めようとする様々な試みがすでに提案されてきた。以下に続く三つの節で、それらのうち代表的な戦略を検討する。まずは、人間の推論の不合理性は原理的に示しえないという議論から見ていこう。

3　言語との類比からの議論

3-1　コーエンの議論

コーエン（Cohen 1981）は、人間の推論の不合理性は実験的に示しえないと論じた。なぜなら、規範的な推論規則は、人間が実際に行う推論のあり方から切り離せないからだという。

一般に、どのような推論が合理的であるかは、何が合理的な推論であるかに関してわれわれ人間が下す直観的判断から切り離せない。もちろんそのような直観的判断は、相互に衝突することがあるだろうし、その集合はしばしば不整合なものになるだろう。それゆえ推論の合理性に関する直観的判断を全体的に整合化することによって「理想化」を行えば、そこから一群の規範的な推論規則が導かれるであろう。この整合化の手続きが、いわゆる「反照的均衡」である（Rawls 1971; Daniels 1979）。それは、個別的な判断と一般的な原理との照らし合わせを繰り返し行い、ときに個別的判断を撤回し、ときに一般的原理を修正しながら、全体的な整合化を図ることを通じて正当化を与える手続きである。こうして得られる一般的原理は、それと同時に収束した直観的判断に適合するものとなるはずである。

規範理論を求める理論家がこの分野で望むことのできる最大のもの、そして達成せねばならない最大のものは、関連する全ての直観の内容（必要に応じてこれらは変更や制限を受ける）を相互に調和させるために、それらが…整合的で比較的単純な規則集合あるいは公理集合からの帰結だと

示すことである。(ibid, 322)

だからといって、人間の推論が誤らないというわけではない。それどころか人間の推論はしばしば規範的な推論規則から逸脱する。ただしそれは、人間の推論がその本性において不合理であるわけではなく、ただ推論の運用に失敗しただけである。

ここで訴えられるのが、「能力(competence)」と「運用(performance)」の区別である。それらはもともと、言語学(とくに生成言語学)において用いられてきた概念である(Chomsky 1965)。生成言語学の基本的な考えによれば、人間の心は、意識的にアクセスできないレベルで文法規則を含んでおり、それに基づく計算プロセスによって個々の文を生産している。たとえば「再帰」という文法規則は、文に複合的な入れ子構造を持たせ、無限の長さの文を生産させることができる。しかし現実の人間はもちろん有限の長さの文しか生産できないし、そもそも文法的に誤った文を生産することも多い。だがそういったことは、記憶容量や注意制御を始めとする様々な処理制約のため結果するに過ぎない。すなわち、そういった不完全性は、文法規則から構成される言語能力そのものの問題ではなく、その能力を個別の場面で運用するうえでのエラーに過ぎないのである。

コーエンの示唆するところでは、推論についてもまた同様に能力と運用を区別することができる。われわれは、推論規則から構成される能力を有しており、それの運用においてはその能力以外の様々なプロセスや機能が必要になる。推論をせねばならない個々の場面においては、そこで知覚的に得られた情報を符号化したり、与えられた文章課題について言語的処理を行ったり、短期記憶(あるいはワーキングメモリ）においてそれらの情報を保持したり、関連する情報へ注意が向けられるように制御したりせねばならない。そしてそういった周辺的な機能においては様々な制約や干渉が存在するために、われわれは最終的に推論課題に失敗することが多々ある。しかしそれは、人間の推論能力が不合理であることを示すのではなく、むしろ運用上のエラーに過ぎないのである。

そして、このような推論能力を構成する推論規則がどのようなものであるのかは、先述のとおり、その推論能力を介して生産される個別的判断の集合から逆算的に探り当てることができるのであり、これもまた生成言語学における個別的判断の利用と軌を一にする。生成言語学においても、成文か非文かについての直観的な個別的判断が基本的なデータとして用いられる。言語学者は、このような「言語直観」に基づく判断において文と見なされるものを収集し、それらに共通する深層の文法規則を明らかにしようとするのである。こうして探し出された文法規則は、人間の心によって無意識的なレベルで表象され、まさに言語能力を構成するものとなっているはずである。どのような文が文法的に適切であるかについての個別的な直観的判断は、言語能力を構成する文法規則を明らかにするとともに、文法規範を示すことになる。同じように、個別的に生産される推論の事例の集合は、それらを生み出す推論能力――とりわけその推論能力を構成する推論規則――を明らかにするとともに、推論規範を示すことになるのだ。

ここまでの推論と言語の類比は、以下のように要約できる。

(A)能力と運用の区別：文法規則から構成される言語能力が存在し、これはその運用と区別される。

同様に、推論規則から構成される推論能力が存在し、これはその運用と区別される。

(B)能力と直観の関係：文法規則から構成される言語能力は、文法的に適切であると直観的に判断される文の個別事例の集合から明らかにすることができる。同様に、推論規則から構成される推論能力は、合理的であると直観的に判断される推論の個別事例の集合から明らかにすることができる。

(C)規範と直観の関係：規範的な文法規則は、文法的に適切であると直観的に判断される文の個別事例の集合から明らかにすることできる。同様に、規範的な推論規則は、合理的であると直観的に判断される推論の個別事例の集合から明らかにすることができる。

これらの前提のうち、(B)と(C)から次の点が導かれる。

(D)能力と規範の関係：言語能力を構成する文法規則は、規範的な文法規則でもある。同様に、推論能力を構成する推論規則は、規範的な推論規則でもある。

この見方のもとでは、HB研究の様々な実験結果は、推論の不合理性を示すものではありえない。なぜなら、直観的に是認される推論はそれ自体が規範的な推論規則を反映しているので、仮にそれから人々の推論が逸脱することがあるとしても、それは推論の能力の反映ではなく、運用エラーを示すに過ぎないからである。

3-2 推論は言語と類比できない

コーエンの議論は様々な点で批判されうるが、ここでわれわれは、(C)に対する疑念を投げかけたい。言語の場合とは異なり、推論における規範と直観は必ずしも合致しない。これは、言語と推論それぞれがどのような目的を持ったものかという点に由来する。

われわれが言語を使用する目的は、他でもなく相互に意思疎通を図ることである。そしてそのためには言語を——とりわけその統語論を含めて——共有しなくてはならない。それゆえ、すでに確立された言語を用いる共同体のもとでは、そこで認められている言語のあり方が、そこで共有されていることのゆえに、言語の規範となるのである。それゆえ、共同体内の広範なメンバーによって直観的に適切と見なされる文の集合があれば、それから引き出される文法規則がそのまま文法規範を規定する。言語において直観と規範が合致するのは、意思疎通という言語の使用目的において、このような「共有による規範化」が成立するからである。

他方で推論においては、このような図式は成立しない。推論の目的は、真なる信念を生産すること、あるいは欲求を充足するための行為を明らかにすること、これらのいずれかである（それぞれがいわゆる「認識的合理性」と「道具的合理性」に対応する）。そこでは、言語で見られるような「共有による規範化」が成立しない。人々が直観的に適切とする推論の個別事例の集合から、仮に何らかの推論規則が引き出されたとしても、そしてそれが共同体内で広く共有されているとしても、推論の目的が意思疎通とは別のところにあるがゆえに、それ自体が規範的な推論規則を規定するわけではないのである。

もしかしたらコーエンの言う通り、規範的な問題についてはどこかで直観的判断が必要になるところがあるかもしれない。しかし、たとえそうであったとしても、それは少なくとも「広い反照的均衡」(Daniels 1979) に訴えなければならないだろう。

反照的均衡を広げることとは、対象となっている問題への直観的判断に加え、関連する様々な背景理論をも入力とすることである。反照的均衡はもともと道徳哲学の方法論として広まったものだが、道徳規範にまつわる一般的原理と個別的判断の相互調整において、それ自体では規範的ではない理論が関わることがあるかもしれない。たとえば、もしも人格の通時的な同一性が素朴に考えるよりも頑健なものではないということが(哲学あるいは心理学によって)明らかになれば、共同体を構成する諸人格の間でどのように財を分配するべきかという分配的正義にまつわる規範的な問題について、われわれの個別的判断は変わるかもしれないし、そしてそれに応じて一般的原理と個別的判断の相互調整の結果も変わるかもしれない。

同様に、規範的な推論規則を追求するうえで反照的均衡を用いるとしても、直観的に妥当と思われる推論の個別事例を入力とするだけでなく、そもそも推論とはどのような心理的な機能なのか、それは何を目的とするものなのか、といった背景理論をも入力としなければならない。なぜなら文法規則とは違って推論規則の場合では、運用エラーを排除して推論規則が人々の能力に含まれることを示せたとしても、その事実自体はその推論規則が規範的であること含意しないからである。むしろ、推論の個別事例から規範的な推論規則へと昇華させるためには、そのような個別事例が推論の目的にかなうかどうかという考察を踏まえなければならないだろう。

だがもしそうであれば、今度は(D)を導くことができなくなる。すなわち、規範的な推論規則と、推論能力に含まれる推論規則との間に、必然的な合致は得られなくなるだろう。というのも、（一方で）規範的な推論規則を特定するためには推論の目的を考慮に入れなければならないが、（他方で）人間心理としての推論能力に含まれる推論規則を特定することは純粋に記述的な問題であり、そこでは推論の目的といったものは考慮されるべきものではないからだ。

われわれの議論の全体的構図は次の通りである。(C)に沿って、直観から規範を特定するためには、少なくとも推論の目的に関する規範的考察を加えなければならない（これは先述の通り、推論においては「共有による規範化」が通用しないためである）。しかし(B)に沿って、直観から能力を特定するうえでは、そのような規範的考察は関与しない（なぜなら、能力の特定は純粋に記述的な問題だからである）。それゆえ、たとえ直観を利用するのだとしても、規範と能力は合致しなくなるのである。[2]

より正確に言えば、規範と能力の合致は必然的なものではないというのがわれわれの結論であって、それらが偶然的に合致する可能性はもちろん残っている。しかし、そもそもコーエン流の論証は、規範と能力が必然的に合致するということ、そしてそれゆえ人間の不合理性は実験的に示しえないということを目指していたのである。われわれがここで指摘したいのは、そのような必然的な合致を保証するものはないということ、そしてそれゆえ人間の不合理性は経験的に示されうるということである。すなわち、人間の推論能力を構成する推論規則は、われわれが推論の目的を踏まえてはじき出す規範的な推論規則から外れているかもしれない。ＨＢ研究からの様々な実験結果はそのような主張のための経験的証拠になりうるのであり、それらの内実を検討することなしに、人間が合理的な動物であるということを断じることはできないのである。

コーエンの論証は、記述‐規範ギャップを先験的に閉じようとするものであるが、この論証が果たして事実の記述を修正しようとする試みなのか、それとも規範に近づけようとする試みなのかは、不明確である。だがいずれにせよその論証には不備があるという点では、われわれの見方は変わらない。他方で、人間の推論能力の本性を、実験的研究を通じてより明らかにしながら、同時に合理性概念についても修正を迫ることで記述‐規範ギャップを埋めようとする試みが、展開されてきた。次節ではこの試みについて紹介しよう。

4 生態学的合理性と「ツールボックス」

他方で、HB研究が想定してきた推論規範を不適切なものと見なすことで記述‐規範ギャップを回避しようとする試みもある。ギーゲレンツァーはHB研究が採用してきた標準的構図を批判し、それに代えて「生態学的合理性」のアイデアを提案している。このアイデアは、進化心理学における適応主義的な認知観を出発点としているものの、より最近では適応主義的な精神を切り離した形へと発展している。

4‐1 適応主義的な視点

適応主義とは、生物の形質を進化環境における適応の産物として理解しようとする考え方である。それは生物学の幅広い領域でしばしば成功を収めてきたが、この考え方を人間の心理形質にも当てはめようとするのが、いわゆる進化心理学というプログラムである。

その中心的な研究者であるトゥービーとコスミデスは、人間の心は、機能特化した心のメカニズム（「モジュール」）の集合体であると提案する（Tooby & Cosmides 1992）。心のうちにはモジュールが含まれているという考え方はフォーダー（Fodor 1983）にさかのぼるが、進化心理学におけるモジュール概念はそれとは様々な点で異なっている。だがそれでも、モジュールは機能特化した情報処理メカニズムであるという点は変わらない（フォーダーのモジュールの領域特異性に概ね相当する）。むしろ彼らが新たに提案するのは、領域一般的な情報処理メカニズムが果たすと思われていた高次認知ですら、実は一群のモジュールによって担われているという仮説である（いわゆる「モジュール集合体仮説」）。

彼らは、四枚カード問題に関する人間の推論のあり方を、この仮説のもとで理解しようとする。そこでの説明項は、進化的に獲得されたモジュールの一つである「裏切り者検知モジュール」である。四枚カード問題は、すでに紹介した通り、「母音ならば奇数である」というルールのもとで設定されるときには解くのが非常に容易になる。彼らによれば、裏切り者検知モジュールが後者のバージョンに対して作動するのに対して、前者では対応するモジュールが存在しないために、このような難易度の差異が生じる。実際、四枚カード問題のバリエーションを用いた実験では、単にその規則を社会的内容のもの（たとえば交通ルート）に具体化するだけでは容易にならない。それはむしろ、社会的な規則とその違反の形で具体化されると容易になったのだ（Cosmides 1989; Cosmides & Tooby 1992）。

ギーゲレンツァーとハグの研究（Gigerenzer & Hug 1992）ではさらに、同一の社会的文脈で与えられた四枚カード問題においても、自身の視点をどの社会的な立場に置くかによって答え方が変化することが示されている。規則は「労働者は、週末に働いたら、平日に一日休みを取る」（P→Q）というものであり、四人の労働者を表す四枚のカードは、「週末に働く」（P）、「週末に働かない」（¬P）、「平日に休む」（Q）、「平日に休まない」（¬Q）である。被験者はこれまでの研究での実験と同じく、四人の労働者が規則を破っていないかを見るためにどのカードをチェックすればよいかを尋ねられる。ただしこれまでと違って、被験者は、労働者の視点に立つように教示されたうえで問題を解くか、あるいは雇用者の視点に立つように教示されたうえで問題を解く。すると、労働者の視点では多数の被験者（75%）がPと¬Qを選び、そして雇用者の視点では多数の被験者（61%）が¬PとQを選んだのである。この結果は、裏切り者検知に特化した推論様式、しかも自分への裏切りの検知に特化した推論様式を示唆している。

このように人間の条件推論は、ある種の社会的な内容あるいは文脈に特化して作動する推論機能によって支えられているように思われる。他方で、確率推論についてはどうだろうか。

ギーゲレンツァーは、人間がなす確率推論は「自然頻度主義」的だと提案している。それは、パーセント情報（「40%」）でなく自然頻度情報（「10分の4」）を本来の入力としている。実際、リンダ問題やマンモグラフィー問題を頻度表記で呈示すると、被験者の多くが連言錯誤や基準率無視といった

「誤謬」を示さなくなったのである（第2節参照）。また、このようなパーセント表記か頻度表記かという点に加え、そもそもそれらの実験において単一事象についての確率を被験者に問うていることも問題である。リンダがどのような人物かという単一事象や、ある女性が病気かどうかという単一事象については、頻度的な確率概念が意味をなさない。人々の確率推論が自然頻度主義的なものであるかぎり、それに対して単一事象の確率を求めるのは不適切であり、人々の反応を「錯誤」と呼ぶのは不適切であるという（Gigerenzer 2000, Ch.12）[3][4]。

ギーゲレンツァーや、コスミデスとトゥービーによれば、人間の確率推論が自然頻度主義的であるのは、適応主義的な観点から理解可能である。狩猟採集生活を営む生物にとっては（ヒトが知性を進化させたのはそのような時代だったのかもしれない）、どこで食物が手に入るかを考えることは重要なことだっただろう。そしてその情報を更新していくうえでは、自然頻度情報を用いることが有用なのだという。たとえば、ある場所での狩猟の成功率を保持し更新するとき、「25％で成功」というパーセント情報と「20回中5回成功」という頻度情報のどちらが有用だろうか。まずパーセント情報では、これまでに何回狩猟を行ったかというデータが失われており、確率情報の信頼性が不明確である（サンプルサイズが大きければ確率情報はより信頼できる）。さらに頻度情報では、参照クラスを変更して確率を再計算することも可能になる。たとえば、これまでにある場所で１００回狩猟を行い５回成功したが、その5回は夏に狩猟した20回に含まれているのだとしたら、意思決定において考慮すべき成功確率を「１００回中５回成功」から「20回中5回成功」へとシフトさせたほうがよいかもしれない。頻度情報によって事象のカテゴリーを保持しておくことは、このように確率の参照クラスを変更する点でも有効であるという（Cosmides & Tooby 1996; Gigerenzer 2000, Ch.4）[5]。

しかし、これらの実験結果や解釈が仮に真実を捉えているとしても、それは人間の推論の合理性についての一体何を示しているのだろうか。人間の条件推論や確率推論が、論理学や確率論に合致しないことには変わりがないのだから、前記の実験結果が記述-規範ギャップを埋めるうえで貢献するとしたら、それは規範の変化を修正するようわれわれに気づかせるからであろう。実際これが、コスミデスとトゥービー、そしてギーゲレンツァーのとる道であり、彼らは意思決定における「限定合理性」を取り込んだ「生態学的合理性」を提案する。

4-2　生態学的合理性

コスミデスとトゥービーは、人間の心は領域特異的な推論機能の集合体であり、それらに共通する一般化された推論規則のようなものは人間の心には存在しないと主張する（Cosmides & Tooby 2007）。ギーゲレンツァーもまた、人間の心には、文脈に応じて活性化される様々な用途の推論機能が含まれていると提案する。人間の心は、いわば「ツールボックス（道具箱）」なのだ。それら推論機能の各々は、活性化されると素早く自動的に実行され、認知的資源を節約するヒューリスティクスであるという（Gigerenzer 2000; 2007）。

そうだとすると、論理学や確率論に合致するような領域一般的な推論規則は、人間が基本的に有していいる推論能力には含まれないということになるだろう。しかし、それゆえ人間の推論能力は不合理なのかというと、彼らによれば全くそうではない。むしろ人間の推論能力が持つ文脈依存性は、社会的場面を含めた生存環境において適応的であり、その点で合理的なのである。論理学や確率論に合致するような、文脈によらず通用可能な領域一般的推論を実行する能力は人間の心には存在しないが、しかし文脈に応じて適切な推論機能を「ツールボックス」から引き出し、その場での問題に対処することができれば十分なのである。彼らはこのような合理性を、「生態学的合理性」と呼ぶ。

人間の推論能力は、標準的構図のもとでは不合理かもしれないが、生態学的な合理性概念のもとでは十分に合理的なのだという。これは、先述の記述-規範ギャップを、まさに規範のほうを修正することによって埋めようとする試みであると言えよう。

生態学的合理性の概念は、ハーバート・サイモンの「限定合理性」の概念を継承したものである。サイモンの提案によれば、人間はその認知・情報・時間において制約されており、古典派経済学が想定するような効用の最大化（maximization）を目指すものではない。むしろ人間は、限定された合理性において、効用の最大化ではなく欲求の満足化（satisficing）を目指すものなのである。このような限定合理性あるいは満足化の概念を、実際の人間心理のメカニズムによって裏打ちしたものが、生態学的合理性だとも言えよう。たとえ領域一般的な推論能力が欠如していても（認知の制約）、領域特異的な推論能力が文脈依存的に発揮されることで、問題は容易に解決される。しかもそれは、その領域特異的なヒューリスティクスという性格上、部分的な情報しか与えられていなくても（情報の制約）、それが適切な入力となるかぎり推論を十分に作動させるし（たとえば人間の確率推論は頻度情報さえ与えられれば適切な答えを導くことができる）、また限られた時間のなかで判断しなければならないときでも（時間の制約）、素早く実行されて速やかに行動へと移される。このように、様々な制約のなかで、たとえ効用を最大化せずとも、自身の欲求をそれなりに満たし環境において生存することを可能にする点で、人間の推論能力は生態学的に合理的なのである。

限定合理性の概念は、利益の確保や欲求の充足にとってどのような行為が適切かという、道具的な次元での合理性概念の一つである。そして生態学的合理性の概念は、それを人間心理によって裏打ちしたものだと言える。しかし生態学的合理性は、このような道具的な次元にとどまらない。興味深いことに、ギーゲレンツァーは、生態学的合理性が認識的な次元にも及ぶと提案している。

これまでヒューリスティクスは、コストが安く、その代わりに正確さを犠牲にする推論として理解されることが多かったが、ギーゲレンツァーとスターム（Gigerenzer & Sturm 2012）によれば、このような理解は実は正しくない。様々な実験的研究が示すところでは、素早く倹約的なヒューリスティクスは、実は真なる信念を生産するうえでも有効なのだという。

たとえば、「再認ヒューリスティクス」を考えよう。再認ヒューリスティクスとは、聞いたことのある選択肢を、他の選択肢に比べ、問題となっている基準に照らして高い価値をもつと考える推論傾向のことである。このヒューリスティクスは、選択肢をなす群において、再認できることと価値があることとの間に高い相関があるときには、結果として正確な判断をもたらす傾向がある。たとえば、誰が勝率の高いテニスプレーヤーかを尋ねられ、すぐさま答えを求められたときには、再認ヒューリスティクスに従って知っているテニスプレーヤーを選択することで、回答者はより正解に近づくことができる。これは、テニスプレーヤーの知名度と勝率との間に高い相関が成立しているからである。このように、適切な文脈においてヒューリスティクスに従うことは、単に迅速な判断をもたらすだけではなく、他の推論戦略に比べて認識的にも合理的な判断をもたらすことがある。こうした場合、ヒューリスティクスは「正確さを犠牲にして容易さをとる（accuracy-effort trade-off）」推論ではなく、「容易さをとることで正確さを増す（less-is-more）」推論となる。このように、生態学的に合理的であることは、道具的な次元での合理性だけではなく、認識的な次元での合理性をも含んだものになるのだという。

ギーゲレンツァーによれば、こうした生態学的合理性が成り立つ範囲は、適応主義が典型的に妥当する場面だけではなく、それをはるかに超えて、通常は抽象的・汎用的な思考が有効であると思われている場面にも及ぶ。このことを印象的に示しているのがギーゲレンツァーたちの挙げている投資の事例である（Gigerenzer & Sturm 2012, 245–6)。ハリー・マーコビッツは、資産運用におけるポートフォリオ作成の一般理論として「平均分散最適化手法」を考案し、その功績によってノーベル経済学賞を受賞した。その手法は、過去の市場データに基づいた複雑な計算を行い、リターン（平均）を最大化し、リスク（分散）を最小化する配分パターンを導き出すことで、複数の投資先への配分における最適化ルールを与えるものである。しかし、マーコビッツは退職後に自分が投資を行うとき、受賞の理由となった自身の理論ではなく、「N個の投資先に等しい額を投資する」という単純なヒューリスティクスに基づいて資産配分を行った。実際、1/N戦略と平均分散ポートフォリオを含めた他の最適化戦略とを比べた研究によれば、過去のデータをすべて無視した単純な戦略であるにもかかわらず、1/N戦略がもっとも高いパフォーマンスをもたらしたという。これは、平均分散最適化手法のような理論的戦略が妥当性を発揮するには、実際の市場はあまりに複雑であり、影響を与える要因が膨大だからである。現実の市場のような不確実性の高い環境においては、しばしば1/N戦略のようなヒューリスティクスの方が有効な戦略となりうるのである。

さて、それでは人間の思考はこういった様々なヒューリスティックな推論機能の束に過ぎないのだろうか。思考の構成要素はそういったものには限られないと考えるのが、次に見る二重プロセスモデルである。

5 二重プロセスモデルから三部分構造モデルへ

前節においてわれわれは、「生態学的合理性」概念に関するギーゲレンツァーの提案を取りあげた。ギーゲレンツァーによれば、ヒューリスティックな推論は、それが適合する特定の文脈において他の推論戦略を上回る合理性を発揮するのであり、そうした特定の文脈においてはヒューリスティックな推論に従うべきである。そして、そうした文脈——ヒューリスティックな推論を利用した方が合理的であるような文脈——はそう思われているよりも実は広範に及ぶのである。そこには、最適化アプローチが有効である典型的な場面であると考えられてきた投資における判断までもが含まれる。

本節では、適応主義的あるいは生態学的な合理性観に対立する立場をとるスタノヴィッチの議論を取りあげる。スタノヴィッチによれば、（ヒューリスティクスやバイアスといった）システム1の働きに合理性の余地を大きく認め、それが優先権をもつべきであると主張することは、システム2によって追求されるべき個人の目的を軽視し、われわれを遺伝子の論理に対して隷属させることにつながる。

さらにスタノヴィッチは、近年、二重プロセスモデルを発展させた「心の三部分構造モデル（the tripartite model of mind）」を提案し、合理性に関する新しい見方を示している。本節では、この三部分構造モデルを批判的に継承し、「メタ合理性」という概念を導入することで、標準的構図における合理性概念と生態学的な合理性概念との調停を図ることを試みる。

5−1　二重プロセスモデル

まずは、二重プロセスモデルに対して必要最低限の特徴づけを行っておこう。二重プロセスモデルは様々な仕方で提唱されてきたが[6]、ここではその代表的な提唱者であるスタノヴィッチのモデル（Stanovich 2004）に焦点を絞って記述していきたい。

二重プロセスモデルによれば、人間の認知的な行動はその性格を異にする二つの処理システムによって特徴づけられる。一つめはしばしば「システム１」と呼ばれるものであり、ヒューリスティクス（をはじめとする簡便さを特徴とする解法）に基づき、自動的に行われ、特定の入力情報に対してのみ駆動する、演算能力をあまり必要としない、並列的な処理様式である。二つめはしばしば「システム２」と呼ばれるものであり、何らかの規則に従って、多くの場合は意識的に行われ、領域非特異的な入力情報を利用する、演算能力への負担の大きい、逐次的な処理様式である。スタノヴィッチはこうした二重プロセスモデルの基本的な枠組みを受け継ぎながらも、次のような点からシステム１とシステム２をそれぞれ再規定している[7]。

スタノヴィッチによれば、システム１は単一のシステムではなく、複数のサブシステムの集合である。そこには、顔認識モジュールや心の理論モジュールなどの生得的で領域特異的なモジュールから、無意識の学習および条件付けという領域非特異的なプロセス、および、感情による自動的な行動制御のプロセスが含まれる。後二者が含まれていることからも明らかなように、スタノヴィッチはしばしばシステム1の要件とみなされる生得性や領域特異性をその要件から外している。代わりにスタノヴィッチがシステム1の必要条件であると考えるのが、認知的な処理の「強制性」と「迅速性」という特徴である。システム1の処理プロセスは、自らにとって有意味な情報が入力された場合、強制的に発動されてそのまま弾道的に進行し、他のプロセスからの介入によって停止させることはできない。これがシステム1の処理に迅速性という特徴を与える。システム1の認知プロセスにおいては、実行すべき処理があらかじめ固定されているため、他のシステムと協調して判断を行う必要がなく、その分、迅速に計算を行うことができるのである。こうした点から、スタノヴィッチは自らの考えるシステム1を（The Autonomous Set of Systems の頭文字をとって）「TASS」と名付ける。それは自動的かつ並列的に働くさまざまなサブシステムの集合である。それぞれのサブシステムはおのおの固有の機能を有しており、その固有の機能を果たすために専門化された処理を行う。

これに対して、スタノヴィッチの考えるシステム2はTASSとは反対の特性によって特徴づけられる。それは、意識的に実行され、逐次的な分析的処理を旨とする、汎用的なシステムである。スタノヴィッチはこのシステム2を「分析的システム」と呼ぶ。この分析的システムの働きはしばしば「実行機能」や「中央制御」という言葉で表現される。しかしスタノヴィッチは、そうした言葉が暗示するように、分析的システムが一極集中型の神経基盤によって実現されているとは考えない。それを担う神経機構はある程度脳内に分散して存在し、ネットワークを形成しつつ分析的処理を行っていると考えられる。また、システム2はしばしば概念を利用した処理であるとみなされるが、スタノヴィッチの考えでは、概念的な処理のすべてが分析的システムによってなされるわけではない。たとえば、社会的・文化的集団に関するステレオタイプ化は、それらの集団に関する概念的な処理でありながら、しばしばTASSによって無意識的に実行される。

5-2 二重プロセスモデルからの生態学的合理性批判

以上のように二重プロセスモデルを特徴づけたうえで、スタノヴィッチは適応主義的な合理性観に対して次のような点から批判を行っている。

第一の批判は、システム1とシステム2の目的はしばしば衝突するのであり、そうした場面ではシステム2に優先権が与えられるべきである、というものである（Stanovich 2004, Chap. 2）。システム1を構成する数多くのサブシステムは、特定の問題を解決するための進化的適応の結果として、ないしは、刺激と反応の関係を高度に学習した結果としてわれわれに備わってきた。これは、過去の進化的環境において、それらが適応上の利益を増大するという「究極目的」を内包するに至ったからである。これに対して、システム2はそうした適応的な利益を越えてわれわれ諸個人の価値観に沿った利益を増大するために働きうる。「生物個体は遺伝子の乗り物にすぎない」というドーキンスの表現を受けて言い換えるならば、システム1は「遺伝子」の目的のために働き、システム2は「乗り物」の目的のために働くのである。システム1が仕えるのは「遺伝子をより多く残す」という目的であるが、乗り物である個体の目的はこうした遺伝子の目的を逸脱しうる。実際、これら二つの目的はしばしば衝突する。たとえば、われわれが甘い食べ物を他の食べ物に増して欲するのは、甘味を好ましいものとする味覚メカニズムの結果であり、そしてそうした味覚メカニズムがわれわれに備わっているのは、おそらく、糖分の多い果実は栄養価も高い状態にあるからである。われわれの祖先は、甘い食べ物に対する好みを優先させるような味覚メカニズムを身につけることで、生存のために必要な栄養素の確保をより効果的に行うことができるようになり、その結果としてより多くの子孫を残しえたのだろう。しかし、こうしたメカニズムは、現代の先進諸国のような社会環境においては、しばしばシステム2の目的実現に対して阻害要因となる。そうした社会環境においては、われわれの祖先が暮らした自然環境とは異なり、甘い食べ物は溢れんばかりに存在している。そして、われわれが健康を目指してダイエットを行おうとするとき、そのTASSサブシステムは悪魔の誘惑としてわれわれを悩ませることになる。同様に、われわれが差別や偏見をなくそうと努めるときにも、性選択の場面でかつて適応的な機能を果たしていた多くのTASSサブシステムが、そうした目的追求の阻害要因として働くことが知られている（Stanovich 2004, 61: 85–6 頁）。このように、システム1を構成するTASSサブシステムは、われわれの価値観に即した目的を実現するうえでむしろ不適切に働きうるのである。

このようなスタノヴィッチの分析からギーゲレンツァーの議論に対して次のような批判を行うことができよう。ギーゲレンツァーが「ツールボックス」に含める様々な推論機能は、システム1における一群のTASSを構成する。それらは、特定の入力内容に特化して、自動的で固定的な一定パターンの判断を出力する推論機能である。たとえば、裏切り者検知を行う社会的推論機能や、頻度フォー

Book review

勁草書房

APRIL
2014

http://www.keisoshobo.co.jp

表示価格には消費税は含まれておりません。

4月の重版

ムーミンの哲学
瀬戸一夫

『ムーミン』の世界にちりばめられた西洋哲学が格闘してきたテーマを拾い出し、哲学が何を問題にしてきたのかを解説する入門書。

四六判上製 272 頁　本体 2800 円
ISBN978-4-326-15363-3　1 版 7 刷

最新教育原理
安彦忠彦・石堂常世 編著

教育学を学ぶ人と教職を志す人のために、基礎的事項をわかりやすく解説しつつ、最新の教育課題も取り上げた「教育原理」のテキスト。

A5 判並製 244 頁　本体 2200 円
ISBN978-4-326-25067-7　1 版 3 刷

社会科学のケース・スタディ
理論形成のための定性的手法
アレキサンダー・ジョージ
アンドリュー・ベネット 著
泉川泰博 訳

優れた事例研究の進め方とは？　社会科学全般で使える標準テキストを完訳！　事例研究による理論の構築と検証の方法を指南する。

A5 判上製 400 頁　本体 4500 円
ISBN978-4-326-30214-7　1 版 3 刷

不確実性下の意思決定理論
イツァーク・ギルボア 著
川越敏司 訳

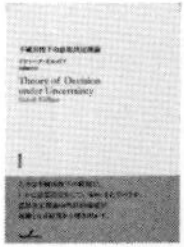

意思決定理論の世界的権威が、「人々は不確実性下の状況で、いかに意思決定をするか、すべきか」、について理論的基礎のもとに考察する。

A5 判上製 320 頁　本体 3800 円
ISBN978-4-326-50391-9　1 版 2 刷

社会を〈モデル〉でみる
数理社会学への招待
数理社会学会 監修

数理社会学の初の

オバマの医療改革
国民皆保険制度への苦闘
天野 拓

増え続ける医療難

グリム童話と魔女
魔女裁判とジェンダーの視点から
野口芳子

A5 判並製 256 頁　本体 2800 円
ISBN978-4-326-60165-3　1 版 6 刷

A5 判上製 368 頁　本体 3800 円
ISBN978-4-326-70079-0　1 版 3 刷

四六判上製 272 頁　本体 2900 円
ISBN978-4-326-85176-8　1 版 5 刷

書評掲載書のご案内

朝日新聞（4月6日）書評掲載

「問い」としての公害
環境社会学者・飯島伸子の思索

友澤悠季

公害が社会問題として意識されはじめた時代を生きた環境社会学者・飯島伸子の軌跡を通じ、「公害」が「環境」学へ変貌を遂げる過程で捨象したものを現在に問い直す。

A5判上製320頁
本体3500円
ISBN978-4-326-60264-3

朝日新聞（4月6日）書評掲載

ジャン=ジャック・ルソーの政治哲学
一般意志・人民主権・共和国

ブリュノ・ベルナルディ／三浦信孝［編］

ルソー研究の泰斗ブリュノ・ベルナルディの論集。厳密なテキスト生成研究でルソーの政治哲学の解釈を刷新する。各章にわかりやすい解題付。

A5判上製232頁
本体3500円
ISBN978-4-326-10229-7

A5 判上製 280 頁　本体 3400 円
ISBN978-4-326-30230-7

A5 判上製 240 頁　本体 3000 円
ISBN978-4-326-34911-1

職業能力開発の経済分析

原ひろみ

職業能力開発を行うことの社会的意義を経済理論的に検討し、自己啓発も含めた日本の職業能力開発の全体像を、計量分析からマクロ的に解き明かす。

A5 判上製 296 頁　本体 3400 円
ISBN978-4-326-50395-7

東アジア液晶パネル産業の発展

韓国・台湾企業の急速キャッチアップと日本企業の対応

赤羽 淳

韓国・台湾企業と日本企業によこたわるキャッチアップの問題を、ミクロレベルのキャッチアップモデルを用いて立体的に解き明かす。

A5 判上製 272 頁　本体 3200 円
ISBN978-4-326-50396-4

コモディティ市場と投資戦略

「金融市場化」の検証

池尾和人・大野早苗 編著

近年になって大きな構造変化（金融市場化）を遂げたコモディティ市場を、主として資産運用（投資家）の観点から多面的な検討を行う。

A5 判上製 328 頁　本体 4000 円
ISBN978-4-326-50397-1

安倍政権の医療・社会保障改革

二木 立

第二次安倍政権の医療・社会保障政策はどこへ向かうのか。最新の資料を用いて複眼的・批判的に分析、そのゆくえを包括的に検討する。

A5 判上製 232 頁　本体 2400 円
ISBN978-4-326-70082-0

マットを入力とする確率推論機能は、そういったサブシステムの一種である。ギーゲレンツァーの合理性主張に従えば、多くの場面において、システム1はシステム2よりも所期の目的を達成するうえでより効果的な解決策を与えてくれる。それゆえ、そうした場面においてはシステム1にしかるべき合理性が認められるべきだということになる。しかし、そこでシステム1により高い合理性が認められるのは、その場面でシステム1とシステム2が目的を共有しているからである。たとえば、将来的な資産を増大するという目的を前提とした場合には、1/Nでポートフォリオを組むというヒューリスティックな戦略の方が、最適化を行うという分析的な戦略よりも合理的でありうる。しかしすでに確認したように、システム1とシステム2が競合するのはこうした場面のみではない。両者の目的は互いに衝突しうるのである。そして、そうした衝突場面でシステム1を優先させることは、システム2の目的——それは遺伝子ではなく乗り物であるわれわれの価値観に沿った目的である——に後塵を拝させるという帰結を招く。

このように、二つのシステムの目的が一致する場面では、両者の道具的合理性——当該の目的を所与とした上で、その目的の達成に対してどれほど優れた貢献をなしうるか——を比較することができるが、目的が食い違う場面ではそうした単純な比較はできない。後者の場面でどちらの目的を優先させるべきかを判断することができるのは、目的それ自体の価値に対する反省的吟味を行うことのできる分析的システムのみである。だとすれば、たとえギーゲレンツァーの議論が成功しているとしても、その有効範囲は彼が想定するよりも狭められなければならないだろう。システム1の推論戦略が生態学的合理性を持つのは、その目的がシステム2の目的と合致しており、かつ、それがシステム2に比べ優れた道具的価値を有していると経験的に認められるときに限られる。われわれが個人の目的を追求する重要な場面（たとえば健康の追求や正義の追求などの場面）において、しばしばシステム1の目的とシステム2の目的は互いに衝突する。[8]そうした場面では、個人の目的を達成するためにシステム2を働かせることが優先されるべきなのである。[9]

第二の批判は、たとえシステム1が過去の進化的環境において生態学的に合理的な反応を行ってきたのだとしても、現代の高度に発達した文明社会は、システム2が専門とする論理学の規則や確率論の法則が重要となるように、われわれの環境を過去の進化的環境から大幅に改変している、というものである（Stanovich 2004, Chap. 4）。スタノヴィッチはこうした現代社会の状況を「情報を脱文脈化しなければならない状況を絶えず生みつづける」（Stanovich 2004, 122 : 174頁）ものとして特徴づけている。TASSサブシステムの多くは外界の現実の状況に依存するかたちで働く。そして、利用しやすい情報（個人的経験から想起しやすい情報や、現在の状況で生じている感情など）を——その情報の関連性や妥当性を吟味することなく——取り込みながら問題解決を志向する。これに対して、分析的システムは外界の現実的状況に対応して即時的な反応を行うのではなく、可能的な状況を表象し、そうした状況を前提とした仮定的思考を行うことができる。またその際に、利用しやすい情報をいったん棚上げし、必要な情報を吟味しながら取り込むことができる。

こうした脱文脈化の能力は、抽象的なルールを適用して行動する場合や、現状を改善するために思考を巡らせる場合など、さまざまな場面において必要とされる認知能力の土台となるものである。現代社会においては、さまざまな職業でこうした脱文脈化の能力が必要とされる。たとえば、小売業に従事する者は、たとえ客が正当な理由もなしにクレームを浴びせてきても、TASSサブシステムが惹起する感情的な反応を抑え、他の客と同様に規則に沿った丁寧な対応を心掛けなければならない。また、電話オペレーターとして従事する者は、膨大な対応マニュアルを念頭に置きながら、パソコンを操作して電話口の顧客に応じた条件推論を展開していかなければならない[10]。こうした場面では、われわれはシステム1による即時的な反応を抑制し、システム2を効果的に働かせなければならないのである。

このように、現代社会はそこで生活する諸個人にさまざまな場面でシステム2を利用した脱文脈化操作を行うよう要求する。それは、抽象的な情報処理や記号操作を行うことが「日常」であり「自然」であるようなレベルにまで、われわれの生存環境を改変してきた結果として実現されたものである。もちろん、こうした社会環境においても、TASSを構成するサブシステムの多くは生活上不可欠なものであり続けている。顔認知や心の理論といったサブシステムを働かせることは日常生活を円滑に行うために欠かすことができない。しかしながら、現代社会において個人の目的を達成するためには、こうしたシステム1の働きのみでは不十分である。社会環境が複雑に発達すればするほど、そこにおいて合理的にふるまうためには、必要に応じてシステム2を効果的に用いることが重要となってくるのである。

以上のように、既存の推論規則に従って行われるシステム2の推論は、われわれ諸個人が自らの価値観に基づいた目的を達成するために不可欠であり、単純にヒューリスティックな推論に任せていればよいわけではない。しかしながら、ギーゲレンツァーが指摘するように、システム2による推論であっても、必ずしもつねに優れた道具的合理性を発揮するわけではない。ときにシステム1に従った方がより良く個人の目的を達成できる場合があるのも事実である。では、われわれは個人の目的を達成するために一体どのように認知的な処理を行うべきなのだろうか。ここで問題となっているのは、それぞれのシステムがもつ道具的合理性とは階層の異なる合理性のあり方である。ここで問われているのがいかなる意味での合理性なのかを明確化するために、スタノヴィッチが近年、二重プロセスモデルをさらに発展させたものとして考案している「心の三部分構造モデル」(Stanovich 2010; 2012)を俎上にのせて検討しよう。

5-3　三部分構造モデル

スタノヴィッチによれば、われわれの心は互いに相互作用する三つの部分から構成されている。すなわち、「自動的精神(autonomous mind)」、「アルゴリズム的精神(algorithmic mind)」、「反省的精神(reflective mind)」である。自動的精神とはシステム1に相当する認知プロセスであり、先ほどのTASSのことである。三部分構造モデルが従来の二重プロセスモデルと異なるのは、もう一方のシステム2を二つの部分に分割した点である。

先述のように、システム1の認知処理は個人の目的にとって好ましくない帰結をもたらす場合がある。こうした場合、システム2はシステム1による反応傾向を抑制し、それが実際の行動になるのを妨げなければならない。そうした抑制に加えて、システム2はシステム1の反応よりも優れた代替案を計算し、それを実際の行動を担うメカニズムへと提供しなければならない。そうした計算は脱文脈化をともなう仮定的推論によって行われる。ここで、システム1による反応傾向の抑制を行い、仮定的な計算処理を開始させる働きを担うのが反省的精神であり、それによって駆動され、実際の計算処理を担うのがアルゴリズム的精神である。アルゴリズム的精神は知能検査によって計測されるような認知能力に対応しており、論理的思考や未知の状況における問題解決を行ういわゆる「流動的知能(fluid intelligence)」のことを指す。これに対して、反省的精神は「合理的思考態度」や「批判的思考態度」に関する測定尺度によって計測される認知能力に対応しており、信念形成や信念改訂に対する認識論的態度、ならびに、自身の目的やそれを達成するための計画に対する調整に関わっている。[11]優れた反省的精神は、決定を下す前に情報を収集しようとしたり、色々な視点から問題を考えようとしたり、証拠に応じて信念の強さを調整したり、将来的な帰結についてじっくりと考えたり、といった「思慮深さ」につながるような思考態度を生みだす。

アルゴリズム的精神と反省的精神は単に概念的に区別されるだけではなく、その神経基盤においても異なる脳内ネットワークに基づいていると考えられる。一方で、アルゴリズム的精神は演繹的推論や帰納的推論などのさまざまな推論を行うことでその機能を果たす。[12]演繹的推論のなかでも、関係的推論(「AよりもBの方が背が高く、BよりもCの方が背が高い。ゆえに、AよりもCの方が背が高い」といった推論)は主に後頭頂皮質における活動と、カテゴリー的推論(「すべてのAはBであり、すべてのBはCである。ゆえに、すべてのAはCである」といった推論)は主に左下前頭回における活動と相関している(Prado *et al.* 2011)。後頭頂皮質は空間情報と、左下前頭回は言語産出と関わりが深く、それゆえ、それぞれの推論は空間処理や言語処理の様式を借りて遂行されていると推定される。また、規則性の把握に関わる帰納的推論は外側前頭前野の活動と相関している（Crescentini *et al.* 2011）。アルゴリズム的精神はこれらの脳部位を含む脳内ネットワーク（そこにはさらにワーキングメモリに関わる前頭前野を中心とした脳機構も含まれるはずである）によって計算処理を行っていると推定される。では、他方の反省的精神はどのような神経ネットワークによって実現されているのだろうか。反省的精神が働くためには、まず、いかなるときにアルゴリズム的精神を駆動させるかに関する判断が必要となる。こうした判断には「メタ認知」のメカニズムが関わっていると考えられる。メタ認知とは「表象に関する表象」を形成することである。たとえばわれわれは、顔認識モジュールが算出したある人物の顔表象が、（「知り合いであれば挨拶をする」といった）特定の習慣的反応を引き起こすために信頼に値するかどうかを、「確信度（confidence）」というかたちでメタ的に表象することができる。そして、確信度が低い場合には、挨拶をすることを控え、相手に近寄って感覚情報の収集を継続するといった判断を下すことができる。このように、TASSサブシステムが行う刺激‐反応の系列に介入し、その反応を抑制させるかどうかを判断するためには、感覚情報や記憶情報、ないしは現在もっている信念や欲求などに関して、その評価を行うメタ表象を形成しなければならない。メタ認知に関する神経科学研究は端緒についたばかりであるが、現在までのいくつかの実験結果によれば、展望的なメタ記憶（これから想起を行う記憶の信頼性に関する判断）には内側前頭前野が、回顧的なメタ記憶（すでに想起を行った記憶の信頼性に関する判断）には外側前頭前野が、そして、確信度に関するメタ認知には前頭極が関わっているという示唆が得られている（c.f. Frith 2012）。また、そうしたメタ認知に基づいて抑制を行う場面では、前頭前野の各部位から自動的精神の働きを担う大脳基底核などへと連絡した投射経路が関わっていると考えられる（Robbins *et al.* 2011）。以上のように、アルゴリズム的精神と反省的精神は部分的に重なりながらも互いに異なる脳内ネットワークを基盤として実現されている。

アルゴリズム的精神と反省的精神は両方とも個人差を許す能力であり、それゆえ、ある個人において、アルゴリズム的精神の測定は高い値を示すが反省的精神の測定は低い値しか示さない場合や、その逆の場合が成立しうる。実際、数多くの研究が示すように、両者のあいだには弱い相関関係しか成り立っていない（Stanovich 2010, 354）。こうした点も両者を別々の能力として措定することに対する動機を与えるものである。

5–4　三部分構造モデルから見た合理性

この三部分構造モデルから合理性という概念はどのように捉えられるだろうか。スタノヴィッチは反省的精神をしばしば「合理性」とも呼んでおり、合理性をもっぱらアルゴリズム的精神と合わせたシステム2に由来するものとして捉えている[13]。しかしながら、後述するように、こうした合理性の理解は、諸個人の目的を実現する上でしばしば自動的精神が果たす重要な役割を等閑に付してしまうことにつながる。それゆえ以下では、三部分構造モデルを前提としながらも、本論独自の視点からそのモデルにおける合理性の構造を分析したい。

まず指摘すべきは、心を構成する三つの部分はそれぞれ独自の仕方で合理性の実現に寄与するという点である。自動的精神とアルゴリズム的精神は、異なる様式において問題解決の手段を与えるために働くサブプロセスであり、目的に応じてさまざまな程度の道具的合理性を発揮する。これに対して反省的精神は、自動的精神とアルゴリズム的精神のいずれを駆動させるかを、主に自動的精神を抑制するというかたちで調整することで、個人がもつ目的に対してもっとも高い道具的合理性を発揮するための認知戦略を実行させることができる。ここで反省的精神が行っているのは、現在の目的構造のなかで上位の目的をより効率的に達成するために、どのサブシステム——サブシステムの各々はそれが備える機能に対して一定の道具的合理性を有する——を駆動させることが有効かということに関する判断である。それゆえ、ここで反省的精神が関わっている合理性を「メタ合理性」と呼ぶことができよう。メタ的な意味で合理的であるためには、単に既存の推論規則にかなったアルゴリズム的精神を働かせるだけでも、また、適応的に合理的な自動的精神を働かせるだけでも不十分である。むしろ、状況に応じてこれらの下位システムを適切に制御することが必要なのである。それに加えて、反省的精神は個人が有する目的それ自体を再帰的にチェックする能力でもあり、単に所期の目的に対して最適な認知戦略を準備するだけではなく、その所期の目的を必要に応じて廃棄したり修正したりすることができる。

こうした論点を踏まえるならば、反省的精神の体現する合理性は二重の意味でメタ的であると言える。

第一に、反省的精神は個人の目的と現在の文脈に合わせてどのサブシステムを駆動するかを調整することで、当該の目的に対してもっとも合理的な認知戦略を実現させることができる。この意味でのメタ合理性は、「道具が合理的であること」と「道具の使用が合理的であること」の区別から理解することができる。個々のサブシステムは特定の文脈において他のサブシステムよりも優れた道具的合理性を発揮する。この点において、それらは合理的な道具である。だが、それらは誤った文脈において発動されるとむしろ目的の達成に対して不利益をもたらす。こうした不合理性は道具自体に起因する不合理ではなく、道具の不適切な使用に起因する不合理性である。われわれは反省的精神を適切に発揮することで後者のタイプの不合理性を避けることができる。こうした意味で、反省的精神は合理的な道具をいかにして合理的に使用するかに関わるメタ的な能力なのである。

第二に、反省的精神は既存の目的に対してサブシステムを塩梅するだけではなく、当該の目的それ自体をも再帰的に調整することができる。この意味でのメタ合理性は、道具や道具使用に関わるものではなく、道具が仕えるところの目的に関わるものである。特にここで重要なのは上位の目的を前提として下位の目的を調整するような場面（たとえば、人生の目標に照らして進学する大学を変更するとき）ではなく、上位の目的それ自体を調整するような場面（たとえば、人生の目標それ自体を反省するとき）である。前者は道具的合理性の枠内に収まるが、後者はそれを超えている。後者においては、単に何らかの上位審級に訴えて目的構造を調整するのではなく、「ノイラートの船」のような仕方で、個人のもつ信念—欲求体系に照らしつつ全体論的に自身の目的構造を調整することが必要である。たとえば、利己的な快楽のみを追求して刹那的に生きてきた者が、ある文学作品との出会いを果たすことで、他者の幸福のために奉仕することの価値に気づいたとしよう。ここでは、その作品経験を経ることで、自身の信念や欲求の在り方が変化を被り、もはや以前のような生き方を継続すべきものとは考えることができなくなった。そして、新たな信念や欲求に合わせ、それらと一貫した目的を立てるに至ったのである。このような点で、第二の意味でのメタ合理性は認識的な意味での合理性を含む概念であると考えられる。認識的合理性には、自らの信念体系がどれだけ真理を反映しているかという側面に加えて、自らの信念体系がどれだけ一貫しているかという側面も含まれる。ここでのメタ合理性は、自らの信念―欲求体系の一貫性を増大するような目的を立てることで果たされるものであり、後者の意味での認識的合理性に強く関わっている。

以上の分析を踏まえ、スタノヴィッチの合理性理解に対してその偏りを指摘しておきたい。スタノヴィッチは、適応主義的な合理性観に対する彼の批判からもうかがえるように、合理的な思考の実現において特にシステム2の働きを重視し、システム1の働きにはさして重きを置いていない[14]。むしろ、スタノヴィッチは自動的精神が反省的精神の設定した目的を脅かす場面に焦点を当て、反省的精神の主要な働きの一つが自動的精神の抑制であることを強調している。しかし、メタ合理性に関するわれわれの分析からすれば、合理性の実現にとって重要なのは、単純に自動的精神を抑制してアルゴリズム的精神を駆動することではなく、むしろ適切な仕方で自動的精神とアルゴリズム的精神の働きを相互調整することである。

ここで合理性にとって自動的精神の働きがいかに重要であるかを理解するためには、エキスパートにおける判断の仕方に着目することが有用である。たとえば、将棋において次の最善の一手を判断するとき、素人は「自分がどの手を指したときに相手がどの手を指してくるか」という条件分岐の系列を意識的に思考し、それぞれの結果を評価したうえでどの一手を指すべきかを選択する。これに対して、プロはこうした意識的な思考を展開せずとも「直観的に」どの手が最善の一手であるかを選択することができる。こうしたプロの直観的判断はほとんど無意識的に行われる自動的なものである。実際、素人が詰め将棋における判断に対して訓練を重ねてゆくにしたがって、習慣の形成に関わる大脳基底核の尾状核が活動を強めることが明らかになっている（Wan *et al.* 2012）。このことは、将棋における専門的な判断の形成は、当初はアルゴリズム的精神で行われていた論理的思考が、徐々に自動的精神における直観的思考へと移行していくことで実現されるということを示唆している。将棋は高度に知的なゲームであるが、そこにおいてより高い技能を発揮するためには、場面に応じてむしろ自動的精神を発揮させることが肝要なのである。もちろん、自動的精神にこのような能力を獲得させるためには、まずは専門的技能の習得を目指す事柄についてアルゴリズム的精神による熟慮を重ねる必要がある。しかし、いったん専門的技能が身に付いたならば、場合によってはむしろ自動的精神を抑制せずにおく方が合理的なのである。

また、以上の考察からはさらに、ギーゲレンツァーに対しても次のような批判を導き出すことができる。先述のように、ギーゲレンツァーはシステム1が文脈に応じてシステム2よりも優れた道具的合理性を発揮できると主張している。では、どのような文脈であればシステム1はそうした合理性を発揮することができるのだろうか。ギーゲレンツァーは投資の事例を手がかりとして、⑴不確実性が一定程度以上に高い場合、⑵競合する選択肢の数が一定以上に多い場合、⑶サンプル数が一定以上に少ない場合には、分析的な推論は役に立たず、ヒューリスティックな推論に頼る方が合理的であると分析している（Gigerenzer and Sturm 2012, 256–8）。しかし、実際の選択場面において、われわれはどうやってその文脈がヒューリスティックな推論に適したものであることを知るのだろうか。それは、まさにギーゲレンツァー自身が論文執筆の過程で行っているように、分析的な推論を働かせることによってである。自動的精神がその道具的合理性を十全に発揮するためには適切な文脈で駆動されなければならず、そのためには現在の文脈が自動的精神とアルゴリズム的精神のいずれを優先的に働かせるべき場面であるかを必要に応じて反省的精神が判断しなければならない[15]。ギーゲレンツァーが提唱する生態学的合理性が実現されるためには、結局のところ、彼がその有効範囲を狭めようとしていた分析的推論の助けを借りなければならないのである。

以上のように、スタノヴィッチの三部分構造モデルは、メタ合理性の実現に寄与する反省的精神にその座を与えることで、生態学的な合理性観と標準的な合理性観を調停する枠組みを提示することを可能とする。もちろん、TASSサブシステムから成る自動的精神に比べ、反省的精神やアルゴリズム的精神はそれらを高い水準で身につけるために多大な努力を要する。われわれの暮らす現代社会は、そうした努力を効率的に行わせるために教育という制度を育んできたとも言える。すなわち、教育制度は、進化的な環境とそこに存在する報酬／懲罰だけでは身につけることができない能力を身につけさせるために、そうした能力に適した学習環境と報酬／懲罰を人工的に設えるための仕組みであると考えられる（たとえば、抽象的思考を要するテストで高い点数を取ることで、周囲の大人から褒められたり、仲間のなかで優越感を得られたり、将来的に高い学歴を得られたりする）。それでもなお、ヒューリスティクスとバイアスに関する諸研究が示すように、たとえ高等教育を受けた者であろうと、多くの被験者は実験での質問に対して一見不合理に見えるような思考を行ってしまう。だが正確に言えば、それは批判的思考を習得することがそれほど容易ではないという事実を示すにすぎないのである。

さて、そうだとすると、人間の思考はその本性において不合理なのだろうか。われわれが出発点としたこの問いへの答えに対しては、簡単にイエスかノーかで答えることはできない。われわれの思考には、標準的構図の観点から合理的と言えるプロセス（アルゴリズム的精神）もあれば、生態学的に合理的と言えるプロセス（自動的精神）も存在する。そして個人としての目的が達成されるようにそれらのプロセスを統御したり、ときには目的自体を調整したりするという仕方で、別の次元での合理性を達成しようとするプロセス（反省的精神）も存在する。このように思考が複合的な構造を持っている限り、そしてそこで関わってくる合理性概念が多様である限り、思考は一般に合理的かどうかという問い自体が不適切かもしれないのである。

6　結語

これまで見てきたように、思考と推論の認知科学においては、陰に陽に、様々な合理性概念が関わってくる。

カーネマンらが主導した推論実験の成果が興味深いのは、論理学や確率論の規則を規範的な推論規則とする合理性観（標準的構図）が前提されるからである。人間の心は標準的構図に合致するような推論規則を含んでおらず、照合バイアスや確証バイアスを受けた条件推論をしたり、連言錯誤を犯したり、基準率を無視して確率推論をしたりしてしまう。

他方でギーゲレンツァーが提唱する「ツールボックス」という推論のモデルでは、人間の心は文脈依存的な推論機能の束を含んでおり、それは入力様式や文脈次第で様々なバイアスを回避できるようになっている。人間の推論の本性がそのようなものである限り、あらゆる文脈で通用する推論といったものは存在せず、むしろ個々の文脈においてうまくやっていけるように推論機能を発揮できれば十分である。そして、そこでの推論の評価は標準的構図に代えて生態学的合理性の観点からなされるべきなのだという。

これに対してスタノヴィッチの二重プロセスモデルあるいは三部分構造モデルからは、生態学的に合理的であるためにも、ツールボックス以上のものを利用せねばならないことが示唆される。一群の文脈依存的な推論機能のうちどれを働かせるべきなのかを考慮したり、あえて文脈依存的な推論から抜け出して抽象的な推論を行ったり、ときにはそもそも推論を働かせることで何をしたいのかという目的の反省的吟味を行ったりすることが必要となり、単純に個々の推論機能を発揮すればよいということにはならない。

思考をめぐる認知科学的研究は、合理性概念なしに進めていくことも、不可能ではないだろう。記述的な作業に徹し、何が合理的な思考や推論であるかは不問にするということも、原理的には可能である（c.f. Elqayam & Evans 2011）。しかし、もしもそういった研究の成果が人間本性についてどのような含意を持つのか、そして人間の認識を改善するうえでどのような役に立つのかを見定めたいのであれば、思考についての規範的な評価が欠かせない。そのためには、そこで関わる合理性概念を明確化するという作業が不可欠であろう。ただし、そのような作業が単一の合理性概念をわれわれに与えてくれるとは限らない。むしろわれわれの手元には、多様な合理性概念、ひいては多元的な認知規範が残されるのかもしれないのだ。

注

（1）事象Aの確率をP(A)と表現し、事象Bが起きたうえでの事象Aの確率（事後確率）をP(A|B)と表現し、事象AとBがともに起こる確率をP(A&B)と表現すれば、一般に次が成立する。

$$P(A\&B)=P(A)\times P(B|A)=P(B)\times P(A|B)$$

よって、

$$P(B|A)=P(B)\times P(A|B)/P(A)$$

また、一般に次が成り立つ。

$$P(A)=P(A|B)\times P(B)+P(A|\neg B)\times P(\neg B)$$

ここで、Aを〈青タクシーを見たという目撃証言〉、Bを〈青タクシーが事故に関わること〉としてみよう。鍵となる二つの情報のうち、街のタクシーの割合の情報から、P(B)=0.15、P(¬B)=0.85である。また目撃者の識別能力に関する情報から、P(A|B)=0.80、P(A|¬B)=0.20である。以上より、今回の問題で求めるべきは、

$$P(B|A)=P(B)\times P(A|B)/\{P(A|B)\times P(B)+P(A|\neg B)\times P(\neg B)\}$$
$$=0.15\times 0.80\ /(0.80\times 0.15+0.20\times 0.85)$$

≒0.41

となる。

（2）スタイン（Stein 1996）も同様に、能力の特定方法と規範の特定方法のズレの観点から、コーエン流の論証の不備を指摘している。彼によれば、能力に含まれる推論規則の特定には、神経科学や進化生物学などの知見が含められるべきだが、規範的な推論規則の特定には、論理学や確率論の知見が含められるべきである。

しかし、なぜ言語と違って推論では広い反照的均衡が用いられるべきなのか、そしてなぜそこでは論理学や確率論の知見が踏まえられるべきなのか、スタインによっては明確にされていない。われわれの考えでは、推論では言語と違って「共有による規範化」が不可能であり、それに代えて推論の目的に関する規範的考察を含む反照的均衡が必要になる。論理学や確率論の知見が踏まえられるべきだとしたら、それはそういった規範的考察に付随するがゆえなのである。

（3）ここでギーゲレンツァーに対しては、次のような批判が投げかけられるかもしれない。頻度主義的な確率観は、規範的な推論規則に合致せず、それゆえギーゲレンツァーの言う通りに頻度主義的な推論機能が人間に備わっていれば、それは人間の推論的な心が不合理であることを示すのではないか。しかし彼にとってはおそらく、推論規則が一般的に規範的なものと見なせるかどうかは重要ではない。むしろ、その推論機能を適切な場面で使用することは（後で述べるような）生態学的な合理性にかなっていると彼は応答できるだろう。

（4）ギーゲレンツァーによれば、リンダ問題での連言錯誤については、さらなる疑いを向けることができるという。ここで関わるのが、グライス（Grice 1975）の会話における「協調原理」である。人は会話において、会話の目的や方向性を踏まえて関連することを発話し、必要十分な情報量を与えなければならない。そしてリンダ問題における設問は、「どちらがより可能性がありそう（probable）か」と尋ねられるが、これを数学的確率として理解するのは、協調原理からすれば不適切である。というのも、銀行員であるほうがフェミニスト銀行員であるより高確率であることは自明の真理であり、それを相手に伝えたところで情報量を増やさないからだ。むしろ被験者は、「probable」を何らかの別の意味で理解したうえで、フェミニスト銀行員であるほうが「probable」だと述べるこ

とで、会話における情報量を増やそうとするのである

しかし、この点は必ずしも明確ではない。ハートヴィヒとギーゲレンツァー（Hertwig & Gigerenzer 1999）は、リンダ問題の被験者において「probable」がどのように理解されているのかを調べるため、その語を被験者にパラフレーズさせた。すると、多くの被験者が数学的確率とは異なる語を与え、また「典型的（typical）」へのパラフレーズも多数派ではなかった（*ibid*, Study1）。被験者は確率推論どころか典型性判断すらしていないことが示唆される。

（5）適応主義的な観点からの議論の不備が網谷（2008）によって指摘されている。また確率推論が自然頻度主義的であることに対する批判としては、Kahneman & Tversky（1996）や Sloman *et al.*（2003）を参照。

（6）たとえば Evans（2010）や Kahneman（2011）を参照。

（7）近年、スタノヴィッチは「システム1／システム2」という呼称に替えて「タイプ1／タイプ2」という呼称を推奨している（Stanovich 2012）。なぜなら、前者は二つの思考様式が脳内においてまったく独立な神経基盤に基づいているという印象を与えてしまうからである。

（8）たとえば、法廷における公平性や正当性を実現しようとするとき、感情に基づくシステム1の判断はしばしばそうした目的の阻害要因となる。原は、裁判員による法的判断に対する嫌悪感情の影響を分析し、嫌悪感情がどのような場合に不合理な道徳的判断を導いてしまうかを考察している（原 2013）。この論考はシステム1とシステム2の衝突をどのように考えるべきかに関して優れた示唆を与えるものである。

（9）ギーゲレンツァーは二重プロセスモデルを批判する意図のもと、ヒューリスティクスは直観的にも熟慮を通じても適用できると論じている（Kruglanski & Gigerenzer 2011）。しかしそうであれば、ヒューリスティクスを熟慮を通じて選択して適用するという働きの重要性は、依然として認められているように思われる。この後の三部分構造モデルからの議論を参照せよ。

（10）これらの対応能力は、最初は規則の意識的な適用として実現されるが、習熟が進むにつれて、TASSの新たなサブタイプの働きとして実現されるようになると考えられる。これは後述する「専門化」という論点につながる。

（11）批判的思考態度とその測定に関しては平山・楠見 2011 を参照。

(12) ただし、演繹的推論や帰納的推論のなかには大きな創意や工夫を必要とするものがある。アルゴリズム的精神のみによって遂行しうるのは、規則の適用によって解決されうるような比較的容易な推論に限られる。

(13) 同様に、アルゴリズム的精神はしばしば「知能（intelligence）」と言い換えられている。

(14) そうした偏りはスタノヴィッチが反省的精神を「合理性」と言い換えていることからも示唆される。

(15) 日常生活の多くの場面では、われわれは特にそうした判断を行うことなく自動的精神に行動を委ね、たいていはそれで問題なく過ごしている。そうした判断が特に必要となるのは、投資先の選択のように、抽象的・汎用的な思考が有効であると思われている場面である。そうした場面のなかには自動的精神に従った方がむしろ利得を高める場合があり、その場合には自動的精神による判断を優先することを反省的精神によって意識的に選択しなければならない。

参考文献

Chomsky, N., 1965. *Aspects of the Theory of Syntax*. Cambridge, MA: The MIT Press.

Cohen, L. J., 1981. 'Can human irrationality be experimentally demonstrated?', *Behavioral and Brain Sciences*, 4: 317–31.

Cosmides, L., 1989. 'The logic of social exchange: Has natural selection shaped how humans reason? Studies with the Wason selection task', *Cognition*, 31: 187–276.

Cosmides L. and Tooby J., 1992. 'Cognitive adaptations for social exchange', in Barkow J. H. et al. (Eds), *The Adapted Mind: Evolutionary Psychology and the Generation of Culture*. Oxford University Press, New York, pp. 163–228.

Cosmides, L., and Tooby, J. 1996. 'Are humans good intuitive statisticians after all? Rethinking some conclusions from the literature on judgment under uncertainty', *Cognition*, 58: 1–73.

Crescentini, C., Seyed-Allaei, S., De Pisapia, N., Jovicich, J., Amati, D., and Shallice, T., 2011. 'Mechanisms of rule acquisition and rule following in inductive reasoning', *Journal of Neuroscience*, 31 (21): 7763–74.

Daniels, M., 1979. 'Wide reflective equilibrium and theory acceptance in ethics', *Journal of Philosophy*, 76: 256–82.

Davidson, D., 1980. *Essays on Actions and Events*. Oxford: Clarendon Press.（ドナルド・デイヴィドソン『行為と出来事』服部裕幸・柴田正良訳、勁草書房、一九九〇年）

Dennett, D., 1987. *The Intentional Stance*. Cambridge, MA: The MIT Press.（ダニエル・デネット『志向姿勢の哲学』若島正・河田学訳、白揚社、一九九六年）

Eddy, D. M., 1982. 'Probabilistic reasoning in clinical medicine: Problems and opportunities', in D. Kahneman, P. Slovic, and A. Tversky (eds.), *Judgment under Uncertainty: Heuristics and Biases*, England: Cambridge University Press, 249–267.

Elqayam, S. and Evans, J. S. B. T., 2011. 'Subtracting "ought" from "is": Descriptivism versus normativism in the study of human thinking', *Behavioral and Brain Sciences* 34（5）: 233–248.

Evans, J. S. B. T., 2010. *Thinking Twice: Two Minds in One Brain*, Oxford; Oxford University Press.

Evans, J. S. B. T. and Lynch, J. S., 1973. 'Matching bias in the selection task', *British journal of Psychology*, 64（3）: 391–397.

Fodor, J., 1983. *The Modularity of Mind*. Cambridge, MA: The MIT Press.（ジェリー・フォーダー『精神のモジュール形式』伊藤笏康・信原幸弘訳、産業図書、一九八五年）

Frith, C. D., 2012. 'The role of metacognition in human social interactions', *Philosophical Transactions of the Royal Society B: Biological Sciences*, 367（1599）: 2213–23.

Gigerenzer, G., 2000. *Adaptive Thinking: Rationality in the Real World*. Oxford: Oxford University Press.

Gigernzer, G., 2007. *Gut Feelings: The Intelligence of the Unconscious*. New York: Viking Press.（ゲルト・ギーゲレンツァー『なぜ直感の方が上手くいくのか?——「無意識の知性」が決めている』小松淳子訳、インターシフト、二〇一〇年）

Gigerenzer, G. and Hug, K., 1992. 'Domain-specific reasoning: Social contracts, cheating, and perspective change', *Cognition*, 43: 127–71.

Gigerenzer, G. and Sturm, T., 2012. 'How (far) can rationality be naturalized?', *Synthese*, 187: 243–68.

Grice, P., 1975. 'Logic and conversation', in P. Cole and J. L. Morgan (eds.), *Syntax and Semantics 3: Speech Acts*, pp. 41–58.

Griggs, R. A. and Cox, J. R., 1982. 'The elusive thematic-materials effect in Wason's selection task', *British Journal of Psychology*, 73: 407–420.

Hertwig, R. and Gigerenzer, G., 1999. 'The 'conjunction fallacy' revisited: How intelligent inferences look like reasoning errors', *Journal of Behavioral Decision Making*, 12: 275–305.

Johnson-Laird, P. N., and Wason, P. C., 1970. 'A theoretical analysis of insight into a reasoning task', *Cognitive Psychology*, 1: 134–148.

Kahneman, D., 2011. *Thinking, Fast and Slow*, New York: Farrar, Straus and Giroux.（ダニエル・カーネマン『ファスト&スロー——あなたの意思はどのように決まるか?（上・下）』村井章子訳、早川書房、2012年）

Kahneman, D. and Tversky, A., 1972. 'Subjective probability: A judgment of representativeness', *Cognitive Psychology*, 3: 430–54.

Kahneman, D. and Tversky, A., 1982. 'On the study of statistical intuitions', *Cognition*, 11: 123–41.

Kahneman, D. and Tversky, A., 1996. 'On the reality of cognitive illusions', *Psychological Review*, 103: 582–591.

Kruglanski, A. W. and Gigerenzer, G., 2011. 'Intuitive and deliberate judgments are based on common principles', *Psychological Review*, 118 (1): 97–109.

Nisbett, R. B. and Borgida, E., 1975. 'Attribution and the psychology of prediction', *Journal of Personal and Social Psychology*, 32: 932–43.

Prado, J., Chadha, A., and Booth, J. R., 2011. 'The brain network for deductive reasoning: a quantitative meta-analysis of 28 neuroimaging studies', *Journal of Cognitive Neuroscience*, 23 (11): 3483–97.

Rawls, J., 1971. *A Theory of Justice*. Cambridge MA: Harvard University Press.（ジョン・ロールズ『正義論』

川本隆・福間聡・神島裕子訳、紀伊国屋書店、二〇一〇年）

Robbins, T. W., Gillan, C. M., Smith, D. G., de Wit, S., and Ersche, K. D., 2012. 'Neurocognitive endophenotypes of impulsivity and compulsivity: towards dimensional psychiatry', *Trends in Cognitive Sciences*, 16（1）: 81–91.

Sloman, S. A., Over, D., Slovak, L., and Stibel, J. M., 2003. 'Frequency illusions and other fallacies', *Organizational Behavior and Human Decision Processes*, 91: 296–309.

Stanovich, K. E., 2004. *The Robot's Rebellion: Finding Meaning the Age of Darwin*. Chicago, IL: University of Chicago Press.（キース・スタノヴィッチ『心は遺伝子の論理で決まるのか』椋田直子訳、みすず書房、二〇〇八年）

Stanovich, K. E., 2010. *Rationality and the Reflective Mind*, Oxford: Oxford University Press.

Stanovich, K. E., 2012. 'On the distinction between rationality and intelligence: Implications for understanding individual differences in reasoning', in Holyoak, K. J. and Morrison, R. G.（eds.）, *The Oxford Handbook of Thinking and Reasoning*: 433–55.

Stanovich, K. E., & West, R. F., 2000. 'Individual differences in reasoning: Implications for the rationality debate?', *Behavioral and Brain Sciences*, 23（5）: 645–65.

Stein, E., 1996. *Without Good Reason: The Rationality Debate in Philosophy and Cognitive Science, Oxford: Clarendon.*

Tooby J. and Cosmides L., 1992. 'The psychological foundations of culture', in Barkow J. H. et al.（eds.）, *The Adapted Mind: Evolutionary Psychology and the Generation of Culture*. Oxford University Press, New York, pp. 19–136.

Tversky, A. and Kahneman, D., 1980. 'Causal schemas in judgments under uncertainty', in M. Fishbein（ed.）, *Progress in socialpsychology*, Hillsdale, NJ: Erlbaum, 49–72.

Tversky, A. and Kahneman, D., 1982. 'Judgments of and by repersentativeness', in D. Kahneman, P. Slovic, and A. Tversky (eds.). *Judgment under Uncertainty: Heuristics and Biases*. New York: Cambridge University Press, 84–98.

Tversky, A. and Kahneman, D., 1983. 'Extensional versus intuitive reasoning: The conjunction fallacy in probability judgment', *Psychological Review*, 90: 293–315.

Wan, X., Takano, D., Asamizuya, T., Suzuki, C., Ueno, K., Cheng, K., Ito, T., Tanaka, K., 2012, 'Developing intuition: neural correlates of cognitive-skill learning in caudate nucleus', *The Journal of Neuroscience*, 32 (48): 17492–501.

Wason, P. C., 1966. 'Reasoning', in B. Foss (ed.), *New Horizons in Psychology*, Harmonsworth, England: Penguin, pp. 135–51

網谷祐一（2008）「頻度仮説と進化からの論拠」『科学哲学』41（1）: 79–94.

原塑（2013）「刑法における嫌悪感情の役割と社会脳――リーガル・モラリズムと嫌悪感情」『道徳の神経哲学――神経倫理からみた社会意識の形成（社会脳シリーズ2）』苧坂直行編、新曜社、183–217.

平山るみ・楠見孝（2011）「批判的思考の測定――どのように測定し評価できるか」『批判的思考を育む――学士力と社会人基礎力の基盤形成』楠見孝・子安増生・道田泰司編、有斐閣、110–138.

＊二人の著者は本章の執筆に等しく貢献している。

II　メタ認知の本性

第4章　自己知と自己認知

金杉武司

1　はじめに

われわれは通常、自分がどのような心的状態にあるかを知ることができるだけでなく、他者がどのような心的状態にあるかも知ることができると考えられる。しかし同時に、自分の心的状態についての知識（自己知）ないし認知（自己認知）には、他者の心的状態についての知識（他者知）ないし認知（他者認知）にはない、いくつかの特徴があるとも考えられる(1)。まずわれわれは、主体がどのような心的状態にあるかは主体自身が最もよく知っている、という意味での「一人称権威」を認める。つまり自己認知には、他者認知にない特別な確実性があるということである。そして、このように自己認知に他者認知にはない確実性があるのは、自己認知には他者認知にない直接性という特徴もあるからだと考えられる。これはつまり、他者認知の場合には解釈を介す必要があり、またその認知に確実性は認められないのに対して、自己認知は、そのような解釈（自己解釈）を介すことなく直に得ることができ、そのような場合には確実性も認められるということである。

ところで人は、自分に自己知（自己認知）があることを、たとえば「自分は夕方に雨が降ると信じている」とか「自分は痛みを感じている」というように、自らに心的状態を帰属させる判断（自己帰属判断）を表明することによって示すことができる。これらの自己帰属判断の表明は、その判断主体が、自分は夕方に雨が降ると信じているという内容の信念や、自分は痛みを感じているという内容の信念を持つことを示していて、このような自らに心的状態を帰属させる信念（自己帰属信念）が知識として認められる場合には、その判断主体に自己知があると認められるのである。これは、他者知（他者認知）に関しても同様である。人は、他者Xについて「Xは夕方に雨が降ると信じている」といった他者帰属判断を表明することによって、自分が、Xは夕方に雨が降ると信じているという内容の他者帰属信念を持つことを示すことができ、その他者帰属信念が知識として認められる場合には、その人に他者知があると認められるのである。これは、人が自己帰属判断や他者帰属判断を実際に表明したときにのみ、自己知や他者知が認められるということではない。人に自己知や他者知があるとは、問われれば（あるいは自問すれば）適切な自己帰属判断や他者帰属判断を表明することができるということである。このように判断を表明することができるのであれば、適切な自己帰属信念や他者帰属信念が形成されていると言うことができるからである。そして、自己認知に他者認知にはない直接性や確実性があるということは、人は自己帰属信念を直接的に（解釈を介すことなく）確実に形成することができるが、他者帰属信念を直接的に確実に形成することはできないということに他ならない。

それでは、なぜこのような特徴を持つ自己知が成立するのだろうか。この問題に対しては、これまでさまざまな説明が提案されてきた。本章では、これらの説明を概観し、それらの妥当性を比較する。

このように自己知について考察することにはどのような意義があるのだろうか。まず、自己知は特殊な知識だと考えられるがゆえに、それ自体として考察に値する。しかし、自己知について考察する意義はそれだけではない。自己知について考察することは、心や自己（主体）とは何かを理解するうえでも非常に重要なことである。なぜなら、自己知という現象がどのように説明できるかによって、心や自己という存在がどのように理解できるかが変わってくると考えられるからである。自己知の説明の根底には、心や自己についての理解がある。それゆえ、さまざまな自己知の説明を比較し、その妥当性を検討することは、その根底にあるさまざまな心や自己の理解を比較し、その妥当性を検討することに結びつく、射程の非常に大きな問題なのである。

以下では、まず2節において、自己知がどのように特殊であるのかについてもう少し詳しく見たうえで、続く3節以降において、さまざまな自己知の説明を概観し、その妥当性を検討していく。3節と4節ではそれぞれ面識説と内的知覚説について見る。これらの説明は、自己知の特殊性を「内観」と呼ばれる特殊な観察の能力によって説明しようとする点で共通するが、その内観の理解において見解を異にする。5節では、その面識説と内的知覚説の対立が、知覚や感覚の特徴である現象的意識の問題における対立に帰着するということを明らかにする。6節では、命題的態度の自己知に関して、そもそも特殊性があるということを否定する自己解釈説について見る。これに対して7節では、あくまでも命題的態度の自己知の特殊性を肯定し、それを主体の合理性やコミットメントという観点から説明しようとする合理性説について見る。そして、最後に8節では、さまざまな自己知の説明の根底に、どのような心や自己の理解があるのかを明らかにすることを試みる。

2　直接性と確実性

ここでは前節において確認した自己知の特殊性についてもう少し詳しく見ていこう。前節では、自己認知に他者認知にはない直接性や確実性があるとは、人は自己帰属信念を直接的に確実に形成することができるが、他者帰属信念を直接的に確実に形成することはできないということだと説明された。それでは、自己帰属信念を直接的に確実に形成することができるとは、そして他者帰属信念を直接的に確実に形成することができないとは、どういうことなのだろうか。

まず、他者帰属信念を直接的に形成することができないということから見ていこう。先に見たように、これは、他者帰属信念を形成するには解釈を介す必要があるということである。それでは、そもそも解釈とはどのようなものなのか。われわれは、他者の心的状態を認識しようとするときに解釈を行うが、それはまず他者の行動の観察から始まる。なぜなら、他者の心的状態は直には観察できないと考えられるからである。そしてわれわれは、この観察に基づいて、他者がどのような心的状態にあるのかを推論し、他者に心的状態を帰属させる。たとえば、タクシーに向かって手を振っていた人が、その後に目の前に止まったタクシーに乗り込むのを見て、われわれは、その人が、タクシーを止めたいという欲求と、タクシーに向かって手を振ればタクシーを止めることができるという信念を持っていたのだと推論し、それらの欲求と信念をその人に帰属させる。あるいは、手に針を刺して顔を歪めている人を見て、われわれは、その人に痛みの感覚があると推論し、その痛みの感覚をその人に帰属させる。このような心的状態の帰属が解釈に他ならない。[2] 他者帰属信念を直接的に形成することができないということは、他者帰属信念を形成するには、このような解釈が必要だということである。[3] それに対して、自己帰属信念を直接的に形成することができるということは、自己帰属信念を形成するために、自分の行動の観察に基づいて自分の心的状態を推論する「自己解釈」を行う必要はないということに他ならない。これが、自己認知に他者認知にはない直接性があるということである。

これは、人が間接的に自己帰属信念を形成することはできないということを意味するわけではない。現にわれわれは、自分の過去の心的状態を認識するときには、あるいは、稀にではあるが自分の現在の心的状態を認識するときにも自己解釈を行うことがあるだろう。そして、そのような自己解釈を介した間接的な自己認知には他者認知と同程度の確実性しかないと考えられる。しかし、自己解釈を介さない直接的な自己認知には、他者認知にない確実性があると考えられる。つまり、直接的に形成される自己帰属信念は間接的に形成される他者帰属信念よりも確実だと考えられるのである。

それでは、直接的に形成される自己帰属信念が確実であるとはどういうことなのだろうか。それには二つの側面があると考えられる。まず、ある主体が自分は心的状態Mを持っているという自己帰属信念を直接的に形成するならば、その主体は実際にMを持つと考えられる。たとえば、ある主体が自分は痛みを感じているという自己帰属信念を直接的に形成するならば、その主体は実際にこの痛みの感覚を持つと考えられる。このようにどの自己帰属信念にも誤りがないという特徴を「不可謬性（in-fallibility）」と呼ぶことにしよう。また逆に、ある主体がMを持つときには、その主体は問われれば（あるいは自問すれば）、自分がMを持っているという自己帰属信念を直接的に形成できるとも考えられる。たとえば、ある主体が痛みを感じているときには、その主体は問われれば、自分がその痛みの感覚を持つという信念を直接的に形成できると考えられる。このように自己帰属信念がどの心的状態についても漏れなく形成されるという特徴を「網羅性（exhaustiveness）」と呼ぶことにしよう。このように直接的に形成される自己帰属信念に認められる不可謬性と網羅性はどちらも、解釈を介して形成される他者帰属信念には認められない。ある主体が、他者Xが心的状態Mを持っているという他者帰属信念を、解釈を介して形成するとしても、XがMを持っていないということはよくあることである。同様に、XがMを持つときに、別の主体がXのことをうまく解釈できずに、XがMを持つという他者帰属信念を形成できないということも当然のことながら、よくあることである。このように、直接的に形成される自己帰属信念にだけ以上のような不可謬性と網羅性があるということが、直接的な自己認知に他者認知にはない確実性があるということの内実である。

ただし、自己解釈を介さない直接的な自己認知においても、確実性が完全なものだとは考えられない。ごく常識的なこととして、たとえば人はときに自分が何を欲しているのかを正しく認識できないことがある。これは、自分の欲求についての自己帰属信念を直接的に形成する場合においても同様であるように思われる。しかし、人は自分がどのような心的状態にあるのかをたいていは正しく認識できているとは言えるだろう。自己認知の一人称権威にとって本質的なのは、完全な確実性があることではなく、他者認知よりも確実性に関して劣ることは概ねないということ、つまり、自己認知と他者認知の確実性の間に非対称性があるということなのである。

また、自己知の特殊性が成立すると考えられる心的状態の種類にも制限がある。たとえば感情や気分の認識は、それらの所有者自身よりも他者の方が正確であることがしばしばある。自己知の特殊性が成立するのは、知覚や感覚、そして信念・欲求などの命題的態度に限られると考えられるのである。

さて、以上のような特徴を持つ自己知はなぜ成立するのだろうか。次節からは、この問いに対するさまざまな説明を概観し、その妥当性を検討していこう。

3　面識説

自己知の特殊性は伝統的に、「内観」と呼ばれる特殊な観察の能力によって説明されてきた。通常の観察である知覚は、自分の心の外側にある外界や自他の身体に向けられる観察状態であるのに対して、内観は自分の心の内側にある自分の心的状態に向けられる観察状態だと理解される。またある伝統的な考えによれば、認識対象と認識状態の間に、それらを媒介する因果的な過程があると考えられるかという点でも、内観と知覚には違いがある。知覚では、そのような因果的な媒介過程があると考えられる。たとえば、公園に咲いている花の知覚は、その花を原因とする因果的な過程の結果として生じると考えられる。それに対して内観は、この伝統的な考えによれば、認識対象である心的状態を原因とする因果的過程の結果として生じるものだとは考えられない。認識対象である心的状態は、むしろその認識状態である内観の、さらにはそれに基づく自己帰属信念の少なくとも一部を構成すると考えられる。[4] たとえば痛みの感覚は、その内観やその自己帰属信念の一部を成すと考えられるのである。以下では、このような認識対象と認識状態との構成的な関係を、B・ラッセルの用語を借りて「面識（acquaintance）」と呼び、この面識によって自己知の特殊性を説明しようとする一つの伝統的な考えのことを「面識説」と呼ぶことにしよう。[5]

面識説によれば、内観では認識対象の心的状態がその認識状態の一部を構成するがゆえに、主体は、自己解釈を介することなく自分の心的状態を認識できる。それゆえ、自己認知には直接性がある。そして、このように心的状態を内観できるのは、心的状態の所有者自身に限られる。それゆえ、他者認知は解釈を介す必要があり、他者認知には、自己認知に認められるような直接性が認められないのである。

また面識説によれば、認識対象が認識状態の一部を構成するということは、認識対象に見えと実在のギャップがないことを意味する。たとえば、内観において痛みの感覚があるように思われる（見え）ということは、実際に痛みの感覚がある（実在）ということなのである。これは、知覚の対象とは対照的である。たとえば、公園に花が咲いているように見えても、実際には公園に花は咲いていないということはありうる。なぜなら、知覚では、認識対象と認識状態の間に因果的な媒介過程があるため、公園の花とは異なる原因の結果として、公園に花が咲いているように見えるという知覚が生じることがありうるからである。面識説によれば、内観の認識対象にはこのような見えと実在のギャップが存在しないがゆえに、自己認知には確実性が認められる。他方、他者認知は他者の行動の観察

（知覚）に基づかざるをえない。それゆえ他者認知には、知覚の因果的な媒介過程に起因する誤りの可能性があり、自己認知に認められるような確実性がない。このようにして、自己認知に他者認知にはない確実性があるということが説明される(6)。

以上のような面識説は、しばしばR・デカルトに結びつけられてきた。また、デカルトはしばしば、直接的な自己認知の完全な不可謬性と網羅性を主張する論者として解釈されてきた（cf. Shoemaker 1988, 1994）(7)。もしこの結びつけと解釈が正しいとしたら、面識説は、自己知の特殊性を説明するには強すぎる主張を含んでいると批判されてしまうのではないだろうか。

これに対してB・ガートラーは、面識の関係が、完全な不可謬性や網羅性を含意するわけではないと論じる（Gertler 2011, 5, 125）。ガートラーによれば、内観対象に対する注意が不足すれば、内観においても知覚と同様に誤りや無知が生じうるのである。ただしガートラーは、この不注意による誤りや無知は、知覚における因果的媒介過程に起因する誤りや無知とは別の種類のものであり、その可能性によって直接的な自己認知の確実性が損なわれることはないと言う。

確かに、内観対象に対して注意が不足する可能性が認められるとすれば、内観やそれに基づく自己帰属信念が完全に網羅的であるという帰結は出てこないように思われる。しかし、不可謬性に関してはどうだろうか。面識説は本当に、内観やそれに基づく自己帰属信念にも誤りが生じうると言えるのだろうか。認識状態の一部に認識対象が含まれ、認識対象に見えと実在のギャップがないのだとしたら、誤りの可能性は認められないのではないだろうか。面識説の下では、自己帰属信念が誤るのは、その自己帰属信念が内観ではなく自己解釈に基づく場合に限られるように思われる。そして実際のところ、見えと実在のギャップがないと考えられるものの典型である知覚や感覚、特にそれらが生じているときに意識に現れるクオリア（感覚的な質）に関しては、誤りの可能性は認め難いように思われる。この限りで、知覚や感覚の直接的な自己認知に関しては、完全な不可謬性を主張することが不適切だとは結論できないように思われる。

しかし、問題は命題的態度の場合である。われわれは、命題的態度の自己認知に関しては、それが直接的なものであっても、網羅性と同様に不可謬性も完全には成り立たないと考えるだろう。そして、その命題的態度に関しては、面識説が唱える見えと実在のギャップの不在は当てはまらないように思われる。それは、知覚や感覚におけるクオリアに相当するものが、命題的態度には欠けているように思われるからではないだろうか。この限りにおいて、面識説は命題的態度の自己知の説明としては説得力に欠けるように思われる。しかし、意識に現れるクオリアによって特徴づけられる知覚や感覚の自己知の説明としては、面識説の妥当性を認める余地は十分にあるように思われる。

4　内的知覚説

次に、「内的知覚説」とでも呼ぶべき立場について見てみよう。内的知覚説は、面識説と同様に、自己知の特殊性を内観によって説明しようとする。しかし、内的知覚説は面識説とは異なり、内観には知覚と同様に認識対象と認識状態の間の因果的な媒介過程があると理解する。内的知覚説によれば、内観とは特殊な知覚（内的な知覚）であり、内観やそれに基づく自己帰属信念は、その認識対象である心的状態を原因とする因果的過程において結果として生じるものに他ならないのである。

内的知覚説の代表的な論者であるD・M・アームストロングによれば、この因果的過程は「自己スキャニング」の過程として理解できる。これはつまり、その因果的過程が、認識対象の任意の心的状態が入力されると、最終的に、その心的状態についての認識状態が出力されるような過程として理解可能だということである（Armstrong 1968, ch. 15）。また同じく内的知覚説の代表的論者であるW・G・ライカンによれば、この自己スキャニングの過程には心的状態に向けられる「注意機構」が含まれる（Lycan 1996, ch. 2）。注意機構の働きによって、認識対象の心的状態が検出され、その心的状態が、その認識状態を出力する過程へと入力されるのである。

この因果的過程は、認知科学の領域において、さらに詳細な機構へと分析されている。たとえばS・ニコルズとS・スティッチのモニタリング機構理論（Nichols and Stich 2003, ch. 4）によれば、以上のような因果的過程は、心的状態の内容に対応するさまざまな表象トークンを情報として保有するサブシステム（それらのサブシステムは、「信念ボックス」や「欲求ボックス」などと呼ばれる）に対して、「モニタリング機構」と呼ばれる別のサブシステムが働きかけ、最終的に、新たな情報として「私は〜と信じている」という形式の表象トークンを生み出し、それを再び信念ボックスへと送り込む（それにより、私は〜と信じているという内容の自己帰属信念が形成される）過程として理解される。たとえば、夕方に雨が降るという内容の信念を私が持っているとしよう。この理論によると、これは、「夕方に雨が降る」という表象トークンが、私の信念ボックスに保有されているということに他ならない。私のモニタリング機構は、この「夕方に雨が降る」という表象トークンを特定し、それに基づいて「私は夕方に雨が降ると信じている」という表象トークンを生み出し、それを再び私の信念ボックスに送り込む。こうして最終的に私は、自分は夕方に雨が降ると信じているという自己帰属信念を持つに至るのである。

認知科学は一般に、特定の認知能力をサブシステムへと分解し、さらにそのような分解を、最終的に、脳の単純な機構によって実現可能なサブシステムに至るまで繰り返すことを目標としている。このような分解の諸過程で示されるさまざまなレベルの認知科学理論は、それぞれのレベルにおいて、発達心理学や精神病理学、脳科学といったさまざまな経験的研究による詳細な検証を受ける。内的知覚説がこのような認知科学のある理論と結びつくということは、内的知覚説が、心脳同一説や機能主義といった物理主義と親近性のある考え方だということを示している（もっとも、物理主義を含意するとまでは言えない）。

さて、以上のような内的知覚説によって、自己知の特殊性はどのように説明されるのか。内的知覚説によればまず、内観（たとえば、痛みの感覚の内観）やそれに基づく自己帰属信念（たとえば、自分は痛みを感じているという信念）は、通常の知覚（たとえば、公園の花の知覚）やそれに基づく知覚的信念（たとえば、公園に花が咲いているという信念）と同様に、証拠や推論に基づくことなく形成される。(8) この限りにおいて内的知覚説は、自己認知に他者認知にはない直接性があることを説明できると言えるだろう。

また、この内観や自己帰属信念が形成される因果的過程は、認識対象とその認識状態がたいていは伴って生じる関係にあるという意味で信頼可能な因果的過程だと考えられる。「外在主義」と呼ばれる考え方によれば、この限りにおいて、内観に基づいて形成される自己帰属信念は知識としての身分を保証される。(9) もっとも、この信頼可能な因果的過程は、あくまでも因果的な媒介過程であるがゆえに、通常の知覚の場合と同様に、原因である認識対象と結果である認識状態のどちらか一方のみが生じるということがないわけではない。つまり、内観の因果的媒介過程を実現する機構に機能不全が生じていないとしても、自己認知に誤りや無知が生じることがあるのである。しかしこれは、直接的な自己認知に他者認知と同程度の確実性しかないということではない。他者認知は、他者の行動の観察(知覚)に基づくだけでなく、さらに推論を介することによって得られる。それゆえ他者認知には、直接的な自己認知にはない推論の誤りの可能性がある。また、無知の可能性も同様にして直接的な自己認知の場合よりも多くなる。この限りにおいて内的知覚説は、直接的な自己認知に、他者認知にはない確実性があることを説明できると言えるだろう。

さて、以上のように内的知覚説によれば、直接的な自己認知にも完全な確実性はない。これは、直接的な自己認知に完全な確実性(不可謬性)があると主張する面識説との大きな相違点である。しかし、内的知覚説と面識説の違いはそれに留まらない。以下で説明するように、面識説では、自己認知の直接性や確実性が必然的なものだと考えられるのに対して、内的知覚説では、それらは偶然的なものにすぎないと考えられるのである。

まず先に確認したように、内的知覚説によれば、直接的な自己認知において、自己帰属信念は、信頼可能な因果的過程によって形成される。しかし、この信頼可能な因果的過程は、面識とは異なり、まさに因果的な過程であるがゆえに、それが全く成立していないような可能世界を認めることができる。このような可能世界では、主体は、自分の心的状態を、自己解釈を介して認識しなければならない。これは、自己認知に直接性がないという可能性である。またこれは、自己認知に、解釈を介す他者認知と同程度に、誤りの可能性や無知の可能性があるような可能世界が認められるということでもある。

さらに、内観の因果的媒介過程が脳の機構によって実現されているとするならば、自分の脳を他者の脳と適切に接続させることによって他者の心的状態を内観できるようになるという可能性を、内的知覚説は認めることになるだろう。これは、他者認知が自己認知と同等の直接性や確実性を持つ可能性があるということである。このように、自己認知に他者認知にはない直接性や確実性があるということは、偶然的なこととして理解されるのである。

それに対して面識説では、以上のような可能性は認められない。面識説では、心的状態とその認識状態の関係は構成的なものであるがゆえに、自己認知に直接性や確実性がないような可能世界を認めることはできない。また心的状態を内観できるのは、その心的状態の所有者自身のみだと考えられるがゆえに、他者認知が、自己認知と同等の直接性や確実性を持つような可能世界も認められないのである。

さて、以上のような面識説と内的知覚説とでは、どちらの方が自己知の説明として妥当性が高いだろうか。命題的態度の自己知の説明としては、完全な確実性を主張しない内的知覚説の方が、妥当性が高いと言えるだろう。しかしこれは、命題的態度の自己知の説明として、内的知覚説以上に妥当性の高い説明がないということを意味するわけではない。自己認知の直接性や確実性が必然的なものであるか偶然的なものであるかという問題については大いに議論の余地がある。この点については、7節以降で検討したい。

それでは、知覚や感覚の自己知の説明としてはどうだろうか。これについても簡単に結論を出すことはできない。それは、この問題が、クオリアによって特徴づけられる現象的意識の問題（つまり、いわゆる「意識のハードプロブレム」）に深く関係すると考えられるからである。[10] この点については、次節で考察しよう。

5　自己知と現象的意識

前節で見たように、内的知覚説によれば、命題的態度の自己認知と同様に知覚や感覚の自己認知に関しても、完全な確実性は成立しない。これは内的知覚説が、知覚や感覚とその内観の関係を、以上で見たように因果的過程に媒介されたものとして理解するからである。知覚や感覚の自己認知に関して完全な確実性が成立しないということは、知覚や感覚という心的状態そのものに関して見えと実在のギャップがあるということに他ならない。しかし、それはどういうことなのだろうか。

まず、知覚や感覚を内観するときにわれわれに見えとして現れるものとは何かを考えることから始めよう。知覚や感覚は、それが生じるときにわれわれの意識にクオリアが現れ、それ自身において意識的であるように思われる。それゆえ、これらの心的状態は「現象的に意識的な心的状態」と呼ばれる（以下では「現象的状態」と略記する）。このような現象的状態を内観するときに、われわれに見え

が生じるときには痛みの感覚に特有のクオリアが意識に現れる。そのような痛みの感覚を内観するときに、われわれに見えとして現れてくるのもまた、この痛みの感覚に特有のクオリアではないだろうか。このように、現象的状態の見えを構成するのは、その現象的状態に特有のクオリアであるように思われる。

そうであるとすれば、現象的状態そのものに見えと実在のギャップがあるということは、現象的状態が、それ特有のクオリアで構成される見えには含まれない「隠れた本質」を持ち、それによってその実在性が保証されるということを意味するだろう。[11] それでは、その「隠れた本質」とは何なのだろうか。内的知覚説によれば、それは、現象的状態の内観を結果として生じる信頼可能な因果的過程のなかで、その原因として同定される状態だということである（その因果的過程が脳の機構によって実現されているとすれば、それは何らかの脳状態であることになるだろう）。内的知覚説によれば、内観においてある現象的状態に特有のクオリアの見えが生じるにもかかわらず、その内観が、通常の信頼可能な因果的過程のなかで原因となる状態とは異なる状態を原因として生じているという可能性がある。それゆえ、そのような見え（たとえば、痛みの感覚に特有のクオリアの見え）が生じたとしても、その現象的状態そのもの（痛みの感覚そのもの）が実在するとは限らないのである。また逆に、その見えが生じていないとしても、通常の信頼可能な因果的過程のなかで原因として同定されるその状態は生じているという可能性もある。それゆえ、その見えが生じていないとしても、その現象的状態そのものは実在すると認められる場合があるのである。

このように現象的状態を、その見えには含まれない「隠れた本質」を持つものとして理解する考え方は、哲学的ゾンビの思考可能性からその形而上学的可能性（つまり、単なる思考可能性ではない実際の可能性）は帰結しないという見解の背景にある一つの考え方と一致する。以下ではこの点を説明しよう。

まず哲学的ゾンビとは、現象的状態を持つ主体と同じ物理的状態にありながら、現象的状態を全く持たない主体のことである。現象的意識の問題において、二元論者はしばしば、この哲学的ゾンビの思考可能性からその形而上学的可能性を導出し、物理主義が誤りであることが論証されると主張する。なぜなら、哲学的ゾンビが形而上学的に可能だということは、物理的状態のあり方によって心的状態のあり方が決定されないということを意味するからである。それに対して、物理主義者のなかには、水がH_2Oでないことの思考可能性からその形而上学的可能性が帰結しないのと同様に、哲学的ゾンビの思考可能性からその形而上学的可能性は帰結しないとする論者たちがいる。以下で明らかにしたいのは、現象的状態が「隠れた本質」を持つとする先の見解が、以上の物理主義者たちの見解と一致するということである。

それでは、なぜ思考可能性から形而上学的可能性は帰結しないと考えられるのだろうか。それは次のように説明される（cf. Chalmers 1996, 131–40, 146–9; Kripke 1972）。まず、「水がH_2Oでないことが思考可能だ」ということで意味されているのは、実は、水のように知覚されたときに無色透明無味無臭といった見えが生じる液体が、実際にはH_2Oでなく別の物質（たとえばXYZ）であるという状況が思考可能だということである。そしてそれは、形而上学的にも可能だと考えられる。無色透明無味無臭といった見えが、H_2Oとは異なる物質を原因として生じることは形而上学的に十分に可能だと考えられるからである。しかし、水はH_2Oと同一であり、同一性は必然的であるので、水がH_2Oでないことは形而上学的には不可能である。これは、水というものが、無色透明無味無臭といった見えには含まれない「隠れた本質」（すなわち分子構造）を持つということに他ならない。確かに、われわれは水を、それを知覚したときの見えによってではなく、その分子構造によって同一性が決まるものとして理解している。だからこそ、水がH_2Oでないことの思考可能性からその形而上学的可能性は帰結しないのである。

哲学的ゾンビの思考可能性からその形而上学的可能性が帰結しないということを、以上と同様に理解するということは、現象的状態を、その見えには含まれない「隠れた本質」を持つものとして理解することに他ならない。この理解によれば、哲学的ゾンビが思考可能であるということは、心のなかを内観してもたとえば痛みの感覚に特有のクオリアの見えは生じないが、通常の信頼可能な因果的過程においてそのようなクオリアの内観の原因として同定される状態が生じるということが思考可能だということであり、そしてそれは、形而上学的にも可能だと考えられる。しかし、この理解によれば、そのような原因として同定される状態が生じているにもかかわらず痛みの感覚が生じていないということは形而上学的に不可能である。それは、痛みの感覚の「隠れた本質」がまさに、そのような原因として同定される状態だと考えられるからである[12]。

これに対して、哲学的ゾンビの思考可能性からその形而上学的可能性が帰結すると考える二元論者たちは、たとえば痛みの感覚に特有のクオリアが内観されないにもかかわらず痛みの感覚という現象的状態が生じているなどということはありえないと答える。彼らによれば、それは、痛みの感覚のような現象的状態に「隠れた本質」などはなく、その本質はそれ特有のクオリアに他ならないからである。内観においてある現象的状態に特有のクオリアの見えが生じないとすれば、それだけでその現象的状態の実在性は否定されるのである。

以上の説明が正しいとするならば、現象的状態を見えと実在のギャップがあるものとして理解する内的知覚説は、まさに現象的意識の問題において、哲学的ゾンビの思考可能性からその形而上学的可能性を導出する二元論の論証を物理主義の立場から批判する見解に一致すると言える。他方、面識説は、現象的状態をそのようなギャップがないものとして理解する。これはつまり、現象的状態に「隠れた本質」などなく、その実在性はそれ特有のクオリアの見えによって保証されるということである。それゆえ、面識説が、二元論による哲学的ゾンビの論証を支持する見解に一致するということも言える。このように、知覚や感覚の自己知の説明としての面識説と内的知覚説の対立は、哲学的ゾンビの論証が妥当かどうかという現象的意識の問題での対立に帰着すると考えられる。知覚や感覚の自己知の問題に決着をつけるには、現象的意識の問題を避けて通ることはできないのである。そして、この現象的意識の問題について簡単に結論を出すことはできない。この限りにおいて、知覚や感覚の自己知の説明として面識説と内的知覚説のどちらの方が妥当であるかについても簡単に結論を出すことはできないように思われるのである。

6　自己解釈説

4節で見たように、内的知覚説は、自己認知の直接性と確実性が必然的なものだという見解を否定する。また、直接的な自己認知に完全な確実性があるという見解も否定する。しかし内的知覚説は、自己認知に他者認知にない直接性と確実性があるということそれ自体は認め、それを説明しようとしている。これに対して、命題的態度の自己知に関して、そもそものような特殊性があるということそれ自体を否定する考えもある。それは「自己解釈説」とでも呼ぶべき立場である。本節では、この立場について見ていこう。

自己解釈説によれば、通常われわれが直接的だと考えている自己認知はすべて、実際には自己解釈を介したものに他ならない。つまり、解釈を介した間接的なものだという点で、自己認知と他者認知に本質的な違いはないということである。もっとも、自己解釈と通常の解釈（他者解釈）の間に何の違いもないわけではない。自己解釈は、他者解釈では利用できない証拠を利用できるからである。その証拠とは、主体が自身の内語（inner speech）や心的イメージを内観することによって得られる証拠である。これらの証拠は通常、主体自身にしか観察できないと考えられる。[13] それゆえ他者解釈では、これらの証拠を利用することができないのである。それため、自己解釈を介した自己認知には通常、他者解釈を介した他者認知よりも高い程度の確実性があると考えられる。しかし、自己解釈説によれば、この違いはあくまでも、利用できる証拠の量の違いによるものにすぎない。内語や心的イメージの内観（観察）に基づく推論も解釈であることに変わりはなく、それには、通常の解釈にあるような誤りの可能性がある。それゆえ自己解釈説によれば、命題的態度に関しては、自己認知と他者認知の確実性の間に本質的な違いはないのである。

さらに自己解釈説は、以上の自己解釈がしばしば無意識的に素早く行われると考える。それゆえ一見すると、主体は自己解釈を介することなく自己帰属信念を形成することができるように思われるのである。自己解釈説によれば、これが、命題的態度の直接的な自己認知があると考えられるもとである。しかしそれは、そのような考えが真実を捉えたものだということは意味しないのである。

以上のような自己解釈説は元々、G・ライルやD・C・デネットといった哲学者の見解のうちに見られたものである（Ryle 1949; Dennett 1991）が、近年は、認知科学の領域でも支持を集めている。たとえばP・カルザースは、解釈的感覚アクセス理論（interpretive sensory-access theory）という認知科学理論によって、自己解釈説をより詳細な理論へと分析し、発達心理学や精神病理学などの経験的研究によってその理論を検証することを試みている（Carruthers 2011）。しかし、このような自己解釈説を支持する認知科学理論に対しては、ニコルズとスティッチのモニタリング機構理論のような、内的知覚説と親近性のある認知科学理論からの反論もあり（cf. Nichols and Stich 2003）、さまざまな経験的研究によって果たしてどちらが支持されるのかは現時点で明らかでない。

しかし、経験的研究によって内的知覚説が支持されるにしても自己解釈説が支持されるにしても、認知科学と親近性のある自己知の説明では、自己認知の直接性や確実性が必然的なものだという見解は否定される。果たして、この否定は妥当なのだろうか。命題的態度の自己認知に関して、面識説が主張する完全な確実性は認めないにしても、必然的な直接性や確実性を認めるような考えはないのだろうか。そのような考えの一つに、「合理性説」とでも呼ぶべき立場がある。次節では、自己知のさまざまな説明のうちの最後として、この立場について見ることにしよう。

7　合理性説

7-1　自己知と合理性

合理性説[14]によればまず、命題的態度を持つ主体であるためには合理的な主体でなければならない。合理的な主体であるとは、その主体のさまざまな命題的態度や行動の間に、一方を他方が理に適ったものとするという意味での合理化関係が成り立つということである。この考えの背景には、主体がある命題的態度を持つとは、解釈をすればその主体にその命題的態度が帰属させられるということに他ならないという考えがある。この考えはしばしば「解釈主義」と呼ばれる。そして解釈主義によれば、解釈によって主体に帰属させられる命題的態度とは、行動や他の命題的態度を合理化する命題的態度に他ならない。たとえば、タクシーに向かって手を振っていた人が、その後に目の前に止まったタクシーに乗り込むのを見て、その人に、タクシーを止めたいという欲求と、タクシーに向かって手を振ればタクシーを止めることができるという信念を帰属させるのは、それらの欲求と信念が、タクシーに向かって手を振るという行動を合理化すると考えられるからである。それゆえ解釈主義によれば、命題的態度を持つ主体であるためには、合理的な主体でなければならないのである。

もっとも、ここで要求されている合理性は完全な合理性ではなく、概ねの合理性にすぎない。さまざまな命題的態度や行動が形成する合理化関係のネットワークは複雑なものであるため、他の命題的態度や行動とは合理化関係を成す命題的態度同士の間で一貫性や整合性が欠如するということが局所的にはありうるからである。しかし、そのような一貫性や整合性の局所的な欠如が許容されるのも、その他の部分において概ねの合理性が成立しているからに他ならない。このような概ねの合理性という意味で、主体は「合理的」でなければならないのである。

次に合理性説は、主体が合理的であるためには、命題的態度の自己認知に確実性がなければならないと論じる（cf. Shoemaker 1988, 28–30; 1994, 240）。この議論によれば、合理的主体は、自分の命題的態度が合理性の基準に反しないように新たな命題的態度を形成したり命題的態度を変更したりする「合理的調整」ができなければならない。そしてそのためには、命題的態度の自己認知に確実性がなければならないのである。たとえばある探偵が、Xが犯人であるならばYが共犯者だという信念B1と、実際にXは犯人だという信念B2を持っていたとする。ここで探偵が、Yにアリバイがあることを知り、Yは犯人でないという新たな信念B3を形成したとする。このままでは、探偵は矛盾した複数の信念を持つことになってしまう。合理性を維持するためには、探偵は、B1かB2のいずれかを放棄しなければならないのである。そのためには、自分がどのような信念を持っているかを正しく認識している必要がある。[15] それゆえ、主体が合理的であるためには、命題的態度の自己認知に確実性がなければならないのである。

もっとも、この確実性は完全なものである必要はない。先に見たように、命題的態度を持つ主体に要請される合理性は、概ねの合理性にすぎず、局所的に不合理性が生じる可能性は認められる。そして、そのような局所的な不合理性が認められるということは、その不合理な関係にある一部の命題的態度について主体が無知である可能性や、誤った自己認知が生じる可能性が認められるということに他ならない。

そして、合理性説によれば、命題的態度の自己認知にはこのような確実性が必然的にある。なぜなら、以上の考察において、自己認知の確実性は、主体が命題的態度を持ちうるということの前提条件として要請されているからである（このように、何かの可能性が成立するための前提として要請される条件のことを「超越論的条件」と呼ぶ）。合理性説によれば、主体が命題的態度を持っているにもかかわらず、自己認知の確実性が成立しないという可能性はないのである。

それでは、直接性はどのように説明されるのだろうか。一見する限り、以上の議論には、合理的調整に必要な自己認知が自己解釈を介さずに成立しなければならないという論点は含まれていないように思われる。そして、われわれがそのような自己解釈を常に概ねうまく行うことができる卓越した自己解釈者であると想定することには何ら概念的困難はないように思われる。つまり、以上の議論に従う限りでは、自己認知に確実性がある必要はあるとしても、直接性がある必要はないということになってしまい、自己認知の直接性を説明することができないように思われるのである。

7–2　合理性とコミットメント

しかし、合理性説によれば、合理的調整の議論をそのように理解することは、以下に説明するように誤りである。

まず、主体が合理的調整の対象とする命題的態度とは、その主体にとってコミットメントのある命題的態度である。「コミットメントがある」とはどのようなことか。信念を例にしてこれを説明しよう。Pという内容の信念B(P)に主体のコミットメントがあるとは、主体が「P」の真理性を引き受けているということである。そして、「P」の真理性を引き受けているとは、「P」を前提とする理論的推論や実践的推論を行う用意があるということである[16]。たとえば、人はみな死すべきものだという信念に主体のコミットメントがあるということは、主体に「人はみな死すべきものだ」を前提とする理論的推論や実践的推論を行う用意があるということに他ならない[17]。さて先の例において、探偵が、Yは犯人でないという新たな信念B3を形成したために、Xが犯人であるならばYが共犯者だという信念B1か、実際にXは犯人だという信念B2のいずれかを放棄しなければならなかったのは、探偵が、それらの信念を、以上のような意味で自分のコミットメントのある信念として認識しているからに他ならない。探偵は「Yは犯人でない」の真理性を引き受けている以上、「Xが犯人であるならばYが共犯者だ」と「Xは犯人だ」の両方を前提にして合理的な理論的推論や実践的推論を行うことができないということである。このように、主体が合理的調整の対象とする命題的態度とは、その主体自身のコミットメントのある命題的態度に他ならないのである。

それでは、主体が自己解釈を介して命題的態度を自己帰属させる場合、その命題的態度は、主体自身のコミットメントがある命題的態度だと言えるのだろうか。言えないように思われる。まず、主体が解釈を介してB(P)を他者に帰属させる場合、それにより主体自身が「P」そのものの真理性を引き受けていることにはならない。この場合に主体が引き受けなければならないのは、他者が「P」の真理性を引き受けていることとの真理性だけであり、「P」そのものの真理性ではないからである。それゆえこの場合、B(P)に主体自身のコミットメントはないのである。そして、主体が自己解釈を介してB(P)を自己帰属させる場合も同様に、それにより主体自身が「P」そのものの真理性を引き受けていることにはならない。この場合のB(P)は、主体自身のコミットメントがないという点で他者の信念と同様であり、その意味で、そこではいわば「自己疎外」が生じているのである。

これに対しては、次のような疑問が生じるかもしれない。主体は、自己解釈を介してB(P)を自己帰属させるのだから、自分が「P」の真理性を引き受けていることとの真理性を引き受けなければならないのではないか。そうであるならば、それにより主体は「P」そのものの真理性も引き受けていることになるのではないか。

しかし、それは誤解である。それを説明するためには、まずS・シューメイカーの「誤同定による誤りに対する免疫（immunity）」の議論（Shoemaker 1968）を見る必要がある。この議論によると、観察に基づいて他者Xに何らかの身体状態Qを帰属させる他者帰属判断「XはQだ」（たとえば「Xは右手を挙げている」）には、Qの主体を同定し誤ることによる誤りの可能性がある。それは、この判断が、「誰かがQだ」という判断と「その誰かはXだ」という判断から導出されるものであり、後者の判断において、Qの主体を同定し誤る可能性があるからである。つまり他者Xは、他者帰属判断を生み出す過程で、観察や推論の対象として意識されているのである。それに対して、身体感覚に基づいて自らに何らかの身体状態Qを帰属させる自己帰属判断「私はQだ」（たとえば「私は右手を挙げている」）には、そのような誤りの可能性がない。それは、この判断が、「誰かがQだ」という判断と「その誰かは私だ」という判断に基づくことなく直接的に生み出されるものだからである。他者帰属判断において他者Xは対象として意識されているのに対して、自己帰属判断において私は対象としてではなく、私にとっていわば「透明」な主体として意識されているのである。

先に確認したように、主体が合理的調整の対象とする命題的態度とは、その主体自身のコミットメントのある命題的態度に他ならない。これは、主体が合理的であるためには、主体が自己帰属させる命題的態度、たとえばB(P)に主体自身のコミットメントがなければならないということである。つまり、その主体はその場合、「P」そのものの真理性を引き受けていなければならないのである。しかし、主体がB(P)を自己帰属させるということは、文字通りには、その主体が、自分が「P」の真理性を引き受けていることにすぎない。このときに同時に、主体自身が「P」そのものの真理性を引き受けていなければならないということは、B(P)を自分のコミットメントのある信念として自己帰属させるというときの自分が、主体にとっていわば「透明」な、主体としての自分になっていなければならないということに他ならない。それに対して、自己解釈での「自分」の把握には、他者を解釈する際の他者の把握と同様に誤同定の可能性がある。つまり、自己解釈で捉えられた自分は、まずは解釈において対象として捉えられた誰かであり、主体にとって「透明」な、主体としての自分ではない。それゆえこの場合、主体自身が「P」そのものの真理性を引き受けていることにはならないのである。

以上のようにして、合理性説は、なぜ命題的態度の自己認知が自己解釈を介したものであってはならないのかを説明することができる。合理的調整の議論によれば、主体が合理的であるためには、主体自身のコミットメントのある命題的態度について自己認知の確実性が成立しなければならない。そして、主体自身のコミットメントのある命題的態度について自己認知の確実性が成立するためには、その自己認知は自己解釈を介したものであってはならないのである。このように、自己認知の直接性もまた必然的なものとして説明される。

しかし、以上の説明ではまだ、命題的態度の直接的な自己認知が主体においていかにして可能になっているのかということの内実は明らかでない。そして、これが説明可能でない限り、命題的態度の自己知が知識であることの実質はまだ十分に説明されたとは言えないように思われる。

7−3　透明性手続き

合理性説の代表的な論者であるR・モランは、自己認知の直接性を説明するために、以下に引用するG・エヴァンズの見解に言及する（Moran 2001, 63）。

> 信念を自己帰属させる際、主体の眼はいわば、あるいはときには文字通りに、外界へと向けられる。「あなたは第三次世界大戦が生じると信じているか？」と問われたとき、私はそれに答えるために、「第三次世界大戦は生じるだろうか？」という問いに答えるために眼を向けるのと全く同じ外界の現象に、眼を向けるに違いない。私は、Pかという問いに答えるための手続きを遂行することによって、自分がPと信じているかという問いに答えようとするのである。（Evans

1982, 225)

この見解は、信念の自己認知を説明するために「内観」に訴えていない。この点で、内観によって自己認知を説明しようとする面識説や内的知覚説と大きく異なる。この見解によれば、主体はまず、「あなたはPと信じているか」という問いを「Pか」という問いに変換する。次に主体は、「P」の真理性を引き受けるかどうかを判断するために、Pの証拠を求めて外界に眼を向ける。そしてその判断に基づいて、自分の信念に関する解釈を介すことなく、B(P)を自己帰属させるかどうかを判断するのである。このように解釈を介すことなく信念を自己帰属させることができるのは、その信念が主体自身のコミットメントがある信念だからに他ならない。そして、主体がこのように「あなたはPと信じているか」という自分の信念に関する問いを、「Pか」という信念内容に関する問いに変換するということは、主体自身のコミットメントのある信念を自己帰属させるときには、「私」という主体だけでなく「〜と信じている」という態度もまた、主体にとっていわば「透明化」しているということである。そこで以下では、このような判断の手続きを「透明性手続き」[18]と呼ぶことにしよう。合理性説は、この「透明性手続き」を命題的態度一般に適用することによって、命題的態度の直接的な自己認知の内実を説明できるように思われる。

これに対しては、次のような疑問が生じるかもしれない。主体は透明性手続きにおいて、「P」という判断から直にB(P)を自己帰属させているのではなく、まず「P」という自分の発話ないし内語を観察し、この観察に基づいてB(P)を自己帰属させているのではないだろうか。しかしこれは、自己解釈を介した自己帰属に他ならない。つまり、透明性手続きでは直接的な自己認知の内実を説明できないのではないだろうか。

この疑問に対しては次のように答えたい。主体は、「P」という判断に加えて、自己解釈を介することによってB(P)を自己帰属させているわけではなく、あくまでも「P」という判断から直にB(P)を自己帰属させている。つまり主体は、透明性手続きを、自己認知の対象である命題的態度の内容に関する判断から端的に自己帰属判断を下すという一つの技能知（knowing how）に基づいて行っているのである。

そして、主体がこの技能知に基づいて透明性手続きを行えるということは、主体が、自己帰属させる命題的態度の概念（つまり、「信念」や「欲求」といった概念）を持っているということを示している。実際、たとえばある主体が「P」と判断したにもかかわらず、「自分はPと信じていない」などと判断したとしたら、その主体が合理的で、自分のコミットメントのある命題的態度を持ちうる主体である限り、われわれはその主体が信念の概念を持つとは認めないだろう。つまり、透明性手続きを支えている技能知とは、命題的態度の概念の所有を（部分的に）具現する技能知なのである[19]。

以上の透明性手続きに対してはなおも次のような疑問が生じるかもしれない。本章の冒頭で、人に自己知があるということは、問われれば適切な自己帰属判断を表明することができるということだと論じられた。合理性説の下では、これが、自己知を持つ人は問われれば常にその場で透明性手続きに基づいて自己帰属判断を下すということを意味するのだとしたら、それは自己知の説明として不適切ではないだろうか。人が透明性手続きに基づいて自己帰属判断を下すのは、自己帰属させる命題的態度を新たに形成する場合だけであり、すでに形成されている命題的態度を自己帰属させる場合には、その場で透明性手続きを行うまでもなく自己帰属判断を表明することができるように思われるからである。

　確かに、すでに形成されている命題的態度を自己帰属させる場合には、命題的態度の内容に関する判断、たとえば「P」という判断を下すことなく、直にその命題的態度、たとえばB(P)の自己帰属判断を表明することができるように思われる。しかしこれは、自己帰属判断が透明性手続きに基づくものだということに反するわけではない。透明性手続きにおいてまず「P」という判断を下すことの意味は、それによって「P」の真理性を引き受け、自分のコミットメントを形成することにある。つまり、「P」という判断に基づいて直にB(P)を自己帰属させることができるということの眼目は、「P」と判断することによっていったん「P」の真理性を引き受け、自分のコミットメントを形成したならば、それに基づいて直にB(P)の自己帰属判断を表明することができるということなのである。すでに形成されているB(P)を自己帰属させる場合、そのB(P)が自分のコミットメントのある信念である限り、主体はすでに「P」の真理性を引き受けている。それゆえ、主体は改めて「P」と判断することなく、直にB(P)の自己帰属判断を表明することができるのである。このように透明性手続きの眼目は、ある命題的態度を自分のコミットメントのある命題的態度としていったん形成したならば、その自分のコミットメントに基づいて直にその命題的態度の自己帰属判断を表明することができるということにある。それゆえ、透明性手続きを支える技能知もこの観点から捉え直す必要がある。つまりそれは、自分のコミットメントに基づいて端的に自己帰属判断を表明するという技能知なのである。

以上のように、合理性説は、自己認知の直接性と確実性を必然的なものとして説明することが十分にできるように思われる。それでは、このような合理性説は、それらの必然性を否定する内的知覚説や自己解釈説と比べて妥当性の高い立場だと言えるのだろうか。

8　自己知の説明から心と自己の理解へ

合理性説と、内的知覚説や自己解釈説とのいずれかに軍配を挙げるのは、非常に難しいことであるように思われる。それは、それらの説明の根底にある、心（命題的態度）や自己（主体）についての理解が根本的に異なるものであるが、そのいずれもが、心や自己についての理解としてわれわれのなかに深く根を張ったものであるため、われわれには、一方を選択して他方を放棄するということが簡単にはできないように思われるからである。

それでは、それらの理解とはどのようなものなのか。まず合理性説では、命題的態度は、その所有者や他者によって単にその存在を認識されるだけの対象としてではなく、所有者自身のコミットメントがある存在として捉えられている。これは言い換えれば、主体というものが、自分の命題的態度を合理性の規範に一致させることができたかどうかによって賞賛や非難などの評価を受ける存在として捉えられているということに他ならない。つまり主体は、合理性の規範に対して責任のある自律的存在として捉えられているのである。

一見すると合理性説でも、直接的に命題的態度を自己帰属させる主体ではなく、解釈を介して命題的態度を他者に帰属させる解釈者にとっては、その他者の命題的態度は単にその存在を認識されるだけの対象だと考えられるように思われるかもしれない。なぜなら、解釈者自身にとっては、その他者の命題的態度に自分のコミットメントはないからである。しかし、そのように他者に帰属させられる命題的態度も、あくまでもその他者自身のコミットメントのある対象として他者に帰属させられるという点では、単にその存在を認識されるだけの対象とは異なる。この意味で、合理性説では、解釈者にとっても、命題的態度は単にその存在を認識されるだけの対象ではないのである。

それに対して、自己解釈説では、命題的態度は、その所有者によって単にその存在を認識されるだけの対象として捉えられている。なぜなら、命題的態度はその所有者にとって、自己解釈を介して対象としての自分に帰属させられるものにすぎず、自分のコミットメントのある対象としては捉えられていないからである。そして自己解釈説では、他者に帰属させられる命題的態度がその他者自身のコミットメントのある対象として捉えられているということもない。なぜなら、その命題的態度はその他者自身にとっても、自己解釈を介して対象としての自分に帰属させられるものにすぎないからである。したがって、自己解釈説では、命題的態度は、単にその存在を認識されるだけの対象にすぎない。これは、自己帰属信念に関しても同様である。自己帰属信念もまた、そのような信念として単にその存在を認識されるだけの対象にすぎないのである。そしてこれは、自己解釈説では主体もまた、単にその存在を認識されるだけの受動的な存在として捉えられているということを示している。自己解釈説において、主体はせいぜい、単に存在を認識されるだけのさまざまな命題的態度の集合体ないし、その集合体の枠組みとしてしか理解されないのである。

そして、このような心（命題的態度）と自己（主体）の理解は、内的知覚説におけるそれと一致する。内的知覚説では、心的状態は自己帰属信念を含めて、相互に因果関係を形成する一つの項として認識されるだけである。主体もまた、これらの心的状態の集合体ないし、その集合体の枠組みとしてしか理解されない。主体は、単にその存在を認識されるだけの受動的な存在としてしか捉えられていないのである。

しかし、心や主体がこのように受動的な存在として捉えられるということは、それらが自然科学の実践のなかに自然に組み込まれるような存在だということを意味する。なぜなら、自然科学の実践とは、さまざまな現象を制御することにその眼目を置いた実践だと考えられるからである。現象を制御するとは、その現象を人為的に生起させたり、その現象が生起するのを阻止したりするということである。自然科学が、法則に基づいて現象を厳密に予測しようとするのは、まさに自然科学の実践が、このような現象の制御という眼目を持つ実践だからだと言えるだろう。心や主体が以上のように受動的存在として捉えられるということはまさに、それらがこのような制御の対象として自然に理解されるということに他ならない。

それに対して、主体を合理性の規範に対して責任のある自律的存在として捉えるという実践（以下ではこれを「規範的実践」と呼ぶことにする）は、現象の制御に眼目を置いてはいない。その眼目は、先にも見たように、主体が自分の命題的態度を合理性の規範に一致させることができたかどうかによって、その主体を賞賛したり非難したりすることにある。このような賞賛や非難という社会的な実践を成り立たせる土台として、われわれは、自己認知や他者認知において規範的実践を行っているのである。[20]

先に、合理性説と、内的知覚説や自己解釈説の根底にある心（命題的態度）や自己（主体）の理解が、われわれのなかに深く根を張っているように思われると述べたが、これは、以上のような自然科学的な実践と規範的な実践のどちらもが、異なる眼目を持つ実践としてわれわれの生活のなかに深く根を張り、もはや簡単には放棄できないものになっているように思われるということである。もしそうであるならば、たとえ規範的な実践が、自然科学的な実践と相容れないものであるとしても、その実践において理解されているような心や自己の存在を否定すべきではないように思われる。心や自己とはさまざまな実践の中でその実在性が認められる多面的な存在なのであり、われわれは、それらの実践を明確に区別し整理したうえで、その多面性をそのまま受け止めるべきなのではないだろうか。[21]

注

（1）本章では、「知識」としての身分を持つとは限らないような認識一般を指す場合には、「認知」「認識」を用い、それらを「知識（知）」と区別する。

（2）通常「解釈」は、合理化関係に基づく命題的態度の帰属を指す用語として使用されるが、ここでは、必ずしも合理化関係に基づくとは考えられない知覚や感覚の帰属をも指す用語として使用する。

（3）これは、他者帰属判断を表明するときには常に、このような解釈を介しているということではない。一度、解釈を介してある他者帰属信念を形成した主体は、その後に記憶に基づいて、その他者帰属信念を示す他者帰属判断を、解釈を介すことなく表明することができると考えられる。

（4） 内観と自己帰属信念の関係を明らかにするには詳細な考察が必要であり、本章でそれを十分に行うことはできない。しかし、認識対象が内観だけでなく自己帰属信念の一部をも構成するのだとすれば、少なくとも、内観と自己帰属信念の関係を因果的過程に媒介されたものとして理解することはできないということは言えるだろう。

（5） この命名は、B・ガートラー（Gertler 2011）に倣っている。また、本節での面識説の説明も多くの点でガートラーの説明（Gertler 2011）に依拠している。ガートラーは、現代の面識説の論考として、BonJour 2003; Chalmers 2003; Levine 2006 などを挙げている。

（6） 以上の面識説による確実性の説明は、直接的な自己認知の不可謬性についての説明である。それに対して網羅性は、面識説においてしばしば、心的状態が自己告知的（self-intimate）であるという前提に基づいて説明される。心的状態が自己告知的であるとは、心的状態には自らの存在をその所有者に知らしめる性質があるということである。しかし、そのように心的状態の自己告知性を前提することは、ほとんど自己認知の網羅性を前提するに等しく、「説明」とは言えないようにも思われる。

（7） デカルトに関するこの解釈が正しいかどうかはここでは問わない。

（8） アームストロングを初めとする内的知覚説の論者の多くは、通常の知覚とは知覚対象を原因とする因果的過程の結果として生じる「知覚的信念の獲得」のことであり、知覚と知覚的信念の間に因果的過程があるわけではないと考える（cf. Armstrong 1968, ch. 15）。そして彼らの内的知覚説では、内観も同様に、心的状態を原因とする因果的過程の結果として生じる「自己帰属信念の獲得」として理解され、内観と自己帰属信念の間にも因果的過程があるとは考えられない。これに対して、知覚や内観そのものを問題の因果的過程の結果として生じる状態として理解し、それらを原因として知覚的信念や自己帰属信念が生じると考える内的知覚説もありうる。しかし、いずれにしても、通常の知覚と知覚的信念が生じる過程や、内観と自己帰属信念が生じる過程に、証拠に基づく推論が含まれているようには思われないということは言えるだろう。

（9） 外在主義的な知識観については、戸田山（2002）にわかりやすい説明がある。

（10） ガートラーは、自己知の問題を現象的意識の問題と切り離して考えるべきだとしている（Gertler 2011, 160）。

確かに自己知の問題とは、第一義的には、心的状態についての意識、つまりアクセス意識に関する問題である。しかし次節で見るように、知覚や感覚についてのアクセス意識を説明するためには、知覚や感覚のように、クオリアが意識に現れ、それ自身において意識的であるように思われる心的状態の物理的還元可能性の問題、つまり現象的意識の問題を避けて通ることはできないように思われる。

(11) 現象的状態に見えと実在のギャップがあるということは、現象的状態がその見えには含まれない（つまり、それ特有のクオリアとは別のものとして）「隠れた本質」を持ち、それによってその現象的状態の実在性が保証されるということではなく、そのクオリアそのものがその見えには含まれない「隠れた本質」を持ち、それによってそのクオリアそのものの実在性と現象的状態の実在性がともに保証されるということだと考える選択肢もある。つまり、クオリアそのものに見えと実在のギャップがあるということである。しかし、そのように考えたとしても、以下の議論に支障はない。以下の議論にとっての眼目は、内的知覚説によれば、現象的状態であれ、それに特有のクオリアそのものであれ、その実在性が、見えには含まれない「隠れた本質」によって保証されると考えられるという点にある。

(12) 注11に示したように、クオリアそのものに見えと実在のギャップがあると考える場合には、以上の説明における「痛みの感覚」をすべて「痛みの感覚に特有のクオリア」に置き換えて理解されたい。

(13) 自己解釈説は、これらの対象が内観可能であることは認める。しかし、命題的態度に関しては、あくまでも内観可能であることを認めない。

(14) この立場を代表する論考としては、Shoemaker 1988, 1994; Burge 1996; Moran 2001 などを挙げることができる。厳密に言えば、これらの論考にはさまざまな相違点がある。しかし、それらの考えには、「合理性」や「コミットメント」という規範的な概念を通して自己知を理解しようとしているという共通点がある。7節では、これらの論考に見られるさまざまな論点を組み合わせることによって、一つの合理性説を構成している。

(15) 合理的調整を行うためには、命題的態度の内容だけでなく態度の種類も知っている必要がある。なぜなら、信念の内容に矛盾があるからこそ、その矛盾を解消する必要があるのであり、欲求の内容に矛盾がある場合には必ずしもその必要がないからである。

(16)「P」を前提とする推論とは、「P」を単に仮定とする推論とは異なり、あくまでも「P」の真理性を引き受けたうえで、そこから帰結を導き出すことである。また、「推論を行う用意がある」とは、単に推論を行う傾向があるというだけではなく、実際に推論を行おうとしないときには批判を受け入れる用意があるということをも意味する。

(17) 欲求に関して言うと、Pという内容の欲求D(P)に主体のコミットメントがあるとは、主体が、Pを実現する任意の事態のある観点から見る限りでの望ましさ（つまり、その事態がある観点から見る限りでは実現されるべきものであること）を引き受けているということであり、これは主体に、Pを実現する任意の事態のある観点から見る限りでの望ましさを前提とする実践的推論を行う用意があるということである。

(18) 欲求に関する透明性手続きでは、主体は、Pを実現する任意の事態のある観点から見る限りでの望ましさを引き受けるかどうかに関する判断に基づいて、D(P)を自己帰属させるかどうかを判断すると考えられる。

(19) 命題的態度の概念を十分に所有していると言えるためには、透明性手続きを行う能力だけでなく、他者に命題的態度を帰属させる能力も所有している必要があるだろう。

(20) これに対しては、次のような疑問があるかもしれない。主体は、規範的実践において、合理性の規範に対して責任のある自律的存在として自らを捉えたり、他者から捉えられたりすることによって、自らの命題的態度や行動を合理性の規範に一致させるように促される。これは、規範的実践のなかでも、主体が制御の対象として理解されているということではないだろうか。つまり、規範的実践の眼目もまた、この意味で現象の制御にあると言ってよいのではないだろうか。確かに、規範的実践において主体を以上のように促す力が働いていることは否定できない。しかし、それは、規範的実践の眼目が現象の制御にあるということを意味するわけではない。もし規範的実践の眼目が主体の制御にあるとしたら、われわれは主体を厳密に制御すべく、合理性の規範の法則化を目指すだろう。そして、もしその法則化が実現しなかったとしたら、われわれは規範的実践を放棄し、それに代わる、何らかの法則に基づく自然科学的実践によって主体を厳密に制御しようとするだろう。しかし、実際には、たとえ合理性の規範が法則化できないものだとしても、われわれが規範的実践を放棄することはないように思われる。それは、規範的実践の眼目がそもそも主体の制御にあるわけではないからである。仮に合理性の規範が法則化可能だとすれば、規範的実践は主体の制御においても有効な実践であることになるだろう。しかしそれも、規範的実践がたまたま法則化可能でもあった結果として主体の制御に活用できるということにすぎない。規範的実践の眼目は、あくまでも賞賛や非難という社会的実践の土台を形成することなのである。法則化可能であるとはどういうことかという問題や、合理性の規範は法則化可能かという問題、そしてそれらと規範的実践の眼目の関係については、金杉（2004）を参照されたい。

(21) あるいは、それらの異なる側面から捉えられた心や自己を異なる存在者として区別して扱うべきだというのが、より適切な考え方であるかもしれない。

参考文献（※再録表示を付した文献の場合、本章で示した参照頁は再録版による）

Armstrong, D. M., 1968, *A Materialist Theory of the Mind*, London: Routledge & Kegan Paul.（D・M・アームストロング『心の唯物論』鈴木登訳、勁草書房、一九九六年）

BonJour, L., 2003, Back to Foundationalism, in L. BonJour and E. Sosa, *Epistemic Justification: Internalism vs. Externalism, Foundations vs. Virtues*, Malden, MA.: Blackwell, 60–76.

Burge, T., 1996, Our Entitlement to Self-Knowledge, *Proceedings of the Aristotelian Society* 96, pp. 91–116

Carruthers, P., 2011, *The Opacity of Mind: An Integrated Theory of Self-Knowledge*, Oxford: Oxford University Press.

Chalmers, D. J., 1996, *The Conscious Mind*: In Search of a Fundamental Theory, Oxford: Oxford University Press.（デイヴィッド・J・チャーマーズ『意識する心——脳と精神の根本理論を求めて』林一訳、白揚社、二〇〇一年）

Chalmers, D. J., 2003, The Content and Epistemology of Phenomenal Belief, in Q. Smith and A. Jokic eds., *Consciousness: New Philosophical Perspectives*, Oxford: Oxford University Press, 220–72.

Dennett, D. C., 1991, *Consciousness Explained*, Boston: Little, Brown & Co.（ダニエル・C・デネット『解明される意識』山口泰司訳、青土社、一九九七年）

Evans, G., 1982, *The Varieties of Reference*, J. McDowell ed., Oxford: Oxford University Press.

Gertler, B., 2011, *Self-Knowledge*, New York: Routledge.

Kripke, S., 1972, *Naming and Necessity*, Malden, MA.: Blackwell.（ソール・A・クリプキ『名指しと必然性——様相の形而上学と心身問題』八木沢敬・野家啓一訳、産業図書、一九八五年）

Levine, J., 2006, Phenomenal Concepts and the Materialist Constraint, in T. Alter and S. Walter eds., *Phenomenal Concepts and Phenomenal Knowledge: New Essays on Consciousness and Physicalism*, New York: Oxford University Press, 145–66.

Lycan, W. G., 1996, *Consciousness and Experience*, Cambridge, MA.: MIT Press.

Moran, R., 2001, *Authority and Estrangement: An Essay on Self-Knowledge*, Princeton, NJ.: Princeton University Press.

Nichols, S. and Stich, S., 2003, *Mindreading*, Oxford: Oxford University Press.

Ryle, G., 1949, *The Concept of Mind*, Chicago: University of Chicago Press.（G・ライル『心の概念』坂本百大・宮下治子・服部裕幸訳、みすず書房、一九八七年）

Shoemaker, S., 1968, Self-Reference and Self-Awareness, *Journal of Philosophy* 65, 555–67.

Shoemaker, S., 1988, On Knowing One's Own Mind, *Philosophical Perspectives 2: Epistemology*, 183–209, reprinted in S. Shoemaker, *The First-Person Perspective and Other Essays*, Cambridge: Cambridge University Press, 1996, 25–49.

Shoemaker, S., 1994, Self-Knowledge and 'Inner-Sense', *Philosophy and Phenomenological Research* 54, 249–314, reprinted in S. Shoemaker, *The First-Person Perspective and Other Essays*, Cambridge: Cambridge University Press, 1996, 201–68.

金杉武司（2004）「フォークサイコロジーと消去主義」『シリーズ心の哲学I人間篇』信原幸弘編、勁草書房、179–219頁。

戸田山和久（2002）『知識の哲学』産業図書。

第5章　他者理解
——共感とミラーニューロン

信原幸弘

苦しい試合に勝った瞬間、雄叫びをあげながら、天を仰いでガッツポーズする男を見れば、喜びに心が打ち震えているのだということがただちにわかる。懐疑論者でもなければ、そこに一点の疑いもない。また、ケーキに向かってフォークを伸ばしている人を見れば、ケーキを食べようとしているのだということや、あるいはそもそもケーキを食べたいのだということがすぐさまわかる。ひょっとしたら、ケーキにフォークを突き刺そうとしているのかもしれず、それゆえケーキを食べたいとは思っていないかもしれないが、そのような疑いが生じることは実際上まずない。

これにたいして、もちろん、人が何を思っているのかが自明でない場合もある。たとえば、一本の木の回りをぐるぐるとまわり続けている男がいるとしよう。この男はいったい何をしているのだろうか。その場の状況や男の仕草・表情を見ても、男が何をしたいのか、どんな気持ちでいるのかは、すぐには察しがつかない。あれこれ考えてようやく「まっ、木の回りをぐるぐるまわるのが好きなのだろう」という結論にたどり着く。あるいは、もちろん、結論が得られないまま終わることもある。

われわれは他者の心を理解するとき、どのようにして理解するのだろうか。「理論説」とよばれる立場が主張するように、その場の状況や他者の振る舞い・表情から、人間の心理にかんする一般的な知識（つまり日常的な心の理論）にもとづいて、他者の心の状態を割り出すのだろうか。それは、雪が降るのを見て、気象にかんする一般的な知識から、気圧配置や湿度を推理するのと同じようなものだろうか。それとも、「シミュレーション説」が主張するように、他者の心を理解するとき、われわれは仮に自分の身を他者の状況に置いて自分がどんな心の状態になるかを探り出し、それによって他者の心の状態を知るのだろうか。それは、雪が降るのを見て、その雪と似たような人工の雪を実験室内で降らせ、そのさいの実験室の気圧配置や湿度を計測することにより、外の気圧配置や湿度を知るというのと同じようなものだろうか。

あるいは、このような理論的な推論や他者のシミュレーションといった回りくどいやり方をせずとも、他者の心の状態はただちに見て取れるのだろうか。われわれは机や椅子を知覚することができ、そうすることでそこに机や椅子があることをただちに知ることができる。それと同じように、他者の情動や意図、欲求などを知覚することができ、そうすることで他者の心の状態をただちに知ることができるのだろうか。あるいは、われわれはどれか一つの仕方で他者の心を理解するというよりも、場合に応じてそれらを使い分けたり、同じ一つの場合に複数の仕方を用いたりするのだろうか。(1)

本章では、他者の心をどのように理解するのかという問題に主題的に取り組んでいきたい。そのさい、とくに他者の表情や発話が他者の心を理解するうえでどんな役割を果たすのか、また他者への共感や他者の模倣がどんな役割を果たすのかという問題を大きく取り上げたい。

しかし、そのまえにもう一つ考察したいことがある。それは、そもそも他者の心を理解するというのはどのようなことかという問題である。他者の心の状態を何らかの仕方で知ることができたとして、その他者の心の状態を知るというのはどのようなことなのであろうか。それは認識の一種であることは間違いないが、たとえば物的な状態についての認識と何か根本的な違いがあるのだろうか。心的な状態の認識は、認識の仕方（どのようにして認識したか）においては物的な状態の認識と異なるかもしれないが、認識のあり方（何らかの仕方で達成された認識状態がどのようなものか）においても根本的な違いがあるのだろうか。

また、他者の心的状態についての認識は自己のそれについての認識と根本的な違いがあるのだろうか。他者の歯の痛みを知るのと自分の歯の痛みを知るのとでは、たしかに知り方が違う。自分の場合は、内観[2]によって知られるのにたいし、他者の場合は、そうではない。しかし、他者の歯の痛みの認識は、認識そのものにかんしても、自分の歯の痛みの認識と何か根本的な違いがあるのだろうか。

そもそも他者の心を理解するとはどのようなことかという問題も、本章では主題的に取り扱いたい。この問題と他者の心をいかにして理解するかという問題は、密接に絡み合っていて、けっして別個の問題ではない。じっさい、以下では、他者の心を理解するとはどのようなことかという問題から論じていくが、そのあとで他者の心をどのようにして理解するかという問題を論じるさいに、他者の心の新たな理解のあり方がまた浮上してくる。しかし、この二つの問題を一応区別しておくことは、無用の混乱を避けるうえでも有意義である。では、まず他者の心を理解するとはどのようなことかという問題から始めることにしよう。

1　他者の心を理解するとはどのようなことか

1―1　命題知と技能知

一緒に会社を大きくして苦労を共にしてきた友人がわたしを裏切ろうとしているのを知ったとしよう。いまわたしが社長で友人が副社長であるが、友人はわたしを会社から追い出して、自分が社長になろうとしている。この友人の意図を知ったわたしは、そこから友人がわたしを辞任に追い込むために役員の多数派工作を行うだろうと推理したり、さらに社長の職を追われたくないという欲求から、先手を打って友人の首を切ろうと決断したりするかもしれない。あるいは、これまで副社長に甘んじてきた友人はずっとその不満を募らせてきたのだろうと推理したり、そうならむしろ友人に社長の職を譲りたいと思って、自分から職を辞そうと決断したりするかもしれない。

友人の裏切りの意図を知るとき、わたしはそこから自分の他の知識や信念も活用して別の事実を推理したり、あるいはさらに自分の欲求や情動なども活用して、どうすべきかを考慮して、何らかの意思決定を行ったりすることができる。つまり、友人の意図を知ることは、その知識を自分の理論的推論や実践的推論において活用できるということである。これはもちろん意図だけに限らない。欲求や信念、情動など、どのような心的状態であれ、一般に他者の心的状態を知ることは、その知識を自分の理論的推論や実践的推論において活用できるということである。もしそのような活用ができないのであれば、他者の心的状態を知ったとはいえないであろう。

しかしながら、じつは、これは命題知とよばれるような知のあり方に限られている。他者の心的状態についての命題知は、他者がどのような心的状態にあるかを命題で表し、その命題を真なるものとして受け取るような知のあり方である。友人が裏切ろうとしていることを知ることは、友人が裏切ろうとしているという命題を真なるものとして受け取るような知であり、それゆえ命題知とよばれる。命題知は、その命題が理論的推論や実践的推論においてしかるべき仕方で操作されることにより、それらの推論において活用される。命題知の推論的な活用は、他者の心的状態についての命題知に限られない。自分の心的状態であれ、あるいは物的な状態であれ、どのようなものについての命題知でも、命題知であるかぎり、理論的推論や実践的推論において活用できる。推論的活用は命題知の定義的な特徴である。

これにたいして、知識には技能知とよばれるもう一つの形態がある。技能知は、自転車の乗り方を知っているとか、泳ぎ方を知っているとか言われるときの知であり、何らかの行為を遂行する能力のことである。物事の扱い方や対処の仕方を知っているというのも、技能知である。金槌の使い方を知っているというのは、金槌がどんな性質をもつかを命題的に理解しているということではなく、金槌で釘を打ったり、板をはめ込んだりすることができるということであり、技能知である。

他者の心の状態についても、技能知とよびうるような知のあり方がある。相手が笑顔で挨拶してくると、こちらもおのずと笑顔で挨拶を返す。相手が挨拶をしたいのだとか、わたしと出会って嬉しいのだとか、そのようなことをいちいち命題的に理解したりはせずに、それゆえ命題知にもとづいてこちらも笑顔で挨拶しようなどと実践的推論を行ったりはせずに、ただちにおのずと笑顔で挨拶を返す。

このときわたしは、相手の心的状態を命題的に理解しているわけではないが、それでも相手の心的状態にふさわしい仕方で挨拶を返す以上、相手の心的状態をそれなりに理解している。この理解が相手の心的状態についての技能知である。それは相手の心的状態を命題的に理解することなく、相手の表情や振る舞いに適切に応答する能力であり、それゆえその表情や振る舞いに現れる相手の心的状態に適切に応答する能力なのである。[3]

他者の心の理解には、命題知だけではなく、技能知もある。しかも、日常の他者理解においては、技能知のほうが命題知よりも基礎的かつ支配的であろう。[4]現象学的な探究を重視する哲学者の多くがこの点を強調する（Gallagher 2001, 2008; ギャラガーとザハヴィ 2011; Ratcliffe 2007 など）。たとえば、ギャラガーは他者の心的状態をある一定の心的状態として主題的に理解するよりも、あなたとわたしという二人称的な交わりのなかで、相手の振る舞いにこちらが応答し、その応答に相手がさらに応答し返すという相互的な行為のうちに示されるような相手の心的状態の理解が存在することを力説し、しかもそれこそが主題的な理解の基盤になっていると主張する。たしかに他者の心的状態にしかるべく応答するという技能知がなければ、他者の心的状態を命題的に理解することもできないだろう。また、それは他者の心的状態に限ったことではない。どのようなことがらであれ、そのことがらについての命題知は、そのことがらにどう対処するかという技能知が基礎にあってはじめて可能になるだろう。[5]しかし、このことは命題知が技能知に解消されてしまうということではない。他者の心的状態についても、ギャラガーも認めるように、技能知とは別に命題知がある。かなりまれであり、基礎的でないとしても、他者の心的状態を主題的に認識し、それを他者に帰属させるという命題的な知のあり方、そしてこの知にもとづいて理論的推論や実践的推論を行うことができるような知のあり方がたしかに存在するのである。

1-2　知的理解と共感的理解

溺愛していた娘がいじめのせいで自殺してしまった父親を見ると、思わず同情してしまう。かれの悲痛な表情はわたしに悲しみの感情を引き起こさずにはおかない。わたしはたんに父親の悲しみを知るだけではなく、みずからもかれの娘の死を悲しむ。たんに父親の悲しみを知るだけなら、わたしはその父親にせいぜい悔やみの言葉を述べるだけかもしれないが、父親と同じ悲しみを抱くがゆえに、わたしは娘の死を悼んで父親と静かに酒を酌み交わし、落胆した父親に代わっていじめの真相を突きとめようとする。

父親の悲しみを共有しつつその悲しみを知ることは、たんに悲しみを知るのとは別種の理解である。悲しみを共有することは、けっして悲しみを知ることとは別の何か（悲しみの理解にたまたま付け加わった何か）ではない。それはむしろ、悲しみを共有するという仕方での悲しみの理解である。（父親の悲しみを共有するとき、わたしはただたんにその娘の死を悲しんでいるのではない。わたしは父親が娘の死を悲しんでいるがゆえに、その娘の死を悲しんでいるのである。そうだとすれば、わたしが父親の悲しみを共有するということのうちに、すでに父親の悲しみへの理解が含まれている。わたしは父親の悲しみを共有するという仕方でその悲しみを理解しているのである。）

他者の心的状態を共有するという仕方でそれを知ることは共感的理解とよんでよいだろう。このような共感的理解は情動以外にも幅広く見られる。娘が自殺したのは学校がいじめを放置したからだと父親が信じているとしよう。わたしは父親がそう信じていることを知るだけではなく、その信念を共有してみずからそうだと信じる。もしわたしがその娘の自殺を何か別の原因（たとえば友だちの裏切り）によると信じていれば、父親と同じように学校のせいだと信じることはできないだろう。しかし、そうでなければ、多くの場合、わたしはたんに父親がそう信じていることを知るだけではなく、その信念を共有してみずからそうだと信じる。

このような共感的な理解とは対照的に、他者の心的状態を共有せずにたんにそれを知る場合もある。このような理解を「知的理解」とよぶことにしよう。父親が娘の自殺を学校のせいだと信じているだけではなく、担任の無力のせいだとも信じているとしよう。わたしは、しかし、そうは思わず、学校の硬直した管理体制のせいだと信じている。そうだとすれば、わたしは父親のように担任の無力のせいだと信じることはできないだろう。それゆえ、この父親の信念にたいするわたしの理解は知的理解となり、共感的理解とはならないだろう。また、父親が娘の無念を晴らしたいと思っていることをわたしが知るとき、わたしはその欲求を共有して自分もそうしたいと思うかもしれないが、父親が担任を訴えたいと思っていることを知るときは、たんにそれを知るだけで、その欲求を共有することはないだろう。この欲求の理解は共感的理解とはならずに、たんなる知的理解となる。

他者の心の理解には、命題知と技能知の区別とならんで、知的理解と共感的理解の区別を設けることができよう。(6)

1−3　物的状態の理解との違い

他者の心的状態の理解は物的な状態の理解とどう異なるのだろうか。つぎにこの観点から、他者の心の理解の特徴を探っていこう。

物的状態は他の物的状態と法則的な関係にある。風が吹いたら、木の葉が揺れた。これは、風が吹いたという個別的な状態が木の葉が揺れたという個別的な状態を因果的に引き起こしたということである。この因果関係は、一般に、風が吹けば、木の葉が揺れるという法則によって裏打ちされている。風が吹くという状態タイプと木の葉が揺れるという状態タイプのあいだにそのような法則的な関係が成立していなければ、風が吹いたことが木の葉が揺れたことの原因だとは言えないだろう。たとえ風が吹いて、つぎに木の葉が揺れたとしても、たまたまそうなったというだけのことであろう。物的状態のあいだの因果関係は法則的な関係によって裏打ちされている。物的状態は他の物的状態と因果的な関係を形成し、それゆえ法則的な関係にある。

これにたいして、心的状態は他の心的状態と理由関係にある。美味しいコーヒーを飲みたいと思い、カフェ中山に行けば、少々高いが、美味しいコーヒーが飲めると思ったので、中山に行くことにした。これは、美味しいコーヒーを飲みたいという欲求と、中山に行けば、美味しいコーヒーが飲めるという信念を理由にして、中山に行こうという意図を形成したということである。欲求、信念、意図のあいだには、このような理由関係がある。また、この理由関係にもとづいて心的状態から別の心的状態への推論が可能になる。中山に行こうという意図は、その理由となった欲求と信念から推論によって導き出されたものである。

物的状態が法則によって関係づけられた法則的な秩序を示すのにたいし、心的状態は理由によって関係づけられた合理的な秩序を示す。法則性ではなく合理性に従う点に、心的状態の独自性がある。(7)心的状態と物的状態のこの根本的な違いに応じて、他者の心的状態の理解と物的状態の理解にも根本的な違いが生じる。他者の心的状態を理解するとき、われわれはそれを他の心的状態と理由関係にあるものとして理解する。相手が美味しいコーヒーではなく、安いコーヒーを飲みたいのだということを知るとき、わたしはこの相手の欲求を相手の他の欲求や信念、意図と理由関係にあるものとして理解する。具体的にどのような欲求や信念、意図と理由関係にあるのかがわからない場合でも、ともかく何らかの他の心的状態と理由関係にあるものとしてその欲求を理解する。それにたいして、物的状態を理解するとき、われわれはそれを他の物的状態と法則的関係にあるものとして理解する。風が吹いたことを知ると、それが具体的に他のどのような物的状態と法則的関係にあるかがわからない場合でも、何らかの他の物的状態と法則的関係にあるものとしてそれを理解する。他者の心的状態の理解は合理性に従うものとしての理解であり、物的状態の理解は法則性に従うものとしての理解である。

ただし、一つ注意すべき点がある。心的状態が合理性に従うといっても、それはすべての心的状態に当てはまるわけではない。理由関係によって合理的秩序を形成するのは命題的態度とよばれる心的状態だけである。欲求や信念、意図は、一定の命題にたいして欲する、信じる、意図するといった心的態度をとるような心の状態である。たとえば、美味しいコーヒーを飲みたいという欲求は、わたしが美味しいコーヒーを飲むという命題にたいして欲するという態度をとるような心的状態である。それゆえ、これらは命題的態度とよばれる。それにたいして、テーブルのうえにケーキがあるのが見えるというような知覚や、娘が死んで悲しいというような情動は、何らかの命題にたいして態度をとるような心的状態ではない。

命題的態度は他の命題的態度と理由関係によって結ばれ、それゆえ命題的態度から他の命題的態度への推論が可能である。それにたいして、命題的態度ではない知覚や情動のような心的状態は理由関係で結ばれておらず、それゆえ推論が可能ではない。テーブルのうえにケーキがあるという知覚から、お母さんがケーキをテーブルのうえに置いたという知覚が推論によって生じることはない。そのような知覚が生じるためには、お母さんがケーキをテーブルのうえに置くのを現に見るしかない。情動もそうである。娘が死んで悲しいという情動から、娘をいじめた子どもたちを憎むという情動が推論的に生じることはない。そのような情動が生じるのは、娘がその子供たちにいじめられたという出来事によって因果的に引き起こされるということによってである。(8)

知覚や情動は他の知覚や情動と理由関係によって結ばれるのではなく、外界からの刺激や他の心的状態、さらには行動や表情と法則的な関係によって結ばれる。眼前のケーキがケーキの知覚を引き起こし、ケーキがあるという信念やケーキを食べるという行動を引き起こす。また、娘の死が悲しみを引き起こし、その悲しみが抑うつ気分や不活発な行動、悲痛な表情を引き起こす。知覚や情動は物的状態と同じく他の状態と法則的に関係づけられている。それゆえ、他者の知覚や情動を理解するとき、われわれはそれらを他の状態と法則的な関係にあるものとして理解する。(9)

他者の知覚や情動は、他者の命題的態度とちがって、合理性に従うものとしてではなく、法則性に従うものとして理解される。したがって、それらの理解は、心的状態の理解とはいえ、法則的理解という点で物的状態の理解と同じである。しかし、他者の知覚や情動の理解が物的状態の理解と根本的に異なる点もある。われわれはケーキを見ることがどのようなことかということや、悲しいということがどのようなことかを自分の体験を通じて知っている。それはみずから体験しなければ得られないような知であるが、まさにみずから体験することによってそれを知っている。他者の知覚や情動を理解するときには、それらの知覚や情動がどのようなものかについての体験的な知が多くの場合、重要な部分を占めている。じっさい、喜びを体験したことのない不幸な人が、他者が喜んでいることを知っても、喜ぶことがどのようなことかを知らないために、喜びを体験したことのある人ほど、親密な理解は得られないだろう(10)。

他者の心的状態の理解は、命題的態度の場合には、合理性に従うものとして理解する点で物的状態の理解と異なる。また、命題的態度でない知覚や情動などの場合には、法則性に従うものとして理解する点で物的状態の理解と同じであるが、多くの場合、知覚や情動がどのようなものかについての体験的な知が関係する点で物的状態の理解とは異なる。

1－4　自己知との違い

他者の心を理解することは、自己の心を理解すること（すなわち自己知）とどう異なるのだろうか。最後に、この観点から他者の心の理解の特徴を明らかにしていこう。

一見すると、他者の心的状態を知ることと自己の心的状態を知ることは、その知り方に違いがあるだけで、知のあり方そのものにはとくに違いがないようにみえるかもしれない。自己の心的状態は内観という特別な仕方で知られるのにたいし、他者の心的状態はそうではない。しかし、そうだとしても、知っているという状態そのものにはとくに違いがないのではなかろうか。

たしかにわれわれは自己の心をまるで他者の心であるかのように理解することもある。このような場合は、たとえば、太郎が犯人だと自分が信じているのかどうかを知れば、それで自分の信念についての理解は完了する。そのことを知ったうえでさらにどうするかは自分の信念を知ることとはまた別の問題である。しかし、多くの場合、われわれが自分の心的状態について知ろうとするときに求めているのはそのような知ではない。われわれは自分のもっている心的状態がはたしてそれでよいのかどうかを吟味するために自分の心的状態を知ろうとする。太郎が犯人だと自分が信じていることを知れば、はたしてそう信じていてよいのかどうかを吟味する。すなわち、その信念が十分な証拠に支えられているのかどうか、太郎への偏見がそこに含まれていないのかどうかを検討する。そしてそう信じていてよいという結論が得られれば、その信念を承認し、そうでなければ、その信念をしかるべき仕方で改訂して、この改訂した信念を承認する。このようにわれわれは多くの場合、自分の心的状態に承認を与えようという観点から自分の心的状態を知ろうとする。このようにして得られた自己知は承認的な自己知とよんでよいであろう。それはたんに自分の心的状態を知るだけではなく、それへの承認を含む（信原 2011）。

自己の心的状態の理解はその多くが承認的な自己知である。しかし、他者の心的状態の理解はそうではない。他者の心的状態を知ろうとするとき、われわれは他者の心的状態を吟味し、それをそのまま承認するか、そうでなければ、しかるべき改訂を施して承認しようとしているわけではない。たしかに他者の心的状態を知り、それが適切でないと思えば、それを正そうと他者を説得することもあるかもしれないが、それは他者の心を知ることとは別のことがらである。また、説得に応じて心的状態を変えるかどうかはあくまでも他者が行うことであって、われわれが行うことではない。

他者の心的状態についての共感的な理解は、たんに他者の心的状態を知るだけの知的な理解と比べれば、承認的な自己知に似ているが、それでも根本的な違いがある。たしかに他者の心的状態を承認できなければ、ふつう、それを共有してみずからその心的状態を抱きつつ知るということはできないだろう。娘の自殺は学校のせいだという父親の信念を承認できなければ、わたしはその信念を共有してみずからそう信じつつそれを知ることはできない。わたしはたんに父親の信念を知るだけである。それゆえ、他者の心的状態の共感的な理解には、ふつう、その心的状態の承認が含まれている。しかし、それでも、他者の心的状態を共感的に理解しようとするとき、われわれは他者の心的状態に承認を与えようとしてそうするわけではない。この点で、共感的理解はやはり承認的自己知とは根本的に異なるのである。

以上、他者の心を理解するとはどのようなことかを検討してきたが、命題知と技能知、あるいは知的理解と共感的理解など、いくつかの基本的な理解のあり方の区別を確認することができた。また、物的状態の理解や自己知との対比で、合理性に従うものとしての理解や体験知にもとづく理解、非承認的な理解など、いくつかの根本的な特徴を見定めることもできた。それらを念頭におきながら、つぎに他者の心がどのようにして理解されるかという問題に移ろう。

2　他者の心はどのようにして理解されるか

2–1　理論説

自分の心は内観によって直接、知ることができるのにたいし、他者の心は他者の振る舞いや表情を介してしか知ることができないように思われる。他者の心は他者の振る舞いや表情の背後に隠れていて、どのようにしても直接、知ることはできない。衝立の向こうに隠れているネコなら、向こうにまわって直接、見ることができるが、他者の心はそのようにして直接、知ることができない。他者の心はむしろ観察不可能な理論的対象に似ている。われわれは、たとえば電子そのものを観察することができず、電気現象からそのあり方を理論的に推論するしかない。

このような考えに導かれると、おのずと他者理解にかんして理論説とよばれる立場に行きつくことになる（理論説の概要についてはRavenscroft 2010を参照）。この説によれば、他者の心的状態は、心についての日常的な理論（「素朴心理学」とよばれる）を用いて、他者の振る舞いや表情から理論的な推論を行うことによって知られる。ある男が手を挙げてタクシーをよびとめたとしよう。われわれはこの男の行動から、その男がタクシーをよびとめたかったのであり、手を挙げれば、タクシーをよびとめることができると思っていたのだと推論する。この推論は、一般にpを欲し、ϕを行えば、pが達成できると信じるならば、それらの欲求と信念を理由としてϕを行おうという意図が形成されるといった素朴心理学の理論的な知識にもとづいている。われわれはそのような人間の心理にかんする日常的な理論を用いて、男の行動から男の心的状態を推論し、そうすることによって男の心的状態を知る。

しかし、このような理論説はどれほどじっさいのケースに当てはまるものなのだろうか。たしかにわれわれが人間の心理にかんする日常的な知識にもとづいて他者の心を知ると言えるような場合がある。男が手を挙げてタクシーをよびとめたあと、タクシーには乗らずに立ち去って行ったとしよう。運転手が後ろから「お客さあーん、乗らないんですか」と叫ぶが、振り向きもせずに立ち去っていく。いったいどうしたことだろう。急に気が変わったのか。そうだとしても、なぜ黙って立ち去るのか。われわれは人間の心理にかんして自分の知っている一般的な知識を総動員して男の心を理解しようとする。そしていくつかの候補のなかなか一番もっともらしいもの（たとえば「運転手をからかいたいのだ」）を結論として出す。

このように理論説が当てはまると考えられるケースはたしかにあるが、それはきわめてまれであるように思われる。そもそもわれわれは人間の心理についてどれほどのことを知っているのだろうか。人間の心理について日夜、膨大な研究を重ねている科学的な心理学でさえ、まだたいした理論は得られておらず、人間の心の状態を理論的に説明したり予測したりすることができるような段階にはほど遠い。ましてや日常の素朴心理学となると、その内容は貧しいかぎりである。われわれは人間の心理についてほとんど何も知らない。人間の心理にかんして何か一般的なことを述べてみよ、と言われても、せいぜいいくつかのことを述べられるだけで、あとは途方に暮れるばかりである。このような貧しい理論では、他者の心的状態を理論的に推論することはほとんどできない。

また、一見、他者の心的状態を容易に推論できたようにみえる場合でも、本当に理論を用いて推論したのかどうか、おおいに疑問である。男が手を挙げてタクシーをよびとめるのを見たとき、われわれは男がタクシーをよびとめたいのだと思うが、それは人間の心理にかんする理論を用いて推論した結果なのだろうか。そのような推論を行わずとも、男がタクシーをよびとめたいことは一目瞭然ではないか。われわれは男がタクシーに向かって手を挙げるのを見れば、何の推論も行うこともなく、ただちにタクシーをよびとめたいのだと思うのではないか。

このような反論に直面して、理論説はあえなく潰れるかというと、そうではない。暗黙的理論というものを持ち出して、しぶとく生き残ろうとする。われわれはたしかに素朴心理学の理論をほとんど明示的にもってはおらず、それをほとんど明示的に用いることはない。しかしそれでも、それを暗黙的にもっており、暗黙的に用いている。われわれが素朴心理学の理論をほとんど述べることができないのは、その理論を暗黙的にもっているからであり、他者の心的状態を理解するさいにそれを用いているように思えないのも、暗黙的に用いているからである。

話がこのように暗黙の次元になると、われわれの日常の経験を反省するだけでは、本当にそうかどうか決着がつかないだろう。(11) われわれが暗黙的に素朴心理学の理論をもち、他者の心を理解するさいにそれを暗黙的に用いているかどうかを確定するためには、心理学や脳科学などの科学的な方法に頼らざるをえない。しかし、明示的に理論を用いる場合と、暗黙的に理論を用いるとされる場合とでは、いろいろな違いがあること、たとえば明示的な場合には他者の心を推論するのにかなり時間を要するのにたいし、暗黙的な場合にはふつうあっというまに結論が出るといった違いがあることから、暗黙的な場合には、理論を用いるのとは別の仕方で他者の心の理解がなされているのではないかという可能性が高いように思われる。また、暗黙的であっても、理論的な推論によって得られるのは命題知だけであろう。というのも、推論は命題から命題を導くものであり、それゆえ推論の結論は命題のはずだからである。そうだとすれば、理論説はたとえ他者理解のなかの命題知のほうには当てはまるとしても、技能知のほうには当てはまらないだろう。この点でも理論説は大きな問題を抱えることになる。[12]

2-2 シミュレーション説

他者の心を理解するとき、われわれはふつう理論を用いて推論するというような小難しいことをやっているわけではない。むしろ、自分が他者だったら、どう思うだろうかと考えるだけではないか。男が手を挙げてタクシーをよびとめた。自分がその状況で手を挙げてタクシーをよびとめたとしたら、自分はどんな思いからそうするだろうか。そうするのは、タクシーをよびとめたいと思い、手を挙げれば、タクシーをよびとめることができると思うからだ。だから、他者もそのように思って、そうしたのだ。他者の心はこのようにして理解できる。

他者の身になって考えることで他者の心が理解できるという見解はシミュレーション説とよばれる(その概要については Gordon 2009 を参照)。この説の基本となるのは、人間の心はみな同じようなものだという考えである。ある人がある状況でどう思い、どう行動するかは、特別な事情がないかぎり、別の人がその同じ状況でどう思い、どう行動するかということと違いがない。そうだとすれば、他者がどう思っているかは、自分を仮に他者の状況において自分がどう思うかを見れば、わかるはずだ。

つまり、他者の心を自分の心でシミュレートすれば、他者の心が理解できる。それは、地震が起こってもビルが倒壊しないかどうかを知るために、そのシミュレーションを行ってみること、すなわちビルの模型を作って揺らしてみるのと同様である。

たしかにシャーロック・ホームズが犯人の心理を理解するときに得意にしていたように、われわれはシミュレーションによって他者の心を理解することがある。シミュレーションによる理解は、理論を用いて推論するという厄介な作業をしないですむので、理論による理解よりもはるかに簡単だ。自分を他者の立場に置きさえすれば、あとは自分の心がおのずと働いて他者と同じ心の状態が形成される。たしかに、ビルの模型を作るように、他者の心と同じように働く心を新たに作り出さなければならないとすれば、それはたいへんな作業になるが、そのような心はすでに手元にある。すなわち、自分の心だ。しかも、この心はその状態がただちにわかる便利な代物だ。われわれはこの便利な代物を利用して、他者の心をシミュレーションによって容易に理解できる。

ただし、シミュレーションによる理解でも、ときには厄介な作業になることもある。人間の心はみな同じようなものだといっても、人によって、それまで形成してきた信念や欲求、性格などはかなり異なる。したがって、同じ状況に置かれても、そのときに抱く思いは必ずしも同じにはならない。そうだとすれば、シミュレーションによって他者の心を理解しようとするとき、それと関連する自分と他者のあいだの既存の信念や欲求、性格などの違いをあらかじめ調整しておかないと、自分を他者の立場においても、他者と同じ思いを抱くとはかぎらない。自分と他者の既存の違いが大きければ大きいほど、その調整は複雑になる。シミュレーションによる理解もときにはこのように厄介な作業になる。

しかし、簡単であれ、厄介であれ、シミュレーションによる理解をわれわれはどれほど頻繁に行っているのだろうか。シミュレーション説が当てはまる場合があるとはいえ、それはかなりまれなことではないか。シミュレーションといえども、かなり迂遠なやり方のように思われる。理論を用いた推論ほど迂遠ではないにしても、それでもなお迂遠な感じがする。われわれはふつう他者の心をもっと直接的な仕方で理解しているのではないか。手を挙げてタクシーをよびとめる男を見れば、理論を用いて推論しなくても、またその男の心をシミュレートしなくても、男がタクシーをよびとめたいと思っていることや、手を挙げれば、タクシーをよびとめることができると思っていることは、ただちに理解できるのではないか。少なくとも、われわれは明示的に理論的な推論を行っていないだけではなく、明示的にシミュレーションも行ってはいない(13)。

ここで、またしても、暗黙的という考えが登場してくる。われわれは明示的にシミュレーションを行っていなくても、暗黙的にそれを行っているのではないか。タクシーをよびとめる男の心を理解するとき、たしかにシミュレーションの過程が明示的に意識にのぼることはない。しかし、意識下では暗黙のシミュレーションが行われ、それを介して男の心が理解されるのではないか。

話が暗黙の次元になると、やはりわれわれの日常の経験を反省するだけでは、本当かどうか決着がつかない。他者の心を理解するさいに暗黙のシミュレーションが行われているかどうかは、科学的な探究を待つしかない。しかし、ミラーニューロンの発見など、最近の科学的な成果は暗黙のシミュレーションに少なくともある程度の支持を与えるように思われる。われわれは他者の振る舞いや表情などに接すると、おのずとそれを模倣して、他者の心を理解しているようである。(14) この点は、しかし、少し詳しい論述を要するので、のちの第4節であらためて考察することにしよう。

2-3 直接知覚説

自分の心は内観によって直接、知られるのにたいし、他者の心は他者の振る舞いや表情を介して間接的に知るしかないという考えに囚われていると、振る舞いや表情からいかにして他者の心を突きとめるかという問題にぶつからざるをえず、その答えとして結局、理論説やシミュレーション説に行きつくことになる。しかし、他者の心はたいてい一目瞭然なのではないか。たしかにときには、判じ物のように、他者の振る舞いや表情から、理論的な推論を重ねたり、シミュレーションを行ったりして、ようやく何らかの結論にたどり着くこともある。しかし、ふつうは、振る舞いを見れば、あるいは表情を見れば、どんな思いを抱いているのかはたちどころにわかるのではないか。

他者の心も直接、知られるのだという考えに導かれて、直接知覚説とよばれる立場が登場してくる。この説は、マックス・シェーラーやモーリス・メルロー＝ポンティのような古典的な現象学者の影響を受けて、現象学系の哲学者によってよく唱えられている (Gallagher 2001, 2008; ギャラガーとザハヴィ 2011; Ratcliffe 2007; Krueger and Overgaard forthcoming など)。かれらは他者の心的状態についての技能的な理解を強調するとともに、直接知覚説を擁護する。この説によれば、われわれは他者の笑顔に喜びを知覚し、泣き顔に悲しみを知覚する。眼のまえにバナナがあると、バナナが見え、トマトがあると、トマトが見えるように、笑顔や泣き顔があると、喜びや悲しみが知覚される。バナナやトマトの知覚がそれ自体ですでにバナナやトマトがそこにあることの知であるように、喜びや悲しみの知覚はそれ自体ですでに他者が喜んでいること、あるいは悲しんでいることの知である。もちろん、このような知覚的な知から、われわれは命題的な知を導き出すこともできる。他者の笑顔に喜びを知覚することから、他者が喜んでいることを命題的に知ることができる。しかし、そのような命題知を形成しなくても、知覚的な知はすでにそれ自体で一種の知である。

　他者の心の知覚的な知は、他者の心の技能的な知と不可分な関係にある。われわれは他者の振る舞いや表情に他者の心的状態を知覚することで、ただちにそれにふさわしい応答ができるようになる。[15]他者の笑顔に喜びを知覚すれば、自分も笑顔になったり、「おめでとう」と声をかけたりすることができるようになる。他者の喜びを命題的に知らなくても、知覚的に知りさえすれば、喜びにふさわしい応答が可能になる。これはまさに他者の喜びの技能知にほかならない。他者の心的状態の技能知には、その心的状態の知覚的な知が含まれている。

　直接知覚説は、他者の心を理解する多くの場合に当てはまるように思われる。たしかに他者の心がただちに理解できず、理論的な推論やシミュレーションを行ってはじめて理解できる場合もあるが、多くの場合は、その場の状況や他者の振る舞い・表情を見れば、他者の心的状態は明らかである。それはまさに他者の振る舞いや表情のうちに直接、知覚されるように思われる。

　しかし、ここで一つ当然の疑問が生じよう。他者の心的状態はその振る舞いや表情とは別のものではないか。喜びの仕草や表情は喜びの表出ではあっても、喜びそのものではない。喜びそのものはやはり仕草や表情の背後に隠れている。たとえ仕草や表情からただちに喜びがわかるとしても、やはりその背後に隠れている。そうだとすれば、いったいいかにして喜びが知覚できるのか。衝立の向こうに人が隠れていて、その人の影が衝立の横にのびているのが見えれば、そこに人がいることがただちにわかるが、それでもその人が見えるわけではない。何かを知覚するためには、その何かから直接、刺激を受ける必要がある。しかし、他者の心的状態から直接、刺激を受けることはできないのではないか。

この疑問に答えるためには、他者の心的状態と他者の振る舞いや表情との関係をもっと詳細に検討しなければならないだろう。他者の心的状態は本当に他者の振る舞いや表情の背後に隠れているものなのか。むしろ、それは振る舞いや表情として一部、表に現れ出ているものではないか。つまり、心的状態は純粋に心的なものというより、振る舞いや表情を含むものであり、その意味で身体性を帯びているのではないか。この問題については、しかし、話が少し長くなるので、節を改めて論じることにしよう。

3　心の身体性

3-1　脳と身体

心は物にほかならないという物的一元論（物理主義）をとる場合、心は脳と同一視されやすい。喜びは脳のある状態であり、悲しみは別のある状態であり、また、娘が死んだのは学校のせいだという信念も、いじめの真相を突き止めたいという欲求も、それぞれ脳のある状態だというわけである。

心的状態が脳状態と同一だとすると、振る舞いや表情は心的状態（つまり脳状態）によって引き起こされるものであり、心的状態とは別だということになる。笑顔は、ある脳状態である喜びによって引き起こされる顔の状態であり、脳状態である喜びとは別の身体状態である。それは喜びの一部として喜びに含まれる状態ですらない。そうだとすれば、笑顔のうちに喜びを知覚することはできないだろう。笑顔を見れば、ただちに喜びがわかるとしても、知覚されるのは笑顔だけであり、喜びは推論やシミュレーションを介さずに笑顔からただちにわかるというにすぎないだろう。

このような他者の喜びの直接的な知は、命題知ではなく、その喜びに適切な仕方で応答できる技能知であるが、この技能知は他者の喜びの知覚という形をとるものではない。他者の笑顔を見ることで、他者の喜びにふさわしい仕方で応答できるようになるが、そのさい他者の喜びが知覚されているわけではない。物理的な事物の場合、その技能知はふつう知覚の形をとる。カフェ中山で美味しいコーヒーが出てくると、わたしはそのコーヒーにふさわしい仕方で飲むことができるが、それはまさにそのようにして飲むことができるような仕方でそのコーヒーを知覚するからにほかならない。しかし、心的状態が脳状態にすぎないとすると、他者の喜びを知覚することはできず、それゆえ他者の喜びの技能知はその喜びの知覚という形をとるものではない。

他者の笑顔に他者の喜びが知覚されるとすれば、笑顔は少なくとも喜びの一部でなければならないだろう。壁に隠れたネコのお尻が見えるだけでも、それはネコに見えるし、まさにネコが見えていると言ってよい。それと同様に、笑顔が喜びの一部だとすれば、笑顔を見ることで、まさに喜びが見えていると言ってよいだろう。しかし、笑顔が喜びの一部でなければ、笑顔を見ることで、喜びを見るとは言えないだろう。

笑顔は喜びの一部だと言えるだろうか。言い換えれば、喜びはたんに脳のある状態なのではなく、笑顔や他の身体状態（心臓の高鳴りなど）も含むような状態だと言えるだろうか。そう言えるように思われる。われわれは喜ぶとき、たんに心に喜びを抱くというのではなく、全身で喜ぶ。笑顔も心臓の高鳴りも、たんに喜びに随伴するものではなく、本質的に喜びを構成しているように思われる。たしかに脳の状態も重要である。脳がしかるべき状態にならなければ、笑顔も心臓の高鳴りも生じないだろう。しかし、脳の状態が喜びだというわけではなく、脳状態と身体状態が一定の仕方で相互作用しあうそのあり方こそが喜びではないか。(16)

この考えは、悲しいから泣くのではなく、泣くから悲しいのだという有名なジェームズ–ランゲ説によっても後押しされる。泣くことは悲しみの結果なのではなく、悲しみの中心的な要素なのだ。泣くことなくして悲しみはありえない。悲しいとき、脳はたしかにある特徴的な状態になるだろうが、そうなるのも泣くからにほかならない。悲しみに特有の身体状態が生じるからこそ、悲しみに特有の脳状態が生じるのだ。もっとも、そのような身体状態が生じるのは脳がある状態になるからにほかならないが、その脳状態が悲しみだというわけではなく、その脳状態が身体状態を引き起こし、その身体状態が新たな脳状態を引き起こすという、脳状態と身体状態の一定の相互作用のあり方こそが悲しみなのである。

喜びや悲しみのような情動はその一部として身体状態を本質的に含むように思われる。それらは純粋に心的なもの（つまりたんなる脳状態）というよりも、身体性を帯びたものである。そうだとすれば、笑顔や泣き顔のうちに喜びや悲しみを知覚することも可能である。われわれはふつう他者の表情のうちにその情動を直接、知覚し、この知覚が他者の情動に適切に応答できる技能知にほかならない。

しかし、情動については直接知覚説が当てはまるとしても、他の種類の心的状態についてはどうであろうか。情動はたしかに身体性を帯びているように思われるが、それは情動に特有のことではないか。情動以外の心的状態は身体性をもたず、振る舞いや表情のうちに知覚されることはありえないのではないか。つぎにこの点を検討してみよう。

3-2 機能主義

手をあげてタクシーをよびとめる男を見れば、男がタクシーをよびとめたいのだということはただちにわかる。しかし、タクシーに向かって手を挙げるという振る舞いのうちにタクシーをよびとめたいという男の欲求が見えるのだろうか。笑顔のうちに喜びが見えるのと同じように、その振る舞いのうちに欲求が見えるのだろうか。おそらくそうは思われないだろう。振る舞いから欲求がただちにわかるとしても、だからといってそこに欲求が見えるわけではないように思われる。それはむしろ、ケーキの箱を見れば、箱の中身がケーキであることがただちにわかるのと同様ではないだろうか。ただちにわかっても、ケーキが見えるわけではない。

欲求はたしかに振る舞いと密接な関係がある。タクシーをよびとめたいという欲求は、手を挙げれば、タクシーをよびとめることができるという信念とともに、手を挙げようという意図を引き起こす。少なくとも、そのような意図の形成を妨げるような他の心的状態（歩いて減量したい、など）がなければば、そのような意図を引き起こす。そしてこの意図は、突然の心臓発作のような特別なことがないかぎり、手を挙げるという行動を引き起こす。タクシーをよびとめたいという欲求は、このように他の心的状態や行動と因果的な関係をもち、一定の因果的役割を担う。このような因果的役割を担うのでなければ、その欲求はタクシーをよびとめたいという欲求とは言えないだろう。

機能主義とよばれる立場によれば、心的状態は外界からの刺激や他の心的状態、および行動とのあいだの因果連関のなかでそれが担う因果的役割（すなわち機能）によって定義される。バナナの知覚はバナナからの刺激によって引き起こされ、バナナがあるという信念を引き起こしたり、あるいはバナナに手を伸ばすという行動を引き起こしたりするような機能をもつ心的状態である。心的状態がこのようにその機能によって定義されるとすれば、心的状態はそれによって引き起こされる行動と本質的な関係をもつことになる。タクシーをよびとめたいという欲求は、手を挙げれば、タクシーをよびとめることができるという信念と一緒になって、特別な事情がないかぎり、手を挙げるという行動を引き起こす。そのような行動を引き起こさなければ、その欲求はしかるべき機能をもたないことになり、タクシーをよびとめたいという欲求ではないということになる。タクシーをよびとめたいという欲求と手を挙げるという行動は本質的な関係にあるのである。

しかし、だからといって、手を挙げるという行動がタクシーをよびとめたいという欲求の一部になるわけではない。機能主義によれば、欲求はあくまでも脳のある状態にほかならない。その脳状態が外界からの刺激や他の脳状態（心的状態であるような脳状態）、および行動とのあいだで一定の因果的役割（機能）をもつことにより、それはタクシーをよびとめたいという欲求となるのである。したがって、この欲求は手を挙げるという行動と本質的な関係をもちながらも、その行動を部分として含むわけではなく、あくまでも脳のある状態であって、行動の背後に隠れているのである。

そうだとすれば、男がタクシーに向かって手を挙げるのを見ても、そこにタクシーをよびとめたいという欲求が見えることはありえないだろう。欲求は振る舞いの背後に隠れており、見えるのは振る舞いだけである。信念や意図など、他の心的状態についても同様であろう。それらは行動と本質的な関係をもちながらも、脳のある状態であり、行動の背後に隠れていて知覚されることはありえない。情動は特別なのである。情動の場合は、たんなる脳状態というよりも、相互作用する脳状態と身体状態の全体である。この全体が外界からの刺激や他の心的状態、および行動とのあいだで一定の因果的役割（機能）をもつことにより、特定の情動となる。情動もその機能によって定義されるという点では機能主義が当てはまるが、情動の場合、その機能をもつものがたんなる脳状態ではなく、脳状態と身体状態を合わせた全体であり、この点で身体性が本来的に備わっている。それゆえ、情動だけが知覚できるのである。

情動以外の心的状態は振る舞いからただちにわかる場合でも、振る舞いのうちに心的状態が知覚されるわけではない。それは知覚という形での他者理解ではなく、命題知ないし非知覚的な技能知という形での他者理解である。他者の振る舞いからただちに他者の心的状態を理解するとき、われわれは推論やシミュレーションを介さずにただちに他者の心的状態についての命題知を形成したり、あるいは他者の心的状態を知覚することなくそれへの適切な応答ができるようになったりするのである。

3－3　読心眼鏡

身体性を帯びない心的状態でも、それが非物質的な状態ではなく、脳の状態にほかならないとすれば、脳状態を見ることで、そこに心的状態を見ることはできないだろうか。もちろん、われわれは頭蓋骨のなかにある脳の状態を直接、見ることはできない。しかし、何らかの装置を通して見ることは可能ではないだろうか。

現在、fMRIなど、脳状態を計測する装置が開発されており、それを用いて脳活動を計測しながら、心の状態を読み取る研究が盛んになされている。たとえば、どの方向の縞模様を見ているかとか、グー、チョキ、パーのどれを出そうとしているかとか、嘘をついているかといったことを脳の状態から読み取る試みがなされている。まだまだ初歩的な段階だが、いずれさまざまな心的状態が脳状態から読み取れるようになるかもしれない。そうなれば、やがて「読心眼鏡」のようなものが開発されて、それを装着して人を見れば、その人の頭のところに脳状態が見え、そこからその人の心的状態がただちにわかるようになるかもしれない。

たしかにいきなり読心眼鏡を着けても、脳状態が見えるだけで、いったいそれがどんな心的状態なのかさっぱりわからないかもしれない。しかし、学習を積めば、やがてわかるようになるだろう。笑顔から喜びがただちにわかるといっても、それは幼少のころに数え切れないほど笑顔に接して、それへの適切な応答を学習したからにほかならない。読心眼鏡を着けて何度も脳状態に接しながら、それへの適切な応答を学習すれば、やがてただちに心的状態がわかるようになるだろう。もしそうなれば、笑顔に喜びが知覚されるように、読心眼鏡で見える脳状態に心的状態が知覚されるようになろう。こうして読心眼鏡を着けることで、タクシーをよびとめたいという欲求や、手を挙げれば、タクシーをよびとめることができるという信念を知覚することもけっして不可能なわけではないのである。

3-4 言葉

一本の木の回りをぐるぐるまわり続ける男を見ても、男の仕草や表情からは、男が何を思ってそうしているのかは容易にはわからない。しかし、そうであれば、下手な推測をするよりも、男に尋ねてみるのがてっとりばやい。「気晴らしをしたいのだ。百回まわると気が晴れるのだ」と答えてくれれば、たちどころに男の考えがわかる。男は気晴らしをしたいと欲しており、百回まわると気が晴れると信じているのだ。

言葉で語ってもらうと、相手の欲求や信念がたちどころにわかる。どうしてたちどころにわかるのか。欲求や信念は言葉で語ることとどのような関係にあるのだろうか。ふつう語ることは欲求や信念そのものではなく、それらを言葉で表現したものだと考えられる。「気晴らしをしたい」と語ることは、気晴らしをしたいという欲求が心のなかにあり（あるいは脳のなかにあり）、それを言葉で言い表したものであり、「百回まわると気が晴れる」と語ることは、百回まわると気が晴れるという信念が心（脳）のなかにあり、それを言葉で言い表したものである。

しかし、心のなかにあるとされる欲求や信念とは何なのだろうか。それは「気晴らしをしたい」とか「百回まわると気が晴れる」とかと心のなかで語ること（いわゆる内語）ではないか（信原 2000）。声に出して語らなくても、内語を行うことで、われわれは欲求や信念にもとづいて何をするかを決定していくように思われる。木の回りをまわり続ける男は、「気晴らしをしたい」とか「百回まわると気が晴れる」とかと内語を行い、そこから百回まわろうと決意するのではないか。この決意もまた「百回まわろう」という内語である。欲求と信念（すなわち命題的態度）を活用した心中の実践的推論というのは、ようするに内語によって行われる推論であるように思われる。

心のなかの欲求や信念は内語での語りである。[17] そうだとすれば、声に出しての語りも、たんに心のなかの欲求や信念を言葉で表現したものではなく、欲求や信念そのものであり、それが表に出てきたものではないか。いわば音量ゼロの内語の状態から音量のある発話の状態になったのであり、心的状態からそうではないそれの表現になったわけではない。「気晴らしをしたい」と語ることが気晴らしをしたいという欲求そのものであり、「百回まわると気晴らしになる」と語ることが百回まわると気晴らしになるという信念そのものだとすれば、それらの欲求や信念はまさに身体性を帯びている。というより、それらは発話そのものであるから、脳状態を含んでおらず、もっぱら身体状態だけであるような状態なのである。したがって、先の機能主義はこの点で大きな修正を受けることになる。

発話が欲求や信念そのものだとすれば、われわれは他者の発話を聞くことにより、欲求や信念そのものを知覚できることになる。男が「気晴らしをしたいのだ」と語るのを聞くとき、われわれは気晴らしをしたいという男の欲求を知覚するのであり、「百回まわれば気が晴れる」と語るのを聞くとき、百回まわれば気が晴れるという信念を知覚する。欲求や信念のような命題的態度は、内語ではなく、発話という形をとるとき、じかに知覚することができるのである。

しかし、発話の知覚が心的状態の知覚になるのは命題的態度に限られるように思われる。知覚や情動の場合、それを声に出して語ったものは知覚や情動そのものではなく、それらを言葉で表現したものにすぎない。ある人が「美しい紅葉を見た」と語るとき、その発話はその人の紅葉の知覚ではないし、「あまりの美しさに驚嘆した」と語るとき、その発話は驚嘆の情動ではない。それらは知覚や情動の言語的な表現にすぎない。それゆえ、発話を聞いても、知覚や情動を知覚することにはならない。もちろん、発話を聞くことで、われわれはその人の知覚や情動についての命題知を得ることはできる。この人は美しい紅葉を見たのだということを命題的に知り、この人は美しさに驚嘆したのだということを命題的に知ることはできる。しかし、その人の知覚や情動を知覚することはできない。発話を聞くことで心的状態を知覚できるのは命題的態度だけである。

4　ミラーニューロンと暗黙的シミュレーション

他者の心を自分の心で明示的にシミュレートすることによって他者の心を知ることは、かなりまれであるように思われる。理論を用いて知るのと同様、われわれはふつうそのような迂遠なやり方で他者の心を知るわけではない。しかし、明示的なシミュレーションを行わないとしても、暗黙的なシミュレーションを行っている可能性はある。ミラーニューロンの発見は他者理解のさいに暗黙的なシミュレーションが生じていることを示唆するように思われる。最後に、暗黙的なシミュレーションが他者理解においてどんな役割を果たしているのかを考察しよう。

4-1　ミラーニューロン(18)

一九九〇年代の初めにリゾラッティの研究グループが行った実験により、マカクザルのF5野という脳部位に非常に興味深いニューロンが見つかった。このニューロンは、サルが自分である行動をする（たとえば、食べ物をつかむ）ときに活性化するだけではなく、実験者がその同じ行動をするのをサルが見たときにも活性化する。これがミラーニューロンである。このニューロンが活性化することにより、サルは実験者が食べ物をつかむのを見るとき、じっさいに自分で食べ物をつかむわけではないが、それでもその行動を写し取って潜在的にそれを行っているのである。

ミラーニューロンは食べ物をつかむという行動の全体を見るときだけではなく、その一部、たとえば食べ物に手を伸ばしていくところを見ただけでも活性化する。こうしてサルは実験者が食べ物に手を伸ばすのを見るとき、その意図、すなわち食べ物をつかもうとしているのだということがわかる。サルはミラーニューロンの活性化により、食べ物をつかむという行動を自分で潜在的に行い、そうすることで実験者の意図を理解するのである。

サルだけではなく、人間にもミラーニューロンがあることが実験的に確認されている。サルのF5野に相当する人間の脳部位にも、ある行動を自分でするときだけではなく、他者がその行動をするのを見るときにも活性化するニューロンがある。われわれ人間も、このミラーニューロンの活性化により、他者がある行動をするのを見るとき、その行動の意図を理解することができる。水が入ったコップに手を伸ばす人を見れば、われわれはミラーニューロンの活性化により、コップを手にとって水を飲むという行動を自分で潜在的に行い、そうすることによって水を飲もうというその人の意図を理解する。

ミラーニューロンによる他者の心の理解は、他者と同じ行動を自分で潜在的に行うことによる理解である。したがって、他者と同じ行動能力をもっていなければ、そのような理解はできない。たとえば、ある踊りをすることができる人は、他者がその踊りをするのを見ると、ミラーニューロンが活性化するが、その踊りができない人が見ても、ミラーニューロンは活性化しない。したがって、他者が踊り始めるのを見たとき、その踊りができる人は潜在的にその踊りを行うことで、他者がどんな踊りをしようという意図をもっているのかを理解できるが、その踊りができない人はそのような意図を理解できない。もっとも、その踊りができなくても、何度もその踊りを見たことがあって、その踊りをいわば視覚的に知っているとすれば、他者の意図を理解できよう。しかし、この理解はミラーニューロンの活性化による理解、すなわち自分で潜在的に行うことによる理解とは理解のあり方が異なる。

他者の意図だけではなく、他者の情動の理解にもミラーニューロンが関係していることが実験的に確かめられている。たとえば、自分で嫌悪の情動を抱いていて、それゆえ嫌悪の表情を浮かべているときだけではなく、他者が嫌悪の表情を浮かべているのを見るときにも活性化するニューロンがある。嫌悪の場合、内臓の不快な動きもそこに含まれているので、このミラーニューロンには内臓運動をつかさどる「島」とよばれる皮質のニューロンも含まれる。他者の嫌悪の表情を見ると、島のニューロンを含むミラーニューロンが活性化し、それによって他者の嫌悪の情動が理解される。これは潜在的に嫌悪を抱くこと、それゆえ潜在的に嫌悪の表情や内臓の動きをすることによる理解である。

ミラーニューロンによる他者の情動の理解を裏付ける一つの証拠として、島に損傷を負った患者の症例がある。この患者は嫌悪以外の情動なら、他者の表情からそれを理解できるのに、嫌悪についてはそうではない。他者が嫌悪の表情をしているのを見ても、他者が嫌悪の情動を抱いていることを理解できないのである。もっとも、嫌悪の表情を何度も見てそれを視覚的に嫌悪として把握する訓練を積めば、嫌悪の表情から嫌悪を理解できるようになるだろうが、それはミラーニューロンによる理解とは異なる。ミラーニューロンによる理解は、潜在的に嫌悪を抱くことによる理解なのである。

4-2　暗黙的シミュレーション

ミラーニューロンによる他者の心の理解は、他者の心の暗黙的なシミュレーションによる理解だと言えよう(19)。他者の笑顔を見て他者の喜びを理解するとき、ミラーニューロンが活性化して、われわれは潜在的にみずから喜びを抱き、それゆえ潜在的に笑顔や高揚した身体状態を形成する。そして潜在的に喜びを抱いていることはわれわれの意識にのぼらない。このような潜在的な喜びは、他者の喜びの暗黙的なシミュレーションだと言ってよいだろう。われわれはじっさいに自分で喜びを抱くわけではなく、それゆえじっさいに笑顔になるわけでも、身体状態が高揚するわけでもない。われわれは他者の喜びをただ暗黙的にシミュレートしているだけである。もっとも、ときには他者の笑顔を見て、じっさいに自分も笑顔になり、身体状態が高揚することもあるだろう。何らかの理由で運動の制御力が弱くなると、そのようなことが起こる。しかし、このような場合でも、われわれはじっさいに自分で喜びを抱いているわけではなく、あくまでも他者の喜びをシミュレートしているだけである。

ところで、第1節で述べたように、他者の笑顔を見てじっさいに自分で喜びを抱くこともある。共感的理解の場合がそうである。われわれは他者の喜びを共有するという仕方で他者の喜びを知る。しかし、ミラーニューロンの働きはこのような情動の共有ではなく、情動のシミュレーションにとどまる。他者の笑顔を見て他者の喜びを共感的に理解するときは、たんにミラーニューロンが活性化するだけではなく、じっさいに自分で喜ぶという状態を実現するようなその他のニューロンも活性化することになる。それにたいして、ミラーニューロンによる他者理解はそれ自体としては暗黙的なシミュレーションによる理解にとどまるのである。

このようにミラーニューロンによる理解は他者の心的状態を共有するわけではないので、知的理解と共感的理解の区別で言えば、知的理解に属することになる。しかし、それはミラーニューロンが活性化せずに行われる知的理解とは大きく異なる。他者の笑顔を何度も見て、それを視覚的に喜びとして把握する訓練を積めば、何らかの理由でミラーニューロンが活性化しなくても、他者の笑顔を見れば、他者の喜びを視覚的に理解できるようになろう。しかし、このような理解は、ミラーニューロンの活性化により、他者の心的状態の暗黙的なシミュレーションを行うことによる理解とは大きく異なる。後者は他者の心的状態を共有しないとはいえ、それをシミュレートしている。その意味で、それはあたかも他者の心的状態を共有するかのような理解である。したがって、暗黙のシミュレーションによる理解は知的理解ではなく、それとは別種のものとしたほうがよいだろう。それはむしろ共感的理解に近い。じっさい、それは共感的理解に含められてしまうことも多い。しかし、暗黙のシミュレーションによる理解は他者の心的状態を共有するわけではないので、共感的理解とはやはり重要な違いがある。したがって、知的理解と共感的理解の二分法ではなく、知的理解、暗黙のシミュレーション的理解、共感的理解の三分法を採用して、暗黙のシミュレーション的理解に独自の位置を与えるのがよいだろう。

暗黙のシミュレーション的理解はそれ自体ですでに他者の心的状態の理解である。他者の心的状態を共有することがそれ自体ですでにその心的状態の理解であるように、他者の心的状態を暗黙的にシミュレートすることもそれ自体ですでにその心的状態の理解である。それにもとづいて他者の心的状態の命題知が生み出されるかもしれないが、命題知が形成されてはじめて他者理解が成立するのではなく、暗黙のシミュレーションだけですでに一つの形の他者理解が成立している。暗黙のシミュレーションはそれによって他者の心的状態への適切な応答を可能にする技能知なのである。

われわれは多くの場合、他者の心的状態をその振る舞いや表情からただちに理解する。理論的な推論や明示的なシミュレーションを介して理解するのはまれである。そしてミラーニューロンの話が正しいとすれば、他者の心的状態をただちに理解するとき、ほとんどの場合、ミラーニューロンの活性化による暗黙のシミュレーションが行われており、このシミュレーションがそれ自体ですでに他者の心的状態の理解となっている。

そうだとすると、ここで一つ訂正すべきことがある。第3節で他者の情動の理解については直接知覚説が当てはまると述べたが、他者の表情に他者の情動が知覚されるとしても、それはふつう暗黙的なシミュレーションを介してのことである。われわれは他者の表情を見ると、ミラーニューロンが活性化して、その情動を潜在的に抱き、それによって他者の表情のうちに他者の情動を知覚することができるようになる。ミラーニューロンによる暗黙のシミュレーションがなければ、他者の表情に情動を知覚することはできない。他者の表情を何度も見て情動を視覚的に把握する訓練をすれば、暗黙のシミュレーションなしにも知覚できるようになるだろうが、そうでなければ、暗黙のシミュレーションによって知覚するほかない。直接知覚説は、ふつうミラーニューロンによる暗黙のシミュレーションを介することによって他者の情動の知覚が生じることを認める必要がある。[20]

5　むすび

他者の心を理解するといっても、そこにはいろいろなあり方がある。まず、他者の心的状態を命題的に理解する「命題知」と、他者の心的状態に適切に応答できるようになる「技能知」の区別がある。また、これとは別の区別として、他者の心的状態を共有するという形での理解である「共感的理解」、他者の心的状態を暗黙的にシミュレートするという形での理解である「暗黙のシミュレーション的理解」、共有もシミュレーションもしない「知的理解」、この三つの区別がある。

また、他者の心がどのように理解されるかということについては、素朴心理学の理論を用いて推論を行うことによって他者の心的状態の命題知を形成するというのは、かつて理論説の支持者たちが考えていたのに反してきわめてまれであり、明示的なシミュレーションによって他者の心的状態の命題知ないし技能知を形成するというのも、やはりきわめてまれである。他者の心的状態は多くの場合、ミラーニューロンの活性化により暗黙のシミュレーションによって理解される。この暗黙のシミュレーションはそれ自体ですでに他者の心的状態の理解であり、他者の心的状態への適切な応答ができるようになる技能知である。また、情動の場合、ミラーニューロンによる暗黙のシミュレーションを介して、他者の情動がその表情のうちに知覚される。情動以外の心的状態は振る舞いや表情の背後に隠れていて、読心眼鏡でも装着しないかぎり、知覚できない。ただし、欲求や信念が発話の形をとるとき、直接、知覚できる。さらに、ミラーニューロンによる暗黙のシミュレーションから他者の心的状態の命題知が生みだされ、それが実践的推論に用いられることもあるが、そのような命題知は暗黙のシミュレーションとはまた別の形の他者理解である。

他者の心的状態を理解することは、物的状態を理解することに比べて、とくにむずかしいというわけではない。複雑な心的状態はたしかに理解するのがむずかしいが、複雑な物的状態もそうである。他者の心的状態を理解するのがむずかしいように感じられるのは、しばしばその手がかりが不足しているからである。人はその心的状態を行動や言葉、表情として必ずしも表に出さない。喜んでいるからといって必ずしも笑顔にはならないし、人に「喜んでいる」と告げまわったりはしない。そのような乏しい手がかりのもとで、他者の心的状態を理解することはたしかにむずかしい。しかし、そうでなければ、ふつうはたちどころに他者の心的状態は理解できる。それはけっして深遠な神秘でも謎でもないのである。

注

(1) 本章では、他者の心的状態を「理解する」という表現と「知る」という表現をとくに区別せずに用い、知覚的な知も含む広い意味で用いる。

（2）内観とはどのようなものか、そもそもそのようなものがあるのかということは、一つの大きな哲学的問題であるが、ここでは内観について何らかの特定の立場をとっているわけではなく、たんに自分の心の状態を知る独特な仕方を意味しているにすぎない。

（3）他者の心的状態の技能知は、そのタイプの心的状態への一般的な技能知を前提とする。他者が悲しんでいるときに、その悲しみにたいして適切に応答できるようになるためには、他者の悲しみにたいして一般にどう応答すればよいかをあらかじめ技能知として知っておく必要がある。そうでなければ、他者の泣き顔を見ても、それにふさわしい応答を行うことはできないだろう。同様のことは、命題知についても言える。個別的な他者の悲しみを命題的に知るためには、他者が悲しいという命題の意味をあらかじめ理解していなければならない。

（4）マクギーアは、他者の心を理解する日常的な能力は「素朴心理学」という、理論を示唆するような名称よりも、「心理実践的技能知」とよぶほうがよいだろうと主張する（McGeer 2001）。

（5）人間の発達の観点から見ても、技能知が命題知に先行するようである。他者の心を理解できるかどうかのテストとして、有名な誤信念課題（他者が誤った信念をもっていることを理解できるかどうかを試す課題）があるが、だいたい4歳くらいでこの課題に合格するようになる（Wimmer and Perner 1983）。しかし、それは命題知の存在を示すような応答（言葉や指さしなどによる答え）を合格の基準にとるからであって、もっと簡単な身体的反応（視線の方向や注視時間など）を基準にとると、1歳半くらいでも、他者の誤信念を理解しているとも言える（Buttelmann *et al.* 2009; Onishi and Baillargeon 2005）。他者の心的状態の理解には、命題知よりも技能知が先行し、しかも技能知にはどのような身体的反応が可能かに応じて、また命題知にはどの程度の推論が可能かに応じて、それぞれいろいろなレベルがあると言えよう。

（6）共感的理解は他者の心的状態を共有するという仕方での理解であるから、他者の心的状態についての命題知ではなく、他者の心的状態に適切に応答する技能知である。もちろん、共感的理解にもとづいて命題知が生じることはある。また、知的理解は命題知と技能知の両方がありうる。他者の心的状態を共有せずとも、それに適切に応答することは可能であるから、知的理解であるような技能知もある。

（7）合理性と法則性の違いについては、デイヴィドソンが「心的なものの非法則性」のテーゼを唱えて、その違いを力説している（Davidson 1970)。

(8) ただし、娘が死んだということから、娘がいじめられたということを推論し、それによって娘をいじめた子を憎むという情動が生じることはあるが、このような場合でも、推論は娘が死んだという信念から娘がいじめられたという信念への推論であって、悲しみの情動から憎しみの情動への推論ではない。

(9) ただし、情動の場合、信念や欲求によって媒介される場合もあるので、じっさいはたんに他のものと法則的関係にあるだけではなく、もう少し複雑であるが、ここではその点に深入りせず、話を単純にしておく。

(10) 体験的な知にもとづく他者の知覚や情動の理解は必ずしも共感的な理解ではない。むしろ他者の知覚や情動を共有せずに理解するほうが多いだろう。

(11) 理論説やつぎのシミュレーション説が他者理解における暗黙的でサブパーソナルな過程にかんする理論として理解されるなら、われわれの日常の経験をただ反省するだけでは、それらの説の妥当性を判定できないという点については、Herschbach 2008 や Spaulding 2010 を参照。現象学の流れを汲むギャラガーやザハヴィらは、現象学的な観点（日常的な経験の観点）から理論説やシミュレーション説をともに批判するが（Gallagher 2001, ギャラガーとザハヴィ 2011)、ハーシュバッハやスポルディングはそのような観点からの批判は的外れだと反論する。この反論は一理あるが、現象学的な観点がまったく無関係というわけではないだろう。現象学的観点の有効性については、宮原 2011 を参照。

(12) 明示的な過程が構文論的構造をもった表象を操作する古典計算主義的な過程であり、理論的な推論過程として理解できるのにたいし、暗黙的な過程はそのような構造をもたない表象を操作するコネクショニズム的な過程であり、非推論的であることを論じたものとして、信原 2000 を参照。ただし、コネクショニズム的な過程であっても、暗黙的理論を用いた過程として理解できるという見方（Nichols and Stich 2003）もある。この見方をとれば、技能知もまた命題知とみなすことが可能となるが、このような見方では、たとえば、万有引力の法則に従って運動する惑星も、暗黙的に万有引力の法則を用いて運動の仕方を計算しつつ運動すると言いうることになってしまう。理論に従うことと理論を用いることの区別をこのように無くしてしまうことは、きわめて重要な区別の喪失であろう。

(13) 理論説もシミュレーション説も、われわれの日常の他者理解にそれほど当てはまるわけではないと思われるが、両説が唱えられた当初は、どちらが正しいかをめぐって盛んに議論がなされ、いまもその名残が色濃く残っている。この初期の論争状況は、たとえばDavies 1994やHeal 1994によくまとめられており、その活況ぶりは二つの論集(Davies and Stone 1995a, 1995b)がよく伝えている。また、暗黙的な理論を認めると、シミュレーションの過程も暗黙的な理論的推論とみなすことが可能になってしまい、両説の区別がそもそも消滅してしまうおそれがあるが、たとえ暗黙的な理論を認めてもなお両説を区別することは可能だということが朴2011において説得的に論じられている。

(14) スチューバーは共感(かれの場合はシミュレーションとほぼ同義)を二つに、すなわち暗黙的に形成されるサブパーソナルな「基礎的共感」と明示的に形成されるパーソナルな「再演的共感」に分け、基礎的共感が他者理解に重要な役割を果たす点についてはミラーニューロンの発見といった科学的成果が重要となるが、再演的共感についてはそうではないと主張する(Stueber 2006)。かれは、明示的でパーソナルな次元での他者理解において、再演的共感が理論的推論よりも決定的に重要な役割を果たすと考え、しかもこのことは科学的な探究ではなく、他者理解についてのアプリオリな考察によって明らかになると主張する。日常の他者理解では、明示的に形成されるものはそれほど多くないと思われるが、明示的なものにかぎれば、スチューバーの主張はそれなりに納得できよう。

(15) もしこのような応答ができなければ、それは他者の心的状態の知覚ではないか、あるいは知覚だとしても、重大な欠陥があると言うべきだろう。ギブソンが強調するように、ものの知覚は第一義的にはそのもののアフォーダンス(そのものが与える可能的な行為)の知覚であり、たとえば、椅子を知覚することは椅子が与えるアフォーダンス(座ること)の知覚である(ギブソン1985)。そうだとすれば、ものの知覚はそのものへの適切な応答を可能にするものでなければならない。そのような応答を可能にせず、もっぱら知覚が信念の形成にしか利用されないとすれば、それはもはや知覚でないか、あるいは知覚だとしても、重大な欠陥がある。

(16) ジャコブは直接知覚説をとると、行動主義に陥ると批判する(Jacob 2011)。しかし、クリューガーとオーバーガードは、表情が情動の全体ではなく、その一部にすぎないので、行動主義に陥ることはないとしてその批判をかわし、それとともに、表情が情動の一部なら、情動の直接知覚が可能だとして直接知覚説を擁護する(Krueger and Overgaard forthcoming)。

(17) 欲求や信念が内語での語りだとすれば、たとえば、地球がまるいと信じていれば、つねに「地球はまるい」と内語で語っていなければならないだろう。しかし、そうでないことは明らかであるように思われる。ここで、「現に生起している心的状態」と「傾向的な心的状態」の区別が重要となる。われわれはふだん地球がまるいことを明示的に考えることはあまりないが、誰かに「地球はまるいか」と問われると、それを明示的に考えて「そうだ」と答える。この明示的に考えるときの信念が「現に生起している信念」であり、何かのきっかけ（たとえば問いかけ）でそのような信念を生む傾向性が「傾向的な信念」である。現に生起している信念は内語での語りであるが、傾向的な信念はそうではなく、内語で語っていなくてももつことができるものである。内語で語っていなくても、地球はまるいと信じていると言うときの信念は、傾向的な信念である。

(18) この項で述べるミラーニューロンについての実験的成果は、リゾラッティとシニガリア 2009 による。この本には著者たち自身の成果も含めて関連する諸成果がわかりやすくまとめられている。

(19) シミュレーション論者たちは、ミラーニューロンが発見されると、それを理論説よりもシミュレーション説を支持する証拠としてさっそく利用している（たとえば Gallese and Goldman 1998; Goldman 2006）。

(20) ギャラガーはミラーニューロンの働きを他者の行動のシミュレーションではなくむしろ行動の知覚だと見て、ミラーニューロンがシミュレーション説を支持するという見方に反対するが、それはかれが知覚に行為的な側面（知覚した行動への行為的な応答）を含めるからである（Gallagher 2005, 222–3）。しかし、ミラーニューロンは自分が見たのと同じ行動を自分でするときにも活性化するニューロンであるから、知覚した行動への応答に関わるというよりも、他者の行動のシミュレーションに関わると考えたほうが適切であるように思われる。ミラーニューロンの活性化はおそらく他者の行動への適切な応答を可能にするだろうが、それはミラーニューロンが他者の行動をシミュレートすることによってだと考えられる。

参考文献

Buttelmann, David, Malinda Carpenter, and Michael Tomasello, 2009, "Eighteen-Month-Old Infants Show False Belief Understanding in an Active Helping Paradigm". *Cognition* 112: 337–342.

Davidson, Donald, 1970, "Mental Events." In L. Foster and J. Swanson (eds.), *Experience and Theory*, London: Duckworth. (ドナルド・デイヴィドソン「心的出来事」『行為と出来事』服部裕幸・柴田正良訳、勁草書房、一九九〇年)

Davies, Martin, 1994, "The Mental Simulation Debate." In C. Peacocke (ed.), *Objectivity, Simulation, and the Unity of Consciousness*, Oxford: Oxford University Press.

Davies, Martin and Tony Stone (eds.), 1995a, *Folk Psychology*. Oxford: Blackwell.

——, 1995b, *Mental Simulation*. Oxford: Blackwell.

Gallagher, Shaun, 2001, "The Practice of Mind: Theory, Simulation or Primary Interaction?" *Journal of Consciousness Studies* 8 (5–7): 83–108.

——, 2005, *How the Body Shapes the Mind*. Oxford: Oxford University Press.

——, 2008, "Inference or Interaction: Social Cognition without Precursors." *Philosophical Explorations* 11 (3): 163–174.

Gallese, Vittorio and Alvin Goldman, 1998, "Mirror Neurons and the Simulation Theory of Mind-Reading." *Trends in Cognitive Sciences* 2 (12): 493–501.

Goldman, Alvin, 2006, *Simulating Minds: The Philosophy, Psychology, and Neuroscience of Mindreading*. Oxford: Oxford University Press.

Gordon, R. M., 2009, "Folk Psycohlogy as Mental Simulation." In *The Stanford Encyclopedia of Philosophy* (Fall 2009 Edition). URL=〈http://plato.stanford.edu/archives/fall2009/entries/folkpsych-simulation/〉

Heal, Jane, 1994, "Simulation vs. Theory Theory: What Is at Issue?" In C. Peacocke (ed.), *Objectivity, Simulation, and the Unity of Consciousness*, Oxford: Oxford University Press.

Herschbach, Mitchell, 2008, "Folk Psychological and Phenomenological Accounts of Social Perception." *Philosophical Explorations* 11 (3): 223–235.

Jacob, Pierre, 2011, "The Direct-Perception Model of Empathy: A Critique." *The Review of Philosophy and*

Psychology 2: 519–540.
Krueger, J. and Overgaard, S. (forthcoming) “Seeing Subjectivity: Defending a Perceptual Account of Other Minds.” *ProtoSociology: Consciousness and Subjectivity.*
McGeer, Victoria, 2001, “Psycho-Practice, Psycho-Theory and the Contrastive Case of Autism: How Practices of Mind Become Second-Nature.” *Journal of Consciousness Studies* 8 (5–7): 109–32.
Nichols, Shaun and Stephen Stich, 2003, *Mindreading: An Integrated Account of Pretence, Self-Awareness, and Understanding of Other Minds*. Oxford: Oxford University Press.
Onishi, K. H. and Baillargeon, R., 2005, “Do 15–Month-Old Infants Understand False Beliefs?” *Science* 308: 255–258.
Ratcliffe, Matthew, 2007, *Rethinking Commonsense Psychology: A Critique of Folk Psychology, Theory of Mind and Simulation*. Basingstoke, UK: Palgrave Macmillan.
Ravenscroft, Ian, 2010, “Folk Psychology as a Theory.” In *The Stanford Encyclopedia of Philosophy*. URL=〈http://plato.stanford.edu/entries/folkpsych-theory/〉
Spaulding, Shannon, 2010, “Embodied Cognition and Mind Reading.” *Mind & Language* 25 (1): 119–140.
Stueber, Karsten R., 2006, *Rediscovering Empathy: Agency, Folk Psychology, and the Human Sciences*. Cambridge, MA: MIT Press.
Wimmer, Henz and Josef Perner, 1983, “Beliefs about Beliefs: Representation and Constraining Function of Wrong Beliefs in Young Children’s Understanding of Deception.” *Cognition* 13: 103–128.
ギブソン，ジェームズ・J（1985）『生態学的視覚論――ヒトの知覚世界を探る』古崎敬ほか訳、サイエンス社。
ギャラガー，ショーン、ダン・ザハヴィ（2011）『現象的な心――心の哲学と認知科学入門』石原孝二ほか訳、勁草書房。
信原幸弘（2000）『考える脳・考えない脳』講談社現代新書。
――（2011）「自己知と自己制御」『科学史・科学哲学』第二四号、九〜一七頁。

朴崇哲（2011）「理論説 vs.シミュレーション説――両説は結局どこが違うのか？」東京大学教養学部哲学・科学史部会『哲学・科学史論叢』第一三号、一二三〜一六七頁。

宮原克典（2012）「他者認知の身体性――相互行為説の理論的価値」東京大学教養学部哲学・科学史部会『哲学・科学史論叢』第一四号、二〇五〜二三四頁。

リゾラッティ，ジャコモ、コラド・シニガリア（2009）『ミラーニューロン』柴田裕之訳、紀伊国屋書店。

読書案内

1　思考の構造

次の論文集は、概念を巡る哲学、心理学、言語学における重要文献を収めたものである。おおよそ年代順に、各文献が採用する立場ごとにまとめられており、概念を巡る議論を理解するのに必要となるもっとも基本的な文献は、この一冊で押さえることができる。カテゴリー化に関する代表的な心理学理論であるプロトタイプ説、理論説、実例説などの端緒となった論文が収録されている。またイントロダクションとして収録されている 'Concepts and cognitive science' では、既存の諸説の問題点と二重説の提唱が述べられている。

(1) Margolis, E. and Lawrence, S. eds. (1999). *Concepts: Core Readings*. Cambridge, MA: The MIT Press.

次の二つはフォーダーの著作である。二つのうち前者は、「思考の言語」仮説が打ち出されたものである。彼の様々な議論も、そしてそれに対する批判も、思考の言語仮説についての基本的な理解を前提としていることが多いため、この著作は今でも参照すべき基本文献となっている。また後者は、概念を巡る心理学説の批判と自身の概念原子論の提唱を行っている著作である。前半では古典説やそれ以後の心理学説への批判を詳細に展開し、後半では自身の概念原子論と概念の生得説との関係を論じながら、概念獲得の問題との接続を行っている。

（2）Fodor, J. A.（1975）. *Language of Thought*. Cambridge: Harvard University Press.

（3）Fodor, J. A.（1998）. *Concepts: Where Cognitive Science Went Wrong*. Oxford: Oxford University Press.

ピンカーは次の著作で、認知言語学的観点から私たちの思考に迫ろうとしている。とくに第3章ではフォーダーに対する批判が展開されている。ユーモアにもあふれ、読み物としても楽しめる。

（4）Pinker, S.（2007）. *The Stuff of Thought*. London: Penguin Books.（スティーブン・ピンカー（2009）『思考する言語――「ことばの意味」から人間性に迫る』幾島幸子・桜内篤子訳、NHKブックス。）

次は、プリンツが自身の概念経験論を詳細に論じている代表的著作。知覚に関する近年の研究を随所で援用し、本章で簡略的に紹介したよりもかなり精密な仕方でプロキシタイプなどの道具立てを説明している。概念の理論に課せられる条件の検討や、既存の諸説の詳細なサーベイを含み、概念を巡る議論への導入としても優れている。

（5）Prinz, J.（2002）. *Furnishing the Mind*. Cambridge, MA: The MIT Press.

マシェリは概念消去主義を強く打ち出し、概念は科学的研究の対象となる自然種としての条件を備えていないと主張した。マシェリの議論は、果たして概念というものは自然種なのかという、これまでの概念研究では俎上にあがらなかった問題を新たに提起している点で、非常に重要である。

（6）Machery, E. (2009). *Doing without Concepts*. Oxford: Oxford University Press.

レカナティの次の著作は、二重説の立場をより具体化しようとしたもので、心的ファイルに対する操作という観点から私たちの認知の仕組みを捉えようとしている。心の哲学と言語哲学をまたいで論じられる問題が豊富に取り上げられており、具体的な現象を通じて二重説の利点を示そうとしている。

（7）Recanati, F. (2013). *Mental Files*. Oxford: Oxford University Press.

生成言語学の開拓者は言うまでもなくチョムスキーだが、彼の一九五〇年代から二〇〇〇年代までの生成言語学の研究指針の発展を刻む著作群の編訳が次である。チョムスキーの良き理解者である福井直樹氏が厳選し、翻訳した、いわばベスト盤である。言語哲学、意味論、生物学に関連する議論も豊富に見られ、生成言語学における方法論的自然主義、内在主義を理解するうえで欠かせない文献を多数含む。

（8）ノーム・チョムスキー（2012）『チョムスキー言語基礎論集』福井直樹編訳、岩波書店。

語彙意味論と呼ばれる領域を切り開いてきたジャッケンドフによる著作が次であり、言語学と広汎な認知領域との統合の試みである。生成言語学の主流とは異なり、意味部門にも生成的なメカニズムを措定するが、内在主義的な立場は一貫している。思考や知覚といった領域と言語との接合を明示的にモデル化しており、今後の研究の足がかりを与えてくれるだろう。

(9) Jackendoff, R. (2002). *Foundations of Language: Brain, Meaning, Grammar, Evolution*. Oxford: Oxford University Press.（レイ・ジャッケンドフ（2008）『言語の基盤——脳・意味・文法・進化』郡司隆男訳、岩波書店。）

ブックスは、生成言語学の視点から、認知科学の諸知見を探求している。彼によれば、様々な認知領域の概念を組み合わせる能力こそが、人間固有の思考をもたらしており、その基盤となるのが言語である。生物言語学と呼ばれる近年の潮流の旗振り役でもある。

(10) Boeckx, C. (2010). *Language in Cognition: Uncovering Mental Structures and the Rules Behind Them*. Malden: Wiley-Blackwell.（セドリック・ブックス（2012）『言語から認知を探る——ホモ・コンビナンスの心』水光雅則訳、岩波書店。）

次は、空間、時間、数の表現をめぐる神経科学の論文集である。幅広いテーマの論稿が並ぶが、全体を貫く基本的な問いは、我々の世界の経験に先立ってそれを構造化する「アプリオリな直観」の起源は何かというものである。第二章でも紹介された近似的数システムが、数のみならず、時空間の量の表現にも関わるという提案もなされている。

(11) Dehaene, S., & Brannon, E. (Eds.). (2011). *Space, Time and Number in the Brain: Searching for the Foundations of Mathematical Thought*. London: Academic Press.

言語相対性を支持する近年の心理学的知見を抱負に紹介しているのが、ドイッチャーによる著作である。色認知以外にも、空間認知や文法的ジェンダー等に関する研究が紹介されている。また、冒頭における古代ギリシャの色彩語彙に関する文献学研究の歴史の紹介も刺激的である。軽妙な語り口の一方で、言語から認知への影響の範囲については、慎重な議論を尽くしている。

(12) Deutscher, G. (2011). *Through the Language Glass: Why the World Looks Different in Other Languages*. New York: Metropolitan Books.（ガイ・ドイッチャー（2012）『言語が違えば、世界も違って見えるわけ』椋田直子訳、インターシフト。）

2　思考と合理性

次の新書は、推論研究の全体像を知りたい人には大変有用な一冊である。論理的推論や確率推論の心理学からの基本的知見が平易に紹介されている。

(13) 市川伸一（1997）『考えることの科学——推論の認知心理学への招待』中央公論社。

行動経済学の創始者であるカーネマンは、次の著作で、判断と意思決定に関する知見を包括的に紹介している。ヒューリスティクスとバイアス、プロスペクト理論、二重プロセスモデルを始めとして、彼がこれまで開拓してきたフィールドについて平易に紹介しており、もとても読みやすい。

(14) Kahneman, D. (2011). *Thinking, Fast and Slow*. Farrar, Straus and Giroux.（ダニエル・カーネマン（2012）『ファスト&スロー』村井章子訳、早川書房。）

ギーゲレンツァーは、人間の思考を道具箱に喩えて、これまでのヒューリスティクスとバイアス研究の流れに抵抗している。次の二つのうち、前者はこれまでの彼の重要論文を編集したものである。後者は一般向けの著作であり、直観的な思考や意思決定が有用となる様々な事例が紹介されており、楽しく読むことができる。

(15) Gigerenzer, G. (2000). *Adaptive Thinking: Rationality in the Real World*. Oxford: Oxford University Press.

(16) Gigerenzer, G. (2007). *Gut Feelings: The Intelligence of the Unconscious*. New York: Viking Press.（ゲルト・ギーゲレンツァー（2010）『なぜ直感の方が上手くいくのか？——「無意識の知性」が決めている』小松淳子訳、インターシフト。）

スタノヴィッチは独自の仕方で思考に関する二重プロセスモデルを発展させ、近年では三部分構造モデルという新たなモデルを提唱している。次の二冊のうち、前者は二重プロセスモデルの枠組みから現代社会における合理性を問うものであり、利己的な自己複製子たち（遺伝子とミーム）の専制支配に対する「叛乱」を主題としたスリリングな一冊である。後者は推論における個人差研究に焦点を当てながら心の三部分構造モデルを展開した一冊であり、そのモデルが認知科学における合理性論争にどのような含意をもつかが仔細に検討されている。

(17) Stanovich, K. E. (2004). *The Robot's Rebellion: Finding Meaning in the Age of Darwin*. Chicago, IL: University of Chicago Press.（キース・スタノヴィッチ（2008）『心は遺伝子の論理で決ま

るのか』椋田直子訳、みすず書房。）

（18）Stanovich, K. E.（2010）. *Rationality and the Reflective Mind*, Oxford; Oxford University Press.

スタインによる次の著作は、認知科学における合理性論争を包括的に検討している。言語との類比からの議論、解釈主義からの論証、適応主義からの論証など、推論の合理性を擁護しようとする論証を再構成したうえで綿密に批判していく好著である。

（19）Stein, E.（1996）. *Without Good Reason: The Rationality Debate in Philosophy and Cognitive Science*. Oxford: Clarendon.

以下の二作では、認知規範について認識論的な観点からの検討がなされている。スティッチは、真理は認知の目標として重要なものではなく、認知規範を定める価値は多様でありうると提案している。ビショップとトラウトは、よい推論とはよい結果を生むような推論であるという発想のもと、認知的資源におけるコスト－ベネフィットなども考慮に入れた認知規範を提唱している。

（20）Stich, S.（1990）. *The Fragmentation of Reason: Preface to a Pragmatic Theory of Cognitive Evaluation*. Cambridge, MA: Bradford Books/MIT Press.（スティーヴン・スティッチ（2006）『断片化する理性』薄井尚樹訳、勁草書房。）

（21）Bishop, M. and Trout, J.（2005）. *Epistemology and the Psychology of Human Judgement*. Oxford: Oxford University Press.

3　思考についての思考

他者理解をめぐっては、理論説にたいしてシミュレーション説が挑戦状をたたきつけることで、両説の熱い論争が火ぶたを切ったが、この二巻はその当時の活況を伝える姉妹編の論集である。理論説の代表的論客であるゴプニック、レスリー、バロン－コーエン、スティッチ、ニコルズなどや、シミュレーション説の代表的論客であるゴードン、ヒール、ゴールドマンなど、錚々たる顔ぶれが並ぶ。

(22) Davies, M. and Stone, T.（Eds.）（1995）. *Folk Psychology*. Oxford: Blackwell.
(23) Davies, M. and Stone, T.（Eds.）（1995）. *Mental Simulation*. Oxford: Blackwell.

素朴心理学ないし常識心理学というのは信念と欲求によって行動を理解することを可能にする理論的な知識の体系であるというのが通常の見方だが、次の著作ではそれを現象学的な観点から根本的に掘り崩そうとする。他者理解においては共有された社会的状況の理解が重要であり、また他者の心的状態はたいてい直接知覚されるといった点が熱く語られる。現象学的な他者理解論を知るのに格好の書である。

(24) Matthew, R.（2007）. *Rethinking Commonsense Psychology: A Critique of Folk Psychology, Theory of Mind and Simulation*. Basingstoke, UK: Palgrave Macmillan.

自閉症者は他者の心を理解する能力に障害があるが、この障害が「心の理論」の欠如によると論じて自閉症の理解に新たな旋風を巻き起こした著者の長年の研究をコンパクトにまとめた書が次。自閉症という現実の事象を通じて他者理解の本質（とくに理論説の是非）に迫ろうとするなら、ぜひとも読んでおきたい書である。

(25) Baron-Cohen, S. (*1995*). *Mindblindness: An essay on autism and theory of mind*. Cambridge, MA: MIT Press.（サイモン・バロン-コーエン（2002）『自閉症とマインド・ブラインドネス（新装版）』長野敬・今野義孝・長畑正道訳、青土社。）

自閉症児はごっこ遊びと他者理解の両方に問題があるとか、欲求の他者帰属のほうが信念のそれより発達的に先であるとか、他者理解については多くの重要な科学的な成果があるが、次の著作ではこれらの成果をしっかりと踏まえて、理論説の立場から他者理解のメカニズムが提案される。是非はともかく、提案されたメカニズムの具体的な詳細さについては、高く評価できる。

(26) Shaun, N. and Stich, S. (2003). *Mindreading: An Integrated Account of Pretence, Self-Awareness, and Understanding of Other Minds*. Oxford: Oxford University Press.

自閉症者はなぜ他者の心を理解するのが困難なのだろうか。次の著作では従来の心の理論説だけではなく、新たな中心性統合弱化説と実行機能弱化説についても興味深い検討が行われる。また、自閉症者への理解を深めるだけではなく、それにもとづいてわれわれが自閉症者とどのように向き合っていくべきかという倫理的な問題も考察される。大きな射程をもった書である。

(27) Bambaum, D. R. (2008). *The Ethics of Autism: Among Them but Not of Them*. Bloomington, *Indiana*: Indiana University Press.（デボラ・R・バーンバウム（2013）『自閉症の倫理学——彼

らの中で、彼らとは違って』柴田正良・大井学監訳・重松加代子訳、勁草書房。）

今度は、自己知に関する文献を紹介しよう。ガートラーによる次の著作は、現代における面識説や内的知覚説、合理性説について包括的に考察するだけでなく、それらの源流に位置するものとしてデカルトやロック、カントの哲学についても触れていて、読者にこの問題領域の良い見取り図を示してくれる。

（28）Gertler, B.（2011）. *Self-Knowledge*. New York: Routledge.

アームストロングが次の著書で示した立場は、心的状態をその因果的役割から分析する機能主義の源泉の一つとして位置づけられる。第一五章で展開されている自己知論は、典型的な内的知覚説である（邦訳は抄訳のため、第一〇章として収められている）。

（29）Armstrong, D. M.（1968）. *A Materialist Theory of the Mind*. London: Routledge & Kegan Paul.（D・M・アームストロング（1996）『心の唯物論』鈴木登訳、勁草書房。）

カラザースは次の著作において、自己解釈説を認知科学的に詳細に理論化した解釈的感覚アクセス理論を唱えている。また、その理論の検証の試みは非常に詳細なもので、発達心理学や精神病理学などの経験科学の事例や実験結果にもたくさん言及している。

（30）Carruthers, P.（2011）. *The Opacity of Mind: An Integrated Theory of Self-Knowledge*, Oxford: Oxford University Press.

合理性説の主要論者の一人であるシューメイカーの論文集が次である。自己知に関するいくつかの論文において、シューメイカーは「自己盲（self-blindness）」という概念を用いて自己知と合理性の関係を明らかにしようとする独特の議論を展開している。

（31）Shoemaker, S.（1996）. *The First-Person Perspective and Other Essays*, Cambridge: Cambridge University Press.

同じく合理性説の主要論者の一人であるモランの著書が次である。決して読みやすい著作ではないが、この著書においてモランは、自己知とコミットメントの関係や、自己知と透明性の関係など、合理性説にとって非常に重要な論点をいくつも提示している。

（32）Moran, R.（2001）. *Authority and Estrangement: An Essay on Self-Knowledge*. Princeton, NJ: Princeton University Press.

デイヴィドソンの自己知論は、その解釈をめぐって諸々の議論があるが、一人称権威（自己知の確実性）を解釈が成立するための前提条件として示す議論の先駆けとして、合理性説に影響を及ぼしていると考えられる。この著書の第I部に、自己知に関する論文が収録されている。

（33）Davidson, D.（2001）. *Subjective, Intersubjective, Objective*, Oxford: Clarendon Press.（ドナルド・デイヴィドソン（2007）『主観的、間主観的、客観的』清塚邦彦・柏端達也・篠原成彦訳、春秋社。）

バーオンは次の著作において、「私はPと信じている」というような言明を、自分の心的状態のある種の表出として理解すると同時に、自分の心的状態を記述し、自己帰属させる言明としても理解する独特の立場（「新表出説」と呼ばれる）を提示している。

（34）Bar-On, D.（2004）. *Speaking My Mind: Expression and Self-Knowledge*, Oxford: Clarendon Press.

次の論文集では、誤同定による誤りに対する免疫の議論を提示したS・シューメイカーの論文 'Self-Reference and Self-Awareness' など、現代の自己知論の古典とも言うべき論文が多数収録されている。

（35）Cassam, Q.（Ed.）（1994）. *Self-Knowledge*. Oxford: Oxford University Press.

次も気鋭の論者たちによる書き下ろし論文集である。T・バージなど合理性説の論者たちの論文や、L・ウィトゲンシュタインの哲学に依拠して自己知論を展開しているC・ライトの論文 'Self-Knowledge: The Wittgenstein Legacy' などが収録されている。

（36）Wright, C., Smith, B. and Macdonald, C. eds.,（1998）. *Knowing Our Own Minds*. Oxford: Oxford University Press.

次の論文集は、自己知の直接性や確実性が、H・パトナムやバージが提唱した心的状態の内容に関する外在主義と両立可能であるかという問題に関する重要な論文を集めたものである。合理性説の主要論文であるバージの 'Our Entitlement to Self-Knowledge' も収録されている。

(37) Ludlow, P. and Martin, N. eds., (1998). *Externalism and Self-Knowledge*. Stanford: CSLI Publications.

あとがき

人間に特有の心の働きとは何であろうか。あるいは、むしろ、人間においてとくに発達している心の働きは何かと問うほうがよいかもしれない。それはおそらく思考であろう。知覚や情動は他の多くの動物にも見られ、イヌの嗅覚のように、人間をはるかに上回る場合もある。しかし、思考は人間においてとくに著しく発達している心の働きである。たしかに他の動物でも、チンパンジーなどのように、かなり高い思考能力を示すものもいるが、人間の思考能力に比べればはるかに劣る。思考こそは人間を他の動物から分かつ心の働きだと言えよう。

「認知」という言葉は、広い意味では心の働き全般を指すが、狭い意味では思考（すなわち高次の心の働き）を指す。本書は狭義の認知を扱ったものであり、心の働きのなかでもとくに人間において顕著なものを主題としている。この認知を問うことは、人間の人間たる所以を問うことである。

このような認知と深く結びついているのが概念、言語、合理性である。認知は概念から構成され、言語を用いて行われ、合理性を本質とする。また、このような認知はメタ認知、すなわち認知の認知を可能にする。それゆえ、人間は自分の心や他者の心についての認知に秀でている。本書の各章は、こうした概念、言語、合理性、自己知、他者理解の各観点から認知の本質に深く迫る。

本書はちょっと難産だった。執筆者のうち二人の方がやむをえない事情によって執筆できないことになり、急遽、代わりを探さなければならなくなった。簡単に代役が見つかるわけもなく、しばらく途方に暮れたが、幸い、意を決して執筆しようという方が現れ、事なきを得た。本当にホッとした。

本書の成立にあたっては、多くの方々のお世話になった。この場を借りて感謝の意を表したい。また、遅れ気味の本書にたいして、煩瑣な編集の作業を迅速かつ丁寧に行っていただいた勁草書房の渡邊光さんにもお礼を申し上げたい。科学の成果を踏まえながら認知の核心に哲学的に迫る本書が認知の哲学への新たな座標軸となれば、これ以上の喜びはない。

二〇一四年三月

編者を代表して　信原幸弘

編者略歴

信原幸弘（のぶはらゆきひろ）

1954年、兵庫県生まれ。東京大学大学院総合文化研究科教授。

主な著書に『意識の哲学』（岩波書店、2002年）、『シリーズ　心の哲学』全3巻（編著、勁草書房、2004年）、訳書にパトリシア・チャーチランド『脳がつくる倫理——科学と哲学から道徳の起源にせまる』（共訳、化学同人、2013年）がある。

太田紘史（おおたこうじ）

1980年、大阪府生まれ。東京大学大学院総合文化研究科特任研究員。

主な論文に「意識と時間——表象説からのアプローチ」（『科学基礎論研究』116号、2011年）、「直観的な道徳判断における抽象性と具体性の問題」（『哲学論叢』40号、2013年）、著書に松本俊吉編『進化論はなぜ哲学の問題になるのか』（共著、勁草書房、2010年）がある。

執筆者略歴

飯島和樹（いいじまかずき）

1982年、神奈川県生まれ。日本学術振興会特別研究員PD。

主な論文に「The cortical dynamics in building syntactic structures of sentences: An MEG study in a minimal-pair paradigm」（共著、NeuroImage、44巻4号、2009年）、「共生のための障害の倫理学と実験倫理学——直観の地位を巡って」（『UTCP Uehiro Booklet』、2巻、2013年）、主な著書に岩田誠・河村満編『発達と脳——コミュニケーション・スキルの獲得過程』（共著、医学書院、2010年）がある。

小口峰樹（おぐちみねき）

1980年、長野県生まれ。玉川大学脳科学研究所研究員。

主な論文に「知覚の命題的構造——概念主義の経験的基盤の探究」（『科学哲学』、日本科学哲学会、44巻1号、2011年）、著書に『脳神経倫理学の展望』（共著、勁草書房、2008年）、訳書にゼノン・W・ピリシン『ものと場所——心は世界とどう結びついているか』（勁草書房、2012年）がある。

金杉武司（かなすぎたけし）

1972年、埼玉県生まれ。國學院大學文学部准教授。

主な著書に『解釈主義の心の哲学』（勁草書房、2014年）、『心の哲学入門』（勁草書房、2007年）、『岩波講座哲学05心／脳の哲学』（共著、岩波書店、2008年）、主な訳書にドナルド・デイヴィドソン『合理性の諸問題』（共訳、春秋社、2007年）がある。

三木那由他（みきなゆた）

1985年神奈川県生まれ。日本学術振興会特別研究員。

主な論文に「グライスにおける語用論的プロセス」（『哲学論叢』39号、2012年）、

「直喩の形式意味論」(Journal of Contemporary and Applied Philosophy 3巻、2011年) がある。

人名索引

ア　行

アームストロング　Armstrong, D. M.　177, 202
網谷祐一　159
アリストテレス　Aristotle　111
ウィトゲンシュタイン　Wittgenstein, L.　34, 37–38
ウェイコフ　Weiskopf, D.　40, 52–53, 56, 59, 69
ウェイソン　Wason, P. C.　114
ウォーフ　Whorf, B. L.　10, 75–76, 103
エヴァンズ　Evans, G.　93, 194

カ　行

ガートラー　Gertler, B.　175, 202
カーネマン　Kahneman, D.　112, 117, 120, 122, 155, 158
カッツ　Katz, J.　34
カルザース　Carruthers, P.　187
ギーゲレンツァー　Gigerenzer, G.　112, 132, 134, 136–138, 142–143, 145, 153–155, 158–159
ギブソン　Gibson, J.　248
ギャラガー　Gllagher, S.　212, 227, 247, 249
グライス　Grice, P.　158
クリューガー　Krueger, J.　248
クワイン　Quine, W. V. O.　34
ケイ　Kay, P.　77–78
コーエン　Cohen, L. J.　123–124, 127–130, 158
コスミデス　Cosmides, L.　131, 133–134

サ　行

サイモン　Simon, H.　135
シェーラー　Scheler, M.　227
ジャコブ　Jacob, P.　248
ジャッケンドフ　Jackendoff, R.　63, 67, 69
シューメイカー　Shoemaker, S.　175, 189, 192, 203
スターム　Sturm, T.　136–137, 153
スタイン　Stein, E.　121, 158
スタノヴィッチ　Stanovich, K. E.　138–142, 144, 146, 149, 152, 154, 156, 159–160
スチューバー　Stueber, K. R.　248
スティッチ　Stich, S.　177, 187
スポルディング　Spaulding, S.　247

タ　行

チョムスキー　Chomsky, N.　75, 92, 94, 99–101, 104, 255
デイヴィドソン　Davidson, D.　14, 111, 246
デカルト　Descartes, L.　14, 73–74, 111, 175, 187
トゥービー　Tooby, J.　131, 133–134
ドーキンス　Dawkins, R.　141
トベルスキー　Tversky, A.　112, 116–117, 120, 122, 158

ナ　行

ニコルズ　Nichols, S.　177, 187

ハ　行

ハーシュバッハ　Herschbach, M.　187, 247
ハートヴィヒ　Hertwig, R.　159
ブレント　Barlin, B.　77
ハグ　Hug, K.　132
原塑　159
ピンカー　Pinker, S.　61, 63–64, 67
フォーダー　Fodor, J.　2, 7–9, 24, 41–49, 53, 56, 58, 60–61, 64, 67–68, 131
プリンツ　Prinz, J.　49, 54–58, 67–68
ペアノ　Peano, G.　91

マ　行

マーコビッツ　Markowitz, H.　137
マクギーア　McGeer, V.　246
マシェリ　Machery, E.　59
メルロー＝ポンティ　Merleau-Ponty, M.　227
モラン　Moran, R.　194, 203

ラ　行

ライカン　Lycan, W. G.　177
ライル　Ryle, G.　187
ラッセル　Russell, B.　174
リゾラッティ　Rizzolarti, G.　239, 249
ロッシュ　Rosch, E.　37

事項索引

あ　行
アクセス意識　203
アフォーダンス　248
アブダクション　64–66
アルゴリズム的精神　146–149, 152–155, 160
暗黙的理論　223
暗黙のシミュレーション　226, 241–244
意識のハードプロブレム　181
一人称権威　167, 172
一般性制約　93
意味論　4–5, 7, 34, 36, 42–48, 56, 63, 68, 104
ウェーバー則　85, 87–88, 93
裏切り者検知モジュール　131
運動前野　20
オブジェクト・ファイル　90

か　行
外在主義　178, 202
解釈主義　14, 16, 24, 188
解釈的感覚アクセス理論　187
概念　2–10, 31–33, 41, 58–59
　——経験論　54–58
　——原子論　3, 5, 7–8, 24, 41, 47–48
　——消去主義　58–59
　——役割意味論　3–4
確実性　167–168, 170–175, 179–181, 186–190, 194, 198, 202
確証バイアス　115, 155
数ニューロン　87–88, 93
カテゴリー化　4, 35–41, 64–66
記述–規範ギャップ　120, 122, 130, 134–135
基準率無視　118, 120
基礎的共感　248
機能主義　178, 233
技能知　196–198, 211–212, 246
規範的な実践　200–201
共感的理解　213–214, 220, 242
協調原理　158
近似的数システム　84–85, 87–80, 91–93
クオリア　176, 181–182, 184–185, 203
傾向的な信念　249
言語相対性　10–11, 103
　——仮説　76
現象的意識　169, 181, 183, 185, 202–203
厳密な数システム　85, 89, 93
合成性　7, 42–43, 45
後続関数　91–92
合理性　170, 189–190, 198, 200, 203–205, 216–217
　限定——　134–136
　生態学的——　113, 130, 134–138, 141, 154, 156
　——説　170, 188–190, 193–194, 196, 198–199, 201, 203
　道具的——　13, 127, 143, 146, 150–151, 153–154
　認識的——　13, 127, 152
　メタ——　139, 150, 152, 154

合理的調整　189–191, 193–194, 203
心の理論　18–19　→素朴心理学も参照
誤信念課題　18–19, 246
古典計算主義　247
古典説　33–35, 37, 41–44, 47
誤同定による誤りに対する免疫　192
コネクショニズム　5–6, 247
コミットメント　170
語用論　104

さ　行

再演的共感　248
再帰　91–92, 94–95
左下前頭回　95–99
三部分構造モデル　138–139, 146, 149, 154, 156, 159
ジェームズ－ランゲ説　231
色彩語彙　77–78, 80–83
思考の言語（LOT）　2–3, 100–101
自己解釈説　169, 186–187, 198–199, 201, 203
自己スキャニング　177
自己知　167–170, 173–176, 178, 180–181, 184–186, 188, 194, 196, 198, 202–203, 218
自己認知　167–176, 178–181, 186–187, 189–190, 193–196, 198, 201–202
システム 1　138–147, 152–153, 159
システム 2　138–146, 149, 152–153, 159
自然科学的な実践　200–201, 204
自然数　83, 89–90, 92, 94, 104
実践の眼目　200–201, 204–205
実例説　4, 8, 39, 42, 44–46, 51, 55, 57–59, 65–66
自動的精神　146, 149, 152–155, 160
シミュレーション説　19–20, 25, 208, 224, 226, 247, 249
照合バイアス　115, 155
情動　217–218, 231, 234, 238, 240, 247
承認的自己知　219–220
情報意味論　48
情報原子論　48, 60–61, 63, 65–66
身体性　231–232, 234, 237
心的なものの非法則性　246
心脳同一説　178
心理実践的技能知　246
推論役割意味論　42–45, 47
数詞　83, 86, 89–92
生成言語学　94, 99–101
側性化ウォーフ効果　78–82
素性　63
素朴心理学　18, 221–223, 246　→心の理論も参照

た　行

体験的な知　218, 247
多元説　40, 50, 52–53, 65
他者知　167–168
他者認知　167–168, 170–175, 178–180, 186–187, 201
脱文脈化　144, 146
知的理解　214, 242
直接性（的）　21–23, 167–169, 174, 178–180, 186–188, 190, 194, 198
直接知覚説　227–228, 232, 243–244
ツールボックス　130, 134–135, 142, 155
適応主義　112, 130–131, 133, 141, 152, 159
哲学的ゾンビ　183–185
島　240
統語論　2, 7, 34, 42, 63–64, 127　→統辞も参照
統辞　76, 92, 94–102, 104　→統語論も参照

透明性手続き　195–197, 204
読心眼鏡　235

な 行

内観　169, 173–176, 178–182, 184–187, 195, 202–203, 209, 246
内語　9–10, 236–237, 249
内的知覚説　169, 176–182, 185–187, 195, 198, 200–203
内部感覚　22
内部知覚　22
二元論者　183
二重説　51–53
二重プロセスモデル　113, 138–139, 141, 146, 156, 159
認知哲学　1–2, 25
ノイラートの船　151
脳磁図（magnetoencephalography: MEG）　96, 98

は 行

バイアス　113, 138, 154, 156
反照的均衡　123, 128, 158
反省的精神　146–152, 154–155, 160
ヒューリスティクス　112–113, 134–139, 154, 159
　再認——　136
　代表性——　117
標準的構図　120–122, 130, 135, 139, 155–156
不可謬性　172, 175–176, 179, 202
物理主義　178, 183, 185, 229
プロキシタイプ　55–57
プロトタイプ　8, 36
　——説　4, 37–39
併合　95–98
ホピ族　10

ま 行

見えと実在のギャップ　174–176, 181–182, 185, 203
ミラーニューロン　20–21, 239–243, 249
ムンドゥルク族　11
命題知　211–212, 246
命題的態度　216–217
メタ認知　148
面識　22, 174
　——説　169, 173–176, 179–180, 185, 187, 195, 202
網羅性　172, 175–176, 202
モジュール集合体仮説　131
モニタリング機構理論　177, 187

や・ら 行

四枚カード問題　15
理由　12–15, 42, 65–66, 111, 215, 217
理論説　4, 18–19, 25, 38–39, 208, 221–224, 247
連言錯誤　116–117, 120, 155, 158

アルファベット

fMRI　82, 88, 97, 235
LOT 仮説　2–3, 7–9, 24
TASS　140–142, 144–146, 148, 154, 159

シリーズ　新・心の哲学Ⅰ　認知篇

2014年5月10日　第1版第1刷発行

編　者　信　原　幸　弘
太　田　紘　史

発行者　井　村　寿　人

発行所　株式会社　勁《けい》　草《そう》　書　房

112-0005　東京都文京区水道2-1-1　振替　00150-2-175253
（編集）電話　03-3815-5277／FAX　03-3814-6968
（営業）電話　03-3814-6861／FAX　03-3814-6854
理想社・松岳社

ISBN978-4-326-19921-1　Printed in Japan

http://www.keisoshobo.co.jp